普通高等职业教育“十三五”规划教材

公共关系实务

第二版

刘　丹　彭　艳　主　编
彭荣华　马海丽　韩绍锋　刘晶晶　副主编

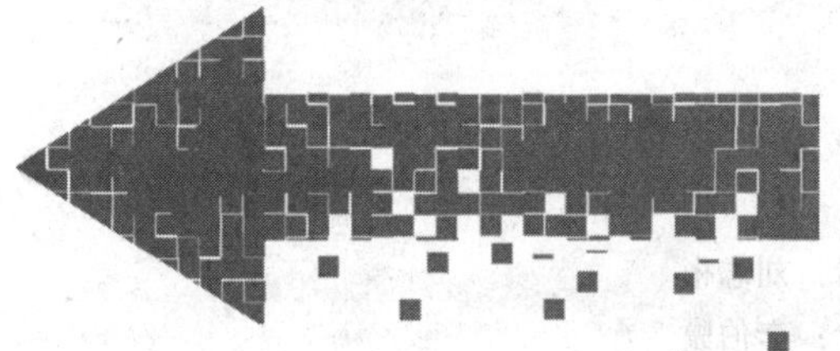

清华大学出版社
北　京

内容简介

本书根据高等职业教育培养高素质、高技能人才的要求，系统论述了公共关系的基本理论，阐述了公共关系活动调研、策划、传播、危机管理等具体实务，并介绍了公关活动的礼仪礼节。

本书融科学性、时代性、应用性于一体，可作为高职高专院校公共关系专业、市场营销专业和其他财经类专业的教材，也可作为营销人员、管理人员、公关人员的培训教材及公关从业人员的自学用书。

图书在版编目(CIP)数据

公共关系实务/刘丹，彭艳主编．—2版．—北京：清华大学出版社，2019（2022.8重印）
（普通高等职业教育"十三五"规划教材）
ISBN 978-7-302-52971-2

Ⅰ.①公… Ⅱ.①刘… ②彭… Ⅲ.①公共关系学-高等职业教育-教材 Ⅳ.①C912.31

中国版本图书馆CIP数据核字(2019)第085497号

责任编辑： 刘志彬
封面设计： 李伯骥
责任校对： 宋玉莲
责任印制： 朱雨萌

出版发行： 清华大学出版社
网　　址： http://www.tup.com.cn，http://www.wqbook.com
地　　址： 北京清华大学学研大厦A座　　**邮　　编：** 100084
社 总 机： 010-83470000　　**邮　　购：** 010-62786544
投稿与读者服务： 010-62776969，c-service@tup.tsinghua.edu.cn
质量反馈： 010-62772015，zhiliang@tup.tsinghua.edu.cn
印 装 者： 三河市国英印务有限公司
经　　销： 全国新华书店
开　　本： 185mm×260mm　　**印　　张：** 14.25　　**字　　数：** 342千字
版　　次： 2016年8月第1版　2019年6月第2版　　**印　　次：** 2022年8月第7次印刷
定　　价： 39.80元

产品编号：083086-01

Preface 前言

"公共关系学"是近年来社会经济发展中的一个热门学科，它集社会学、心理学、管理学、传播学、谈判学、营销学等学科精华于一体，是一门强调应用和实践的学科。现代公共关系的发展已经超越了单纯为组织服务的范畴，在个人的形象塑造、人际交往等方面也发挥着巨大的作用，也可以说公共关系学是一门研究蕴含事物生存发展哲理的学科。同时，现代公共关系又是一项青春的事业、智慧的事业、富有的事业、未来的事业。公共关系的时代性决定它已成为当今社会经济、政治、科学与文化发展的重要组成部分。

本书针对高职高专课程的教学特点，在吸收当今国内外最新公共关系科研成果及成熟理论的基础上，结合多位作者多年的研究和教学经验，适当把握理论的深度和广度，突出实用性、高层次性、职业性和可衔接性及学科的应用性。根据"掌握基本理论、基本知识和基本技巧"的理念和"知识够用、能力有用"的原则编写，立足于公共关系的核心目标——协调关系和塑造形象来设计教材内容。本书吸纳了国外先进的公共关系研究成果与国内公共关系职场实践的运作经验，使读者通过各类组织的公关实践案例，探求公关真谛。本书严谨、系统地阐述了公共关系学的理论知识与实务操作内容，同时将经典案例、公关实践、职业技能训练等有机结合，理论体系线条清晰、实务内容求实到位。

本书第二次修订由重庆航天职业技术学院刘丹、彭艳任主编，湖南机电职业技术学院彭荣华、安阳职业技术学院马海丽、德州科技职业学院韩绍锋、周口科技职业学院刘晶晶任副主编；具体分工如下：刘丹编写导论和模块一，彭艳编写模块二和模块三，彭荣华编写模块四，马海丽编写模块五和模块六，韩绍锋编写模块七，刘晶晶编写公共员职业资格考试模拟题和参考文献。全书由刘丹负责统稿工作。

本书在编写过程中，参阅了大量相关著作、论文及网络资源，深受启发，由于编写时间紧迫，书中所引用的部分作品未能及时与原作者一一联系，在此表示歉意及最诚挚的谢意。清华大学出版社的领导、编辑为本书的出版付出了很多的心血，在此一并表示衷心的感谢。

由于编者水平有限，书中难免存在不足之处，敬请广大读者批评指正。

编　者

Contents 目 录

导论 理解公共关系

模块一 公共关系的主体

模块二 公共关系的客体

模块三　公共关系的沟通方式

模块四　公共关系的工作程序

模块五 公共关系的专题活动

模块六 公共关系的危机管理

模块七 公共关系的礼仪

公关员职业资格考试模拟题

导　论

理解公共关系

>>> 经典语录

公众意见就是一切。拥有公众意见，无事不能，没有了它，万事不成。

——[美]亚伯拉罕·林肯

>>> 知识目标

1. 能够正确理解什么是公共关系。
2. 掌握公共关系的基本职能。
3. 了解公共关系的产生和发展。

>>> 技能目标

1. 正确辨识现实中的公共关系现象。
2. 树立公共关系职业道德意识。

>>> 情景写实

坐在大学教室的课桌前，小刘翻着前两天刚领到的新课本《公共关系实务》，下节课就要上这门课啦，这会是怎样的一门课程呢？小刘心中充满了期待……

任务一 公共关系的基本概念

公共关系是一种管理职能，帮助组织界定其目标和哲学，公共关系人员代表组织致力于与所有相关的内部和外部公众进行沟通，以促进和拓展其与组织之间的积极关系，塑造组织的良好形象，保持组织目标与社会期望的一致性。

公关实践

1990 年，广东电视台推出的电视剧《公关小姐》描述了一名来自香港、青春、靓丽、酒量好、善交际的公关人士，在广州一家中外合资酒店担任公共关系经理期间发生的故事。

2011 年 12 月 23 日在中国上映的电影《亲密敌人》讲述了银行家之间收购、并购的故事，其中黄立行扮演的 Derek 衣着光鲜、手眼通天、正手翻云、反手覆雨。

想一想：

1. 公共关系是吃青春饭的吗？
2. 公共关系是无所不能、操控一切的吗？

一、公共关系与人际关系

人际关系指个人在社会交往中形成的人与人之间的相互作用和相互影响，包括个人在生活、生产及其他社会活动中形成的一切人与人之间的关系。

▶ 1. 公共关系与人际关系的联系

1）在内容上，公共关系包含了部分人际关系

组织的公共关系活动包括了组织中个人与公众对象之间的关系，公众对象中也存在着许多个体对象，因此组织与公众之间的关系也经常表现为个人与个人之间的关系，即代表组织的个人与公众群体中的个人之间的关系。

2）在方式上，公共关系实务也需要运用人际沟通的技巧

公共关系人员在处理组织公共关系事务时，尤其是在面对个体公众时，需要具备良好的交际素养和人际沟通技巧，而良好的个人关系也会有助于组织公共关系的成功。

▶ 2. 公共关系与人际关系的区别

1）公共关系与人际关系的主体不同

公共关系的行为主体是组织，人际关系的行为主体仅是个人。

2）公共关系与人际关系的对象不同

公共关系的对象是与组织有关的所有内部和外部公众，而人际关系则包含许多与组织无关的私人关系对象。

3）公共关系与人际关系的内容不同

公共关系是组织的管理职能，处理的是组织事务和公众事务，人际关系处理的则包括许多私人事务，与组织事务无关。

4）公共关系与人际关系的方式不同

由于公众数量众多、分布广，因此公共关系十分强调运用公众传播和大众传播方式进行大范围、远距离沟通，人际关系则比较局限于面对面、个体对个体的交流方式。

二、公共关系与宣传

宣传是指持有一定的社会政治立场的人，通过大众传播媒介，将自己所信仰或支持的政治主张公布于世，以谋求激发大众的思想感情，使之采取一定的行为和表示一定的态度支持宣传者的政治立场。

▶ 1. 公共关系与宣传的联系

1）两者的根本目的一致

公共关系与宣传活动都是明确为特定组织服务的，实现的都是组织目标。

2）两者所采用的方式是一致的

公共关系和宣传活动都较多地采用公众传播和大众传播方式，并且为促使与公众之间的积极关系，保持组织目标与社会期望的一致性，公共关系也经常会利用宣传的手段去吸引和影响公众，如发布新闻、制造新闻。

▶ 2. 公共关系与宣传的区别

1）公共关系与宣传的性质不同

公共关系坚持信息的双向沟通，以促进积极关系的建立和维系，宣传旨在引领和主导受众思维，坚持信息的单向输出。

2）公共关系与宣传的原则不同

公共关系的信息沟通必须实事求是，不得夸张、歪曲和虚构，也不得“只报喜不报忧”；而宣传为了达成引领和主导受众思维的目的，往往更注重主观意识，也不能有夸张、虚构现象。

3）公共关系与宣传的主体结构不同

对于受众而言，公共关系传递的信息不具有强制性，可以由各类组织开展；而宣传传递的信息往往具有强制性，通常是由权威性机构开展。

三、公共关系与广告

广告是由商品经营者或服务提供者承担费用，通过一定的媒介或形象直接或间接地介绍自己所推销的产品、所提供的服务或所持有的观点的商业活动和商业行为。

▶ 1. 公共关系与广告的联系

1）公共关系与广告都是信息传播工作，都需要运用传播媒介

公共关系与广告都要向远距离、大规模的信息接受者传递信息，必须借助各种传播媒介，尤其是大众传播媒介。

2）公共关系与广告都是创造性的工作，都需要研究传播艺术

不管是公共关系还是广告，都要求能够引发信息接受者的兴趣、关注和行动上的配合，因此在各自领域的传播原则约束下，都需要充分研究传播的艺术，创造性地传递信息。

3）公共关系与广告都是推销活动

公共关系和广告的开展均是为了向信息接收者推销某种东西，如产品、形象、观念等，期望其能够接受，从而达成建立、维系积极关系或提高销售收入的目的，因此公共关系中也会应用广告的形式进行信息传递，如公共关系广告。

▶ 2. 公共关系与广告的区别

1）公共关系与广告根本目的不同

公共关系旨在促成积极关系的建立和维系，需要的是“人人爱我”；广告旨在提高销售收入，需要的是“人人买我”。

2）公共关系与广告传播原则不同

公共关系强调在信息传播中要体现真情实意，以客观公正的态度向公众传递组织信息，比较重视运用新闻传播之类客观的传播方式，以提高信息可信度；而广告是一种自我宣传方式，强调引人注目，要求形成轰动效应，具有明显的倾向性、渲染性和夸张性。

3）公共关系与广告同媒介的关系不同

公共关系事件之于各个媒介而言，是新闻的题材，媒介单位掌握信息发布主导权；而广告之于各个媒介而言是经济收入来源，广告发布者掌握信息发布主导权。

4）公共关系与广告传播的周期和效果不同

公共关系的信息传播必须是长期的、经常性的，其影响是全局性的；而广告的传播周期一般是比较短暂，其影响也是局部性的。

四、公共关系与市场营销

市场营销是个人和集体通过创造产品和价值，并同别人自由交换产品和价值，来获得

其所需所欲之物的一种社会和管理过程。

1. 公共关系与市场营销的联系

1）公共关系学与市场营销学的产生有共同的前提条件

市场营销学和公共关系学的产生同样都是由于资本主义高度发展，使企业外部环境发生了很大的变化。一方面，买方市场形成，消费者对产品的需求变化很大，条件也越来越苛刻；另一方面，同行竞争也日益剧烈。企业面临这样一种情况，不得不重视市场，重视营销，重视企业外部公众——顾客、消费者等。

2）公共关系与市场营销有着共同的对象

作为工商企业的公共关系，最重要的外部公众是消费者、顾客；而消费者的总和就是“市场”，这也正是市场营销的对象。

3）公共关系与市场营销有着共同的指导思想

现代市场营销观念要求企业把顾客的利益放在第一位，把社会效益放在第一位，这种指导思想(经营哲学)也正是公共关系的指导思想。

4）市场营销活动中包含了部分公共关系实践

公共关系通过与消费者建立和维系积极关系，能够促使消费者持续关注和购买企业产品，因此在市场营销中的促销策略中，就把公共关系作为了其中的非价格策略之一。

2. 公共关系与市场营销的区别

1）公共关系与市场营销的范围不同

市场营销仅限于企业生产流通领域，最多不过是经济领域内；但公共关系涉及社会任何一种组织与公众的关系。除企业外，公共关系还涉及政府、学校、医院等各种组织，远远超过了经济领域。

2）公共关系与市场营销的目的不同

市场营销的直接目的是销售产品，从而进一步扩大赢利，产生企业效益，其基本责任是建立和维护一个组织的产品或市场；公共关系的目的是树立组织形象，产生良好的公众信誉，从而使组织获得长足的发展，其基本责任是建立和维护组织与公众之间的积极的关系。

3）公共关系与市场营销手段不同

市场营销所采用的手段是价格、推销、广告、商标、包装、产品设计、分销等；而公共关系所采用的手段是宣传资料、各种专题活动(如社会赞助、典礼仪式、危机处理等)。

4）公共关系与市场营销聚焦点不同

市场营销主要聚焦于顾客的交换关系，其基本过程是通过交换，既满足顾客需要又赢得经济利益；而公共关系不仅要关注顾客关系，还要关注范围广泛的其他公众关系，如雇员关系、投资者关系、政府关系等，不同类别的组织对公众关注的聚焦点是不同的。

公关实践

公关经理的表述

北欧航空公司一名公关经理用一个小伙子追求一位漂亮姑娘的例子形象地描述公共关系的本质特征，他说，如果小伙子对姑娘大献殷勤，起劲地表白自己如何喜欢、欣赏她，这不是公共关系，而是推销；如果小伙子精心打扮自己，并以翩翩风度去吸引姑娘的注意力，这也不是公共关系，而是广告；如果小伙子认定目标、制订计划并埋头苦干，取得优异成绩，赢得大家的好评，而这种赞美之词又通过众人之口传入姑娘的耳中，使姑娘对小伙子产生了尊敬，继而转为钦佩和爱慕之情，这才是公共关系。

资料来源：陈福明，陈斌．公共关系实务[M]．北京：清华大学出版社，2010.

想一想：这位公关经理的话带给我们什么启示？

当中国申办2026世界杯遇到阻力时，运用公共关系应该怎么做？

任务二 公共关系的产生与发展

公共关系是现代公众社会沟通、传播、劝说需求的产物，当人们认识到公众舆论力量的强大、各种机构需要在竞争中去争取公众、大众传播媒介得到普及时，这种需求就会产生，因此公共关系是在现代公众社会产生的，具有明显的时代条件规定性。

一、美国是公共关系的先驱

美国曾经是铸就公共关系的完美大熔炉。

▶ 1. 公共关系在美国肇始的原因

1）较为稳固的民主政治体制

美国经过独立战争、南北战争和之后的工业革命，确立了美国式的三权分立民主政治体制，确保了公民权利。

2）较强的民主意识

美国是一个多民族移民国家，多数移民是平民背景，还有很多具有被宗教迫害的经历，因此他们期望能在新的天地建立自己新的家园，不再受谁的宰割和奴役，因此民主意识较强，积极要求参与各种社会活动。

3）较为健全的国内市场体系

19世纪末20世纪初，美国已由自由资本主义向垄断资本主义发展，美国经济开始关注市场的制约功能，消费公众对市场运行逐渐显现的牵引和制约慢慢成为现代商品市场生命线的一个重要因素，引起企业管理人员的关注。

▶ 2. 公共关系在美国的兴起

美国比较正规的公关实践活动发端于废奴运动、立宪运动、总统竞选等政治活动中，而19世纪中叶在美国风行的报刊宣传运动则被认为是公共关系职业的前身，当时最有名的代表人物叫菲尼斯·T. 巴纳姆，所以将公共关系发展的这一段时期称为巴纳姆时期。

1）巴纳姆时期——公共关系的职业前身

19世纪30年代，美国报界掀起了一场“便士报运动”，广告费迅速上涨，为了省下广告费，某些组织开始雇用新闻代理人为其制造煽动性新闻，以代替昂贵的广告。菲尼斯·T. 巴纳姆一直被认为是新闻代理的大师，他运用宣传来赚钱，不择手段，认为“凡宣传皆好事”，虽带有较为明确的组织性和目的性，但局限于单向的信息灌输，完全不顾公众利益，利用新闻媒介愚弄公众，逐渐引起新闻媒介的不满，从而引发美国近代史上著名的“清垃圾运动”(也称“扒粪运动”或“揭丑运动”)。这件事促使企业逐渐意识到他们应该去理解公众和对公众作出合理解释，此时便有一个人开始致力于去帮助企业完成这一事务，他的名字叫艾维·李。

2) 艾维·李时期——公共关系的职业开端

艾维·李是19世纪末20世纪初美国著名的记者，被称为“现代公共关系之父”。艾维·李早年从事新闻工作，后与朋友合办世界首家专门的公关顾问公司，成为现代所有公关公司实质意义上的“鼻祖”。1906年，艾维·李向报界发表了现代公关行业的第一个宣言《原则宣言》，其中不仅明确了公关应扮演的社会角色，而且还明确提出了“说真话”“公众必须被告知真相”的主张，将公共利益与诚实带入了公共关系的领域，使公共关系从探讨一些简单问题上升到探讨一些带有某些规律性的原则和方法，大大推动了公共关系学科化的发展。但由于时代的局限，艾维·李的公共关系咨询主要凭借直觉和经验进行，缺乏对公众舆论严密的、大量的科学调查，还无法使公共关系形成一门真正的学科，而后来完成这一任务的一位非常重要的人物是爱德华·伯尼斯。

公关实践

1906年的宾夕法尼亚铁路事故

1903年和1906年通过的严厉的铁路条例，促使宾夕法尼亚铁路公司董事长亚历山大·J. 卡萨特就如何更好地应对媒体和公众向艾维·李寻求咨询。

李立刻开始工作。他认为应该完全与媒体坦诚相见，而老铁路人却对李的行为表示担忧，他们相信披露事实真相会吓坏乘客。

很快就出现了一个让李施展抱负的绝好机会：在宾夕法尼亚州盖普镇附近的铁路干道上，一列火车失事了。公司按照惯例，试图压制所有媒体对事故的报道。

当李知道这个消息后，他掌握了局面。他与记者取得联系，并用公司的经费请他们去事故现场参观。他对记者的工作提供帮助，并提供了连记者自己都不敢问的信息。

李的做法让铁路公司的经理们感到震惊，他们认为这种坏消息怎么会给铁路带来益处呢，李的做法既无必要又无好处。

在宾夕法尼亚火车失事的同时，它的竞争对手纽约中心铁路也发生了火车事故。纽约中心铁路决策者依据其惯常的做法，对媒体实施了压制，试图全面封锁消息。记者在看到李的处理方法之后，对纽约中心铁路的处理方法勃然大怒。一时间，对宾夕法尼亚铁路的表扬和对纽约中心铁路的批评充斥媒体。李的做法给宾夕法尼亚铁路树立了良好的积极的形象，增加了信任度。公司内部对他的批评也消失了。

厄尔·纽萨姆，一位公共关系巨人，在60年后回顾此事时说：“当李说服宾夕法尼亚铁路公司公布真相的同时，也许就是我们现在共同事业的开始。”

当李在1934年去世后，宾夕法尼亚铁路的董事长和纽约中心铁路的董事长都参加了他的葬礼。

资料来源：奥蒂斯·巴斯金，克雷格·阿伦诺夫，丹·拉铁摩尔. 公共关系：职业与实践[M]. 4版. 孔祥军等译. 北京：中国人民大学出版社，2008.

想一想：

1. 李对火车失事的处理方法在之前有过吗？为什么？

2. 如果纽约的火车没失事，你认为李和宾夕法尼亚铁路的关系将会如何？它会影响公共关系学科的发展吗？

3）爱德华·伯尼斯时期——公共关系的理论形成

爱德华·伯尼斯是著名心理学家弗洛伊德的外甥，1912年大学毕业后从事新闻工作，1913年受聘担任福特汽车公司公关部经理。1919年，他和夫人在纽约开办了一家正式的公共关系公司。1923年，他以教授的身份首次在纽约大学讲授公共关系课程，同年出版了被称为公共关系理论发展史的“第一个里程碑”的专著——《公众舆论的形成》，详细地阐述了“公共关系咨询”这一概念，并提出了公共关系的原则、实务方法和职业道德守则等。1928年，他写出了《舆论》一书。1952年，他又写出了《公共关系学》教科书。在将近80年的公关生涯中，爱德华·伯尼斯致力于公共关系学的学科化建设，他共撰写公共关系书籍16部，提出了“投公众所好”公共关系思想，并把公共关系学理论从新闻传播领域中分离出来，对公共关系的原理与方法进行较系统的研究，使之系统化、完整化，最终成为一门相对独立完整的新兴学科。

公共关系的先驱者

1. 萨缪尔·亚当斯

美国革命前和革命期间最活跃的亚当斯组织了“自由之子社”，制作挂有“没有代表权的税收就是暴政”等口号的自由树象征物，组建“波士顿茶叶党”，冠名“波士顿大屠杀”，以及发动了一场旷日持久的宣传运动等。

2. 阿莫斯·肯德尔

19世纪二三十年代担任总统候选人及总统安德鲁·杰克逊的公共关系顾问、代表和演讲撰稿人，成功地领导了美国银行的运动。

3. 马修·圣克莱尔·克拉克

19世纪30年代美国银行的宣传家，向新闻界大量兜售新闻稿、报告，印发内容广泛的小册子，策划了不少成功的公共关系运动。下大力“开发”了一个反安德鲁·杰克逊总统的政客戴维·科罗凯特，给这个历史人物蒙上了一层神秘的色彩。

4. 菲尼斯·T. 巴纳姆

19世纪中后期的一个地道的艺人，发明了许多引人注意的方法。他在宣传和新闻代理技术上不受真实性的约束，其正面的贡献是让我们认识到了宣传的力量，但是他的不诚实却作为虚假宣传的遗产，直到今天仍有影响。

5. 乔治·V.S. 米歇尔

1900年在波士顿组建新闻办公室，成为美国第一个宣传公司的创立者，用事实信息宣传和人际交流向全国报纸散发资料。

6. 艾维·李

认为无论个人还是组织，其漂亮言辞必须以积极的行动做支持。他强调公共关系的管理功能，由此把公共关系推向了美国企业界的正确轨道。其职业生涯始于1903年，至1934年逝世，长达31年。

7. 乔治·克瑞尔

“一战”期间领导了公共信息委员会，利用公共关系技术推广自由债券、组建红十字会、倡导节衣缩食支持参战等活动。其行动证明公共关系的力量，并锤炼了20世纪的一批最有影响力的公共关系先驱。

8. 爱德华·伯尼斯

公共关系领域的学界领袖。开辟了“公共关系咨询”，完成大量公共关系著作，强调社会科学对公共关系的贡献，倡导用从业执照和证书界定公共关系职业。

9. 亚瑟·W. 佩琦

在接受美国电话电报公司副总裁职位提名时，坚持他在创建公司制度中要有发言权。他坚信“民主国家的所有事业都需要公众承认，存于公众认同”。

10. 约翰·希尔

1927年与唐·诺顿一起在俄亥俄州克利夫兰市开办了一家公共关系代理公司。几年后搬到纽约开办希尔—诺顿公司，成为世界最大的公共关系公司并连续保持在前三位排名之内。

11. 卡尔·博雅

第一次世界大战期间克瑞尔委员会的成员之一。1930年创立卡尔·博雅协会，开发古巴旅游，以利用第三方运动而闻名。1978年他去世后，其公司仍保持运行并多次成为世界上最大的公司。

12. 莱克斯·哈洛

公共关系教育研究的领袖人物。1939年执教斯坦福大学公共关系课程，可能是第一个全职公共关系教授。同年创建公共关系咨询协会。1947年该协会与全国公共关系咨询协会合并，成立了美国公共关系协会。

资料来源：奥蒂斯·巴斯金，克雷格·阿伦诺夫，丹·拉铁摩尔. 公共关系：职业与实践[M]. 4版. 孔祥军等译. 北京：中国人民大学出版社，2008.

二、公共关系日益繁荣

自从公共关系成为一种专门的职业和学科以来，备受社会各界重视，从而促使公关行业逐渐走向繁荣。

▶ 1. 专业协会纷纷成立

1948年，美国全国公共关系协会宣告成立，1955年，国际公共关系联合会在英国伦敦正式成立，标志着公共关系作为一个世界性的行业独立存在。

▶ 2. 学科研究不断深入

1952年，美国著名学者卡特里普和森特，合作出版了一本公共关系学方面的权威著作，即《有效的公共关系》，详细阐述了公共关系理论与实践中的方法、步骤与操作，提出了“双向对称”的公关模式，被视为是公共关系行业中的《圣经》。

1998 年，美国著名公关学者詹姆斯·格鲁尼格通过对卓越公共关系和传播管理理论的全球化问题的研究，提出了一种“普遍原则，特殊运用”的公共关系全球化理论，其体现的本质就是“放眼全球，立足本地”。《卓越公共关系与传播管理》一书被认为是迄今为止世界范围内公共关系研究领域的集大成之作。

▶ 3. 从业人员迅速增加

美国《企业周刊》于 1937 年第一次编制的公共关系报告显示，当时共有公共关系专家 54 人，公共关系顾问公司 250 家；1960 年，公共关系从业人员猛增到 10 万人，公司有 1 350家，75％的大公司设有公共关系部门；1985 年，美国劳工部统计公共关系从业人员达到 15 万人，各类公共关系公司数千家，85％的企业设有公共关系部门或外聘公关顾问，公关事业得到蓬勃发展。

三、公共关系在中国的发展

在中国，现代公共关系是随着改革开放而开始进入的，并随着改革开放逐步深化而获得不断发展。

▶ 1. 接受学习时期

1980 年，中央批准在广东省的深圳、汕头、珠海建立经济特区。不久，在深圳开办的一些“三资”企业都先后设立了公共关系部。1983 年 9 月，广州白云山制药厂设立了作为内地国有企业第一家的公共关系部，这标志着公共关系被正式引入中国内地企业。这些被设立运作的公共关系部，招聘培养了一大批公关从业人员，开始了早期的公共关系业务，一个崭新的职业群体开始浮出水面。

▶ 2. 扎根发展时期

20 世纪 80 年代中期，公共关系作为拿来的事业已逐渐被中国社会接受与认知，进而有效地促进了公共关系事业的职业化和公共关系研究的学科化。1986 年 1 月，中国第一个公共关系民间团体——广东地区公共关系俱乐部成立，这是中国第一个公共关系机构。1987 年 6 月 22 日，中国公共关系协会在北京成立，标志着公共关系在中国得到了正式确认和接受。1985 年 9 月，深圳大学首先设立了公共关系专业，开设公共关系的必修与选修课程，从此，“公共关系”作为一门课程开始步入高等学府的讲坛。1986 年，中国第一部公共关系学专著《公共关系学概论》出版，公共关系学科化发展进入了一个崭新的时期。

▶ 3. 自成一体成熟发展时期

1993 年，中国公关关系终于迈入自成一体的成熟发展时期。1993 年 11 月，中国共产党十四届中央委员会第三次会议通过了《中共中央关于建立社会主义市场经济体制若干问题的决定》后，中国社会主义市场经济的步伐全面启动，中国公共关系行业进入了全面的整合时期，开始步入一个更加职业化和专业化的阶段。

从 1996 年至今，中国公关关系真正进入成熟和理智，其标志是中国 SARS 事件后的政府公关。目前公共关系职能部门渗透到各行各业，如社会团体科研机构、银行、学校和党政部门。同时公关教育也基本形成立体多维的学历和非学历交叉并存的局面，具体种类有业余培训、函授教育、普通全日制教育和大学全日制本科教育。最高层次的教育是公共关系专业方向的硕士研究生的培养，这为我国日后培养高层次公关人才指明了方向。

公关实践

“非典”事件中的政府公共关系

题记：

我们没有权利去抱怨，但我们有责任和其他人一起让这个世界恢复到正常的秩序。我们除了为生存，还有什么呢？

——美国影片《地球瘟疫》中的台词

一场疾病让国人的生活乱成一团。

“非典”事件毫无疑问不是一场阵痛，它不但拷问着一个城市的承受力，一个民族的承受，更成了考验中国政府危机公关能力的一块试金石。

成功的危机公关行为，不但能极大地提升政府的形象与威望，也能增强政府在公众中的凝聚力和美誉度。

在这次“非典”事件中，在“抗非任务压倒一切”的现阶段，我们的政府和民众都扮演了什么样的角色呢？

作为危机中的每个公民和每个单位，我们不但要理解政府的作为，更应积极地配合政府，把整体的公共安全和社会秩序放在首位，把国民的安全感视为最高的价值选择。政府，给民众更多信心；民众，给政府更多信任。

资料来源：“非典”事件中的政府公共关系[EB/OL]. http：//news. sohu. com/57/26/blank208832657. shtml.

想一想：

1. 在“非典”事件中，中国政府开展了哪些公共关系活动？效果如何？

2. 为什么在这次事件中，中国政府会一改以往做法？这对公共关系在中国的发展起到了什么作用？

任务三　公共关系的基本职能

公共关系的职能是指公关对社会组织及个人所担负的职责和发挥的作用。公共关系职能从其运行所发挥作用的表现形态来看，主要包括公共关系管理职能、公共关系传播性职能和公共关系决策性职能三大类，具体内容涵盖采集信息、监测环境，组织宣传、创造气氛，交往沟通、协调关系，教育引导、服务社会，咨询建议、决策参谋，发现问题、加强管理，引导舆论、处理危机，创造效益、寻求发展等。本任务只涉及其中几个最基本的内容。

一、收集信息、监测环境

面对经常变化的经营环境，企业必须建立起自身的预警系统，才能防患于未然，把握主导权，为此公共关系需要履行的首个基本职能就是收集信息、监测环境。

▶ 1. 信息收集类别

1）产品形象信息

产品是企业与公众之间的联系，产品在公众中信誉的高低直接影响着企业的生存与发展，因此产品形象信息是影响企业形象、影响企业与公众关系状态的关键因素。

2）组织形象信息

组织形象是指公众对组织在运行中所显示的行动特征和精神面貌的反应和评价，公共关系工作的总体目标就是塑造组织形象，所以必须收集组织形象信息，具体包括公众对组织机构、管理能力、人员素质、服务水平等方面的看法和态度。

3）公众需求信息

公众需求既是公众利益和兴趣的体现，又是组织生存和发展的动力。组织只有适应公众需求、满足公众需求，才能赢得公众，建立和维系积极关系。

4）其他社会信息

成功的公关活动除了地利、人和，还需要天时，因此公共关系还必须掌握国内外的政治、经济、文化、科技等方面的状况和变化，必须对社会市场潮流的更替、人们普遍关注的舆论热点进行追踪，只有这样才能通观全局，立于不败之地。

▶ 2. 环境监测范畴

1）对内监测

对内监测是通过组织内部和外部的各种细微的变化来把握，并通过采集相应的信息汇聚决策，使其做出适应组织发展的战略决策，从而使组织运行与社会期望保持一致，最终保障组织目标的实现。

2）对外监测

对外监测是将公众对组织的行为或态度进行监测，使组织明确公众的态度及行为的变化趋势，使组织随机应变，灵活应对各种事件，重点需要监测政府决策趋势、社会环境变化趋势及竞争对手发展状态。

二、决策参谋、咨询建议

许多公共关系的权威人士强调：作为一种职业，公共关系有责任建议公司管理层在发展中推行一些对公众和企业都特别有利的良好政策，而这就需要公共关系履行决策参谋、咨询建议的职能。

▶ 1. 决策参谋

公共关系履行决策参谋职能最重要的贡献在于它能够为组织合理设计经营理念，即组织应该做什么及组织能满足什么样的社会需求和期望。之所以能做到这一点，主要是因为它对公众需求和组织内外环境的深入掌握，以及站在公众立场上审视决策问题的独特视角。当然，公共关系人员在确定目标、政策及组织经营哲学等方面很少有最终决策权，但在许多现代组织机构中，他们往往是重要决策的组成成员，在组织决策过程中为最终决策者提供重要的咨询建议。

▶ 2. 咨询建议

作为组织最终决策者的“参谋”和“智囊机构”，公共关系必须在以下方面提供重要的咨询建议，以确保组织与公众之间的积极关系，保持组织目标与社会期望的一致性。

1）为确立决策目标提供建议

任何组织在确立决策目标时，都会率先考虑自身利益，而对自身利益的过度追求则会使组织走到公众的对立面，背离社会期望。此时就需要公共关系部门站在公众和社会的立场上综合评价决策目标可能引起的社会问题，敦促决策当局依据公众需求和社会价值及时修正可能导致不良社会后果的决策目标，以确保组织目标始终与社会期望保持一致。

2）为决策方案拟定提供服务

决策方案的拟定需要大量的信息作为依据，公共关系通过建立有效的信息网络、完善各种公众咨询渠道，可以为决策方案拟定提供各种内源和外源信息，以确保决策方案的科学性。

3）为决策方案选择提供协助

因为公共关系部门的独特视角，它在决策方案选择时能够关注不同方案的经济效益与社会效益的协同，能够敦促决策当局重视决策行为的社会影响和社会效益，以确保正确的决策目标能够得以实现。

4）为决策效果提供评价

公共关系的咨询建议最后还体现在评价决策实施的公众影响和社会后果上。公共关系可以通过信息网络和公关渠道，了解公众和社会对决策方案实施的反应和评价，并及时告知决策当局，以便适时调整决策目标，完善决策方案。

三、策动传播、塑造形象

公共关系的总体目标就是要塑造组织形象，而这就必须要策动传播。

▶ 1. 策动传播

策动传播是指企业把信息及时、准确、充分地传递给公众，包括向所有可能受到影响和能够提供重要支持的人解释和宣传所选定的方针、计划。通过策动传播可以把企业与公众之间的意见、看法、态度甚至情感，进行双向的沟通交流，以促进相互理解、支持和舆论的配合。公共关系人员经常进行的传播活动包括编写新闻稿件、举办记者招待会、筹划组织领导人的演讲或报告、举办图片或实物展览、“制造新闻”事件、制作新闻电影、电视录像、广播讲话、撰写年报等。为确保传播活动的成功，需要注意以下几点。

1）选择最佳的活动时机

公关活动是一项时效性很强的活动。再好的计划方案，如果实施的时机不对，也不会取得应有的效果。例如，组织的公关活动应尽量避免与国际性或全国性的重大事件相冲突，因为在这个时候，公众注意力和传播媒介往往被这些事件所吸引，容易忽视组织的公关活动。

2）制作公众喜欢的信息

在设计制作信息时，应根据公关活动主题，在明确信息内容的基础上，制作公众喜欢的信息。这里，公众喜欢指的是能使公众注意、理解和记忆。因此为了使公众关注、理解并记忆某条信息，信息的语言要准确、简洁、生动、易懂，特别要注意词语的价值色彩的把握，如“动感地带”倡导的“我的地盘我做主”。

3）随时监督检查

公共关系活动实施过程中的一些不可预测因素和某些公关人员主观因素的影响都会导致整个传播活动的失败，因此就需要随时监督检查实施的进程，以便能够及时调整偏差，保证传播活动在总体上的成功。只有传播活动成功，才能导致良好形象的塑成。

▶ 2. 塑造形象

公共关系塑造的形象不是个人形象，而是组织形象。组织形象指的是社会公众对组织综合评价后所形成的总体印象。组织形象包括的内容很多，如组织精神、价值观念、行为规范、道德准则、经营作风、管理水平、人才实力、经济效益、福利待遇等，组织形象是这些要素的综合反映。衡量组织形象良好与否的指标主要包括以下内容。

1）知名度

知名度指一个组织被公众知晓、了解的程度，是评价组织名气大小的客观尺度，侧重于"量"的评价，即是组织对社会公众影响的广度和深度。

2）美誉度

美誉度是指一个组织获得公众信任、好感、接纳和欢迎的程度，是评价组织声誉好坏的社会指标，侧重于"质"的评价，即组织的社会影响的美丑、好坏。美誉度即公众对组织的信任和赞美程度。

一个良好的组织形象必须兼备高知名度和高美誉度。因此，良好组织形象的塑造除了要策动传播以外，更需要组织做好自身本职工作。

公关实践

加多宝第三季《中国好声音》创意传播

2014年，加多宝以高价竞标夺得第三季《中国好声音》的独家冠名权，开启"三度联姻"之路。然而，《中国好声音》前有世界杯占位，后有《爸爸去哪儿2》正面交锋，在大事件传播和娱乐营销传播高发期，加多宝如此策划了自己的传播策略。

1. 传播

传统的娱乐节目营销重点集中于节目播出的过程。对于2014年7月开播的第三季《中国好声音》，必须直面已经播出近一个月的《爸爸去哪儿2》，直面人群已经形成周五晚上看湖南卫视的习惯，而扭转局势的关键在于开播之夜。加多宝第三季《中国好声音》将传播资源集中于开播之前，打造了"刷墙体""抱歉体"等自媒体上的社会化广告，在开播之际便一鸣惊人，"刷墙体"等内容已经成为各大品牌争相模仿的对象，之后持续引导用户在周五晚上收看《中国好声音》。加多宝在所有的赞助商包括《中国好声音》官方的推广中，是唯一一家持续强化"周五晚9点10分"开播时间点的企业，而最终电视收视的数据也证明，9点10分是浙江卫视收视率跃升的一个重要节点。

2. 内容

在节目内容传播方面，信息告知的时代已经过去，新媒体时下流行的微海报依然话题性不足。在加多宝第三季《中国好声音》的传播中，基础内容不断升级，创造了大量拥有自传播能力的社会化广告。每一期节目开播，便推出一张或一个系列独到的创意海报，如"革命体""四大名著系列"等，不仅受到华少、那英等明星的关注及采纳，更是受其他品牌争相模仿。以学员为基础的传播中，在节目开播前，便建立多个学员粉丝群，以64位转身学员的粉丝团为阵地，全力配合加多宝品牌传播，让学员粉丝向加多宝粉丝转化。

3. 渠道

与中国最强的快递品牌顺丰达成合作，以大数据的方式，筛选顺丰7亿用户当中的10万目标用户，定向投递"史上最严肃的好声音观看指南"，以内容丰富而风趣的邀请函，激发目标用户的分享和参与加多宝的互动。此外，还将好声音的互动活动深入全国数百个居民社区，将节目推广做到了前所未有的基层深度。

4. 技术

致力于将加多宝官方微信打造成《中国好声音》多屏互动的核心。过去收看电视节目的观众无法及时表达自己的喜好及感受，而在第三季《中国好声音》期间，崭新的加多宝微信让观众在收看节目的同时，可采用摇一摇的方式，为正在演唱的选手投票。那些怀有唱歌梦想，或者观看节目后也想高歌一曲的观众，则也可以对着手机唱歌，加多宝微信甚至能做到像导师一样以即时的原音回复你的歌唱，让用户仿佛置身于《中国好声音》赛场上。针对新一季《中国好声音》，加多宝推出的多达数十亿罐《中国好声音》促销装，全面开通的微信、PC、短信三大兑奖通道，实现了趣味性与实用性的掌上融合，也帮加多宝微信积累了超过 20 万的粉丝。

资料来源：中国公共关系网编委会编著 .2014 年最具公众影响力公共关系案例集[M]. 北京：企业管理出版社，2015.

想一想：

1. 加多宝第三季《中国好声音》的传播策略为什么会获得成功？

2. 加多宝为什么花巨资争夺第三季《中国好声音》冠名权，这一活动对加多宝的影响有哪些？

四、交往沟通、协调关系

交往沟通、协调关系是公共关系的最根本的职能，组织形象的塑造和维系都是在组织与公众不断地交往沟通、协调关系中实现的。公众既包括内部的，也包括外部的。

▶ 1. 促进内部沟通，融洽“家庭”关系

内部沟通是指组织内部领导、管理人员及职工之间的信息交流活动，一般分为上下级沟通、平级沟通和非正式沟通。公共关系可以通过建立、完善内部沟通渠道和协同机制，促进内部信息的交流和共享，减少内部矛盾摩擦，促成上下一条心，为塑造良好组织形象打下坚实基础。

▶ 2. 开展外部沟通，和谐“四邻”关系

外部沟通是组织与内部公众以外的其他公众之间的信息交流活动，主要包括与消费者、社区、政府、新闻媒介等公众之间的信息交流活动。公共关系作为组织的“外交部”，应该运用各种交际手段和沟通方式，积极地对外联络、开拓关系，营造一个“人和”的社会环境，为塑造良好组织形象提供推动力。

五、引导舆论、化解危机

舆论是指公众关于现实社会以及社会中各种现象、问题形成并表达的各种信念、态度、意见和情绪的整合。公共关系引导舆论实质上是通过大众传播媒介对有关信息加以判断、选择、解释、加工和制作，从而促使公众舆论向组织希望的方向发展变化的一个过程。

危机是指严重困难的关头，任何企业在运营过程中都会遭遇危机(形象危机、信誉危机、舆论危机、政治危机、商业危机、金融危机、社会危机、灾变危机等)。当危机发生时，都会引起舆论的广泛关注，甚至媒体还会推波助澜，使危机升级。因此公共关系必须行动起来，谨慎引导舆论，化解危机。具体策略包括以下几方面。

▶ 1. 新闻发言人制度

新闻发言人是指国家、政党、社会团体任命或指定的专职(在比较小的部门中为兼职)

新闻发布人员，其职责是在一定时间内就某一重大事件或时局问题，举行新闻发布会或约见个别记者，发布新闻或阐述本部门的观点，代表有关部门回答记者的提问，是各种组织和团体对外宣传自己和化解矛盾的重要手段。

▶ 2. 新闻发布会制度

新闻发布会又称记者招待会，是一个社会组织直接向新闻界发布有关组织信息，解释组织重大事件而定期举行、正式举办的活动。通过新闻发布会的方式，发布新闻、态度及政策，集中解答中外记者提问，可以消灭社会上的各种猜测及负面舆论。

▶ 3. 召开答记者问

答记者问是各级领导人、有关方面负责人或专家、学者直接回答记者提问的一种报道形式。提问、答问内容是有关受众亟须了解和关心的问题，或有关领导机构需要向广大群众宣传、解释的问题，有助于读者、听众、观众明白某一问题的实质，明白某项决策的精神。

任务四 公共关系的职业道德

道德是调整人与人之间以及个人与社会之间关系的行为准则、规范、心理意识和行为活动的总和。职业道德是指从事一定职业的人们在长期的社会实践活动中，已逐渐形成一种特有的对职业行为的道德要求。公共关系作为一门新兴的职业，其核心是塑造组织的良好形象，而良好形象的塑造离不开公众的理解与支持。因此，公共关系的工作更应受职业道德所约束。

一、公共关系职业道德的作用

▶ 1. 指向作用

进步高尚的公共关系职业道德一方面可以指导和促进公共关系活动向着有利于社会、有利于人类的方向发展，促成公关工作的成功；另一方面还可以为公关人员指明从善的行为方向，即为公众、为社会谋利，进而指导公关人员选择有利于调整关系、消除矛盾的道德行为，改善企业、组织的内外部关系。

▶ 2. 调节作用

公共关系面对的纷繁复杂的各种矛盾和冲突，除了少量的可依靠国家法规来解决外，大量的都必须靠道德，尤其是公共关系职业道德来调节。

▶ 3. 教育作用

公关人员在与社会各界各类人员广泛交往中，能以高尚的、有利于他人与社会的态度和行为去待人接物、讲究职业道德，既可以处理好组织与公众之间的关系，还可以使这些良好的作风品德直接影响交往对象，推动社会道德水平的提高。

二、公共关系职业道德的内容

1991 年 5 月 23 日，第四届全国省市公关组织联席会议通过了《中国公共关系职业道德准则》，其具体内容如下。

(1) 公共关系工作者应当坚持社会主义方向，自觉地遵守我国的宪法、法律和社会道德规范。

(2) 公共关系工作者在开展公共关系活动时，首先要注重社会效益，努力维护公关职业的整体形象。

(3) 公共关系工作者在工作活动中，应当力求真实、准确和对公众负责。

(4) 公共关系工作者应当努力提高自己的政治水平、文化修养和公关的专业技能。

(5) 公共关系工作者应将公关理论联系中国的实际，以严肃认真、诚实的态度来从事公共关系学教育。

(6) 公共关系工作者应当注意传播信息的真实性和准确性，防止和避免使人误解的信息。

(7) 公共关系工作者不能有意损害其他公关工作者的信誉和公关实务。对不道德、不守法的公关组织及个人予以制止并通过有关组织采取相应的措施。

(8) 公共关系工作者不得借用公关名义从事任何有损公关信誉的活动。

(9) 公共关系工作者应当对公关事业具有高度的责任感。不得利用贿赂或其他不正当手段影响传播媒介人员真实、客观的报道。

(10) 公共关系工作者在国内外公共关系实务中应该严守国家和各自组织的有关机密。

三、社会主义核心价值观赋予公共关系职业道德新内容

逐利是企业的本性，但君子爱财，取之有道，是要讲规则、讲道义的。2012 年 11 月，党的十八大报告明确提出“三个倡导”，即“倡导富强、民主、文明、和谐，倡导自由、平等、公正、法治，倡导爱国、敬业、诚信、友善，积极培育社会主义核心价值观”，因此公共关系职能的履行，必须置于在社会主义核心价值观引领下的职业道德标准中。

▶ 1. 反有偿新闻、有偿不闻、虚假宣传

有偿新闻使正常的新闻报道工作演变为一种特别的权钱关系，破坏了诚信，使公关职业的价值体系本末倒置；既破坏了新闻公正性，损害了公众的知情权，又让公共关系背上了“操纵”的恶名。

▶ 2. 反不正当竞争

不贬低诋毁竞争品牌；遵守竞业限制规则，不恶意挖人抢生意；尊重知识产权，不搞假竞标，不剽窃他人创意。只有百家争鸣，才能真正促进社会繁荣富强。

公关实践

公共关系恶战，以“官司”收场

在 2005 年央视招标前的一次论坛中，2004 年“标王”的制造者蒙牛公司副总裁孙先红向记者谈起了 2005 年年初的一个官司。

据孙先红介绍，在 2004 年央视招标结束后，蒙牛以 3 亿多元的投入被外界和媒体称为“标王”。但在随后的几个月中，不断有媒体出现对蒙牛作为“标王”的分析性文章，有的分析得比较理性，但有的文章带有明显攻击性，并根据前几任“标王”的失败经历来对蒙牛的前景无端指责。经过蒙牛公司的调查，发现是其最大竞争对手××乳业公司在操纵北京

某公关公司利用广告的形式来对蒙牛进行攻击，前后涉及广告费达600万元。最后，经过警方的介入，这场风波以公关公司被封、高层入狱画上句号。

想一想：

1. ××乳业的做法是对还是错？为什么？

2. 某公共关系公司被查封给公共关系从业人员的启示是什么？

▶ 3. 反公关创意庸俗化

目前一些公关创意、草根策划使得主办者名利双收，但同时它也在慢慢改变中国年青一代的价值观，一夜成名、飞黄腾达的梦想在这些涉世尚浅的孩子们心里扎根，拼爹拼颜值已逐渐取代了自强不息的传统价值理念，这对整个社会来说都是极其危险的。

作为公关从业人员，要从自己做起、从点滴做起、从现在做起，树立社会主义核心价值观，履行公共关系职业道德规范，树立行业新风，建设美丽中国。

公关实践

三鹿奶粉事件

2008年6月28日，位于兰州市的解放军第一医院收治了首例患“肾结石”病症的婴幼儿，据家长反映，孩子从出生起就一直食用河北石家庄三鹿集团所产的三鹿婴幼儿奶粉。7月中旬，甘肃省卫生厅接到医院婴儿泌尿结石病例报告后，随即展开了调查，并报告卫生部。随后短短两个多月，该医院收治的患婴人数就迅速扩大到14名。

省委、省政府领导和各相关部门对“肾结石事件”高度重视。省委书记、省人大常委会主任陆浩闻讯后立即作出批示：“立即采取措施，及时妥善处理。”省委副书记、省长徐守盛，省委常委、常务副省长冯健身也于9月10日做出批示，要求卫生部门及各监管部门做好患儿救治，迅速排查。

据报道，2008年8月2日至9月12日，三鹿集团共生产含有三聚氰胺的婴幼儿奶粉904.243 2吨；销售含有三聚氰胺的婴幼儿奶粉813.737吨。这些奶制品流入市场后，对广大消费者特别是婴幼儿的身体健康、生命安全造成了严重损害。中国政府投入巨额资金用于患病婴幼儿的检查和医疗救治。

2009年1月22日，河北省石家庄市中级人民法院等4个基层法院一审宣判三鹿问题奶粉系列刑事案件，包括原三鹿集团董事长田文华在内的21名被告，分别被处以死刑、死缓、无期或有期徒刑。

石家庄市中级人民法院于2009年1月12日上午召集三鹿集团债权人举行第一次债权人会议，法院合议庭当场宣读了三鹿集团破产的有关法律文书，发出三鹿集团破产民事裁定书，被申请人三鹿集团因不能清偿到期债务，并且资产不足以清偿全部债务，符合法定破产条件，被依法宣布破产。

想一想：

1. 三鹿集团走向破灭的原因是什么？

2. 公共关系是否能拯救濒临破灭的三鹿集团？职业道德对于公共关系的意义是什么？

要点总结

导论围绕公共关系的基本概念阐述了公共关系的主要定义和公共关系的基本含义，以及公共关系的基本原则；对公共关系与人际关系、市场营销、广告和宣传作了界定，加以区别；概述了公共关系的产生和发展经历及趋势；简要地阐述了构成公共关系的三个要素，即社会组织、公众和传播等内容。

练习与提高

一、简答题

1. 公共关系的基本内涵有哪些?
2. 公共关系的主要职能是什么?
3. 公共关系的基本原则有哪些?
4. 公共关系与广告有哪些相同点和不同之处?
5. 公共关系与宣传有哪些相同点和不同之处?

二、职业技能训练

观察你所在的学校(或其他单位)的领导(如校长、院长等)近期的工作，你认为他(她)们的哪些工作属于公共关系工作?

三、案例探讨

1978 年 11 月 2 日，克莱斯勒董事会召开规模宏大的新闻发布会，宣布亚科卡出任公司新一任总经理。亚科卡首次当上了属于自己的“船长”，这条船漏水严重，船上官员、水手士气低落，萎靡不振。面对陷入危难的公司，亚科卡需要解决的问题可谓千头万绪，无数的人拭目以待，想看看亚科卡到底会有什么灵丹妙药。亚科卡一到公司就发现，公司管理混乱，公司许多部门全无纪律可言，上班时间经常打电话，而且都是私事。不断地打电话与人聊天，这个机构哪里有效率可言。整个公司里部门多，分工细，彼此互不关心，35 名经理中每人都有自己的一伙人，各成一派，他们不顾大局，只顾本部门少数人的利益。找到事情症结后，亚科卡大刀阔斧地进行改革，果断地解聘了 35 名副总裁中的 33 名。又动员公司职工，公司目前不景气，若要留用，必须减薪，否则另请高就。于是留用的职工接受了 12 亿美元的减薪，最高管理层各级人员减薪 10%，他自己的年薪由 36 万美元降为象征性的 1 美元。为了拯救克莱斯勒，确保 65 万名员工的工作和生活，他没有简单地裁员，决定以紧缩开支为突破口，提出了“共同牺牲”的大政方针。

随后，亚科卡和联合会主席弗雷泽谈判成功，获得弗雷泽的支持。在谈判中，他开诚布公地展示这样的后果：假如公司真正破产，那么成千上万的工人和雇员将丧失工作机会和经济来源，这些失业者将涌向各行各业，给社会带来巨大的压力和不稳定因素，这是一个很可怕的前景。亚科卡的话牵动着千千万万人的利益，从而也打动了弗雷泽，经过反复磋商，弗雷泽这位铁腕人物接受“工人与工厂共存亡”理论，首先达成一项协议：同意克莱斯勒的工人在公司艰难时承担1亿美元的延期支付养老金，以帮助公司度过财政危机。

但是面对亏损已近1.6亿美元的巨大经济压力，克莱斯勒无法自救，亚科卡想到了15亿美元的政府担保贷款。然而这一举动在社会上引起激烈的争论，社会舆论沸沸扬扬，而其中大多数投反对票，认为政府没有必要进行什么资助，理由是要保护自由竞争，一个公司破产就破产好了，市场体制的根本前提就是既允许成功，也允许失败，政府干涉经济代价既高，又无效，不如不管。此时的亚科卡可谓四面楚歌，然而他最担忧的还是用户对克莱斯勒的信任度急剧下降，谁也不愿从一家已在请求政府贷款而行将破产的企业购买汽车。那些愿意考虑购买克莱斯勒车的用户由原来的30%降低到13%。

怎么办？有人在沉默中死亡，有人在沉默中爆发。亚科卡决心重振公众对公司及产品的信心。克莱斯勒公司首先大张旗鼓地开展了广告运动，以消除公众对公司前途的忧虑。他希望公众能明白两点：第一，克莱斯勒绝没有停业的打算；第二，我们所生产的汽车是美国真正需要的。这次广告用了自问自答的方式，以此来消除一些相当棘手的问题。比如，问“没有克莱斯勒，美国的经济是否会好一些?”答案是“不”。如果没有克莱斯勒，也就是公司倒闭，公司的工人就必然失业，要知道整个公司的工人、经销商、材料供应商加起来有60万人，一旦失业整个国家的失业率将上升5%，每年国家就将为这些失业工人多付保险和福利开支27亿美元。请问，美国的经济会因此而受益吗?

这些广告对公众的影响很大。因为这些广告全都由亚科卡本人签字，表示以个人声誉为公司担保。广告使公众意识到个人与克莱斯勒的关系，于是社会舆论发生了变化。

当时克莱斯勒的第二个步骤是团结经销商，由他们掀起了游说议员的活动。公司原先不注意维持与经销商之间的关系，互相往来很少，只靠一些信件联系，而且每次都使用一些强硬性的词句，造成公司与经销商之间的紧张关系，矛盾处于一触即发的地步。主要原因还是产品的质量不过关，克莱斯勒每年给各地的经销商一批处理车，这些车都要经过各地经销商的重新装修才能卖出去，这自然造成了经销商对公司的抱怨。

亚科卡到任后，派一名公司里最有耐性、最具说服技巧的人，让他主要负责联系各地的经销商。他把他们都邀请来，双方第一次心平气和地交换了意见，他首先代表公司表示，公司过去对各位的态度有些偏颇，新任的领导已经准备在这方面进行整顿，其中最主要的是树立纪律观念，整顿产品的质量，保证供应给经销商最优质的产品。只要我们齐心协力，使诺言兑现，无论对公司还是对经销商都是有好处的，一番话消除了经销商的抱怨，以后，他又组织了经销商的讲习会，告诉他们要热爱顾客，与人交流。同时在讲习会上，公司派专人向经销商谈了今后的打算、新的商品消息、汽车的技术知识等，使经销商对克莱斯勒的产品有了更深一层的了解。

另外，亚科卡着重抓了汽车质量，从设计到制造都制定了严格的纪律，同时请工人也来参加质量管理活动，提出由劳资双方共同执行的质量标准，要求公司全体员工同心同德把质量提上去，并且不能把质量作为砝码来讨论劳资双方的对立问题。从此以后，公司立下规矩，每天早上，由负责质量管理的人从新装配好的车中任意挑选出5辆，然后将这几辆车与一辆新的日本丰田汽车相比，要求生产人员从中看出差距，于是车间工人很快便认识到了质量的重要性。

通过一系列工作，公司车的质量提高了，经销商的气也就顺了。再加上经销商与公司的利益密不可分，一旦克莱斯勒破产，不少经销商也将破产，因此，这一举措也把经销商与公司的关系进一步加深了，自然通过他们向议员游说便水到渠成了。

在当时的美国，这些经销商处于中等偏上的阶层，一般比较有钱，交际也比较广，在团体里也比较活跃，他们之中有不少的共和党党员。

因此，对于共和党中不少曾经反对政府给公司资助的成员影响很大，他们到处游说，找自己熟悉的议员晓以利害，讲清公司目前的实力与今后的打算。这些经销商甚至还拉进了许多其他公司的经销商，为克莱斯勒奔走呼吁，他们以竞争角度出发，疾呼："没有克莱斯勒，福特还能长久吗?"这些活动深深地震撼了国会。

此时，工人也站出来支持克莱斯勒，因为他们知道，一旦公司破产，工人会失业、会无家可归。工会领导人费雷泽也到处组织游说活动，他称："我们是要为克莱斯勒辩护，我们所关心的是，一旦公司破产将会给工人及整个社会产生的巨大影响。"

当国会正式为此事进行表决时，亚科卡发表了精彩的讲话，在克莱斯勒已经拥有众多支持者的情况下，国会表决自然是顺利地通过了这项帮公司重新站起来的方案。

克莱斯勒有了机会，下一步，公司所关心的便是如何抓住这个机会，亚科卡告诉人们："我们从阔舅舅那里借到了一笔钱，现在我们要证明，我们不会欠账不还的。"

亚科卡再次裁减了几千名职工，其中蓝领、白领都有，而在此前，就已经解雇了8万多名工人，尽管这种情况是悲剧性的，但他尽量对这些工人讲清利害，并给了他们最优惠的解雇金。

接着，他又采取了这样一些步骤：

一是让工人拥有公司的股票，让工人分享公司的利润，把每个人的利益与企业紧紧地结合在一起。

二是与工会一起奖优罚劣，使工人担负起主人的义务。

三是关闭了一些工厂，解雇了一些工人，为此他走遍了公司的各个车间和工人直接交流，并许诺一旦情况好转，将使他们重新获得与福特公司的工人一样的待遇。

1980年，在克莱斯勒公司出现重大转机的关键时刻，伯利奇的新一代K型车(前轮能够驱动，高速省油)在普利茅斯问世了，这批车带着亚科卡的亲笔签名。不久又设计出K型车的系列产品，分别为基本型、普通型、微型、超微型4种型号，满足了市场上不同层次消费者的需要，使公司一举扭亏为盈。

问题：你能从中得到什么启示?

四、拓展实训

1. 在课堂上进行"3分钟自我介绍"训练。要求能够以最简练的语言、最恰当的举止展示自我形象。

2. 到附近一家企业调查，了解公共关系状态，并统计有多少人知道公共关系，试着向他们传播公共关系知识。

五、拓展阅读

慈禧的"公关术"

1898年，慈禧通过戊戌政变，重新当上了老大。事情做得太出格，她内心并不坦然，为了让自己坐稳权位，她采取了一系列“公关”行动。

慈禧做的第一件事是宣布恢复科举，收买士子人心，她在诏书中说，国家以四书文取士，遵照先儒对经书的传注，阐发圣贤精义，二百年来培养了很多人才。近来治学为文的水准下降，各省士子写作时往往抄袭雷同，毫无根底，不是考试制度有什么问题，而是主考的人没有切实负起责任。“殊不知试场献艺，不过为士子进身之阶，苟其人怀奇抱伟，虽沿用唐宋旧制，试以诗赋，未尝不可得人。……嗣后乡试、会试及岁考、科考等，悉照旧制，仍以四书文试帖、经文策问等项，分别考试。”一句话，那些苦读经书、不问世事的人，我老太太保证你们依然可以通过科举获得高官厚禄，至于清国何时拥有蒸汽机、热兵器、议会、大学等现代文明，何时不再被西方人打得满地找牙，不关我事啦！

给了读书人一根骨头，还得给“愚民”一碗肉汤。“愚民”虽然未必认得多少字，干起造反的活来却轻车熟路。慈禧接着下了两份诏书。一份是下给司法部门的，一份是告谕百姓的。下给司法部门的诏书说，司法诉讼是吏治最重要的一个环节，案子必须随时审结，不能拖延，只有这样才能显示出对民众的体恤，并最大限度地消灭社会稳定隐患。最近听说内外问刑衙门，对应办的案件往往一拖就是几旬甚至几月，迟迟不予审结，有的甚至设立候审待质的黑监狱，“以避班馆名目，滥押无辜”，再加上丁役的敲诈勒索、胥吏的百般刁难，种种弊端，不胜枚举。试想一个人坐牢，全家不安，小老百姓各有自己的活路要做，如果不是含冤负屈，哪里肯轻率地涉足法庭，让法吏来支配命运？现在，某些司法官员，因循守旧、玩忽职守，习为故常，完全不考虑民生疾苦，这实在太让人痛恨了。现在，我命令刑部、都察院及各省总督、巡抚，详细制定清理司法案件的制度，严格考核官吏的功过，按月上报，同时严办渎职者。下这份诏书用意非常明显，一是从侧面告诉老百姓，她慈禧自再度训政以来非常重视社会治安，许多盗犯已“就地正法”；二是表明她主观上不想杀人。

戊戌政变发生后，英国公使和其他外交团员对光绪深表同情，欧洲舆论也是同样的态度，慈禧在安内的同时，又搞起了“国际公关”。她借口自己的画像新成，数次邀请各国使馆夫人入宫游玩，并赠送厚礼，希望她们多给大使们吹吹枕边风，支持自己的训政。

慈禧的“公关”不能说毫无效果，当时的清国，士子们梦寐以求的是考上进士做官，慈禧恢复科举，等于重新给了那些迂阔的读书人一个进身的机会，他们不可能不高兴；当时的老百姓普遍没有读什么书，又大多被土地束缚在一乡一村里，没有多少见识，朝廷稍给一点甜头，就可能感恩戴德；洋人呢，虽然能识破慈禧“公关”的用意，但国与国之间在乎的不是真挚的友谊，而是利益，只要慈禧对自己的国家不再敌对，洋人也不会与她为难。然而，有一点慈禧绝对没有想到，任何时代、任何社会都有一些像孙中山、黄兴这样的眼光超乎群伦的人，也就是我们通常说的先驱者，他们最能发现权力者的私心，最能洞察愚人者的本质，他们的持久努力终将一步步唤醒“沉默的大多数”，使其认识到专制制度的黑暗。

愚人者必自愚，信然。

模 块 一

公共关系的主体

>>> 经典语录

说话的人表现了高度的热忱，即便是最单调乏味的课题也能变得有趣。否则，连最有趣的话也会令人生厌的。

——[美]戴尔·卡耐基

>>> 知识目标

1. 掌握公共关系机构设置。
2. 掌握公关人员的心理素质、能力素质和知识结构。

>>> 技能目标

1. 能够组建企业的公关部。
2. 能够成为合格的公关人员。

>>> 情景写实

2018年7月，小刘大学毕业，他放弃父母给他联系的工作，毅然选择自主择业。在构思自己的未来之路时，小刘策划了很多方案。他仔细分析当前中国的市场环境，决定和同学一起成立一家公关公司。

任务一 公共关系组织机构

公共关系机构是具体承担和实施公共关系活动的部门或组织。常见的公共关系机构有组织内的公共关系部、社会上独立的公共关系公司和公共关系社会团体。

一、公共关系部在组织中的地位

公共关系部是组织最重要的职能部门之一，它充当着组织“三个中心”的重要角色。

▶ 1. 信息情报中心

公共关系部在组织中重要的地位表现在所提供的全面、准确、及时的信息情报，而这些又成为组织行为的指南，因此公共关系部也被称为组织的“情报部”。

▶ 2. 决策参谋中心

公共关系部是组织的“参谋部”，它从战略的高度与艺术的视角全面指导和参与组织的各项决策。

▶ 3. 宣传外交中心

组织的公共关系不仅要采集来自社会公众的信息，同时要向社会公众传递组织的信息。因此，公共关系部要负责组织的对外联络和交际沟通，协调组织与外部环境的关系，处理可能发生的纠纷、突发事件和危机。从这个意义上讲，公共关系部又是一个组织的“宣传中心”与“外交部”。

二、公共关系部的基本职责

1. 追求企业和社会利益的一致

公共关系部向社会各界提供本企业各种信息，预测企业发展的趋势，以求得企业发展和社会利益相一致。

2. 树立企业良好形象

在树立企业良好形象的过程中，公共关系部门以优质服务为根本原则，以符合社会公众的利益来开展工作。

3. 协调企业与社会各界关系

由熟悉公共关系知识的人来从事企业的内外协调工作，能将损失减少到最低，企业的经营活动也会顺利很多。

4. 代表领导应酬琐碎工作

召开各种座谈会、与外单位的谈判、企业联营、经营开发、日常接待等琐碎工作可安排公共关系人员来承担，使领导能集中精力解决企业的重大问题。

5. 联络企业员工的感情

公共关系部可以利用企业周年纪念、商品展销等多种活动来宣传企业的优势，联络员工的感情，激发员工的干劲。

三、公共关系部的模式

从公共关系部在企业中的地位和它自身的内部设置入手，把企业公共关系部设置的模式分为宏观模式和微观模式两种。

1. 宏观模式

1）领导直属型

公共关系部在最高领导层的直接领导之下，通常由副总经理直接担任公共关系部(简称公关部)的负责人。具体结构如图 1-1 所示。

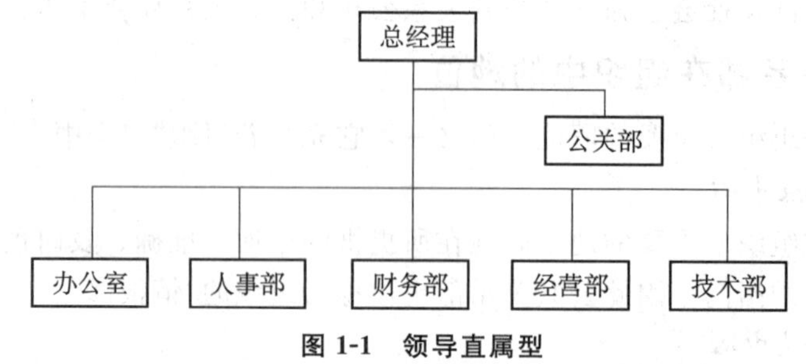

图 1-1　领导直属型

公关实践

美国大通银行企业传播部的组织结构

美国大通银行是一家跨国金融机构，目前共有员工 3 万多人，全球分支机构有 2 000

多家。该银行的企业传播部(即公共关系部)有从业人员 200 多人，由一位高级副总裁担任该部主管。银行传播部下设若干组，直接负责各自领域中的公共关系问题。大通银行企业传播部的组织结构，是大型企业公共关系部门的典型形态。

想一想： 这个案例给我们的启示是什么？

2）部门并列型

公共关系部与企业其他部门处于并列的地位，具体结构如图 1-2 所示。

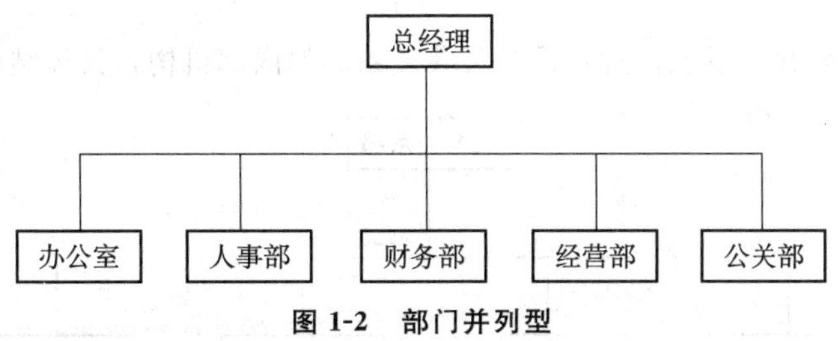

图 1-2　部门并列型

3）部门所属型

公共关系部属于企业的某一部门，属于企业的三级机构，具体结构如图 1-3 所示。

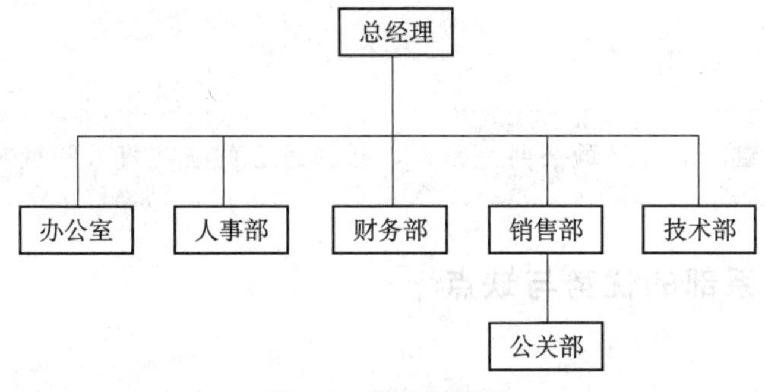

图 1-3　部门所属型

▶ 2. 微观模式

1）公众型

公众型即按照公共关系工作对象设置公共关系部的内部机构，具体组成情况如图 1-4 所示。

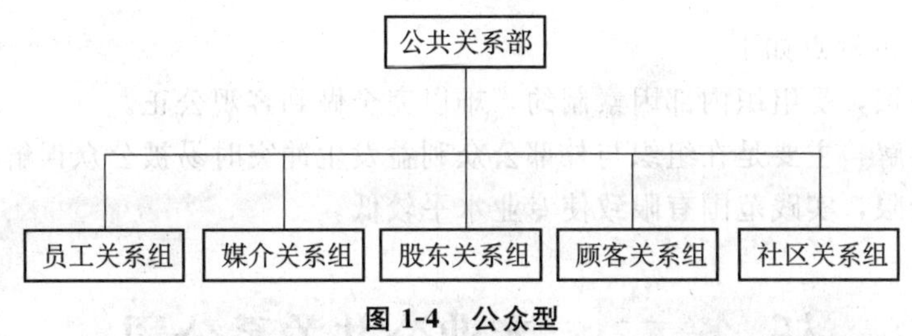

图 1-4　公众型

2）职能型

职能型即按照公共关系工作的技术手段设置公共关系部的内部机构，具体结构如图 1-5 所示。

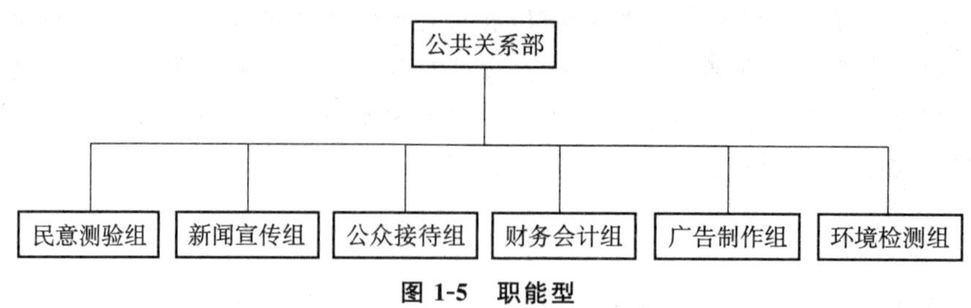

图 1-5　职能型

3）过程型

过程型即按照公共关系工作过程设置公共关系部的内部机构，具体结构如图 1-6 所示。

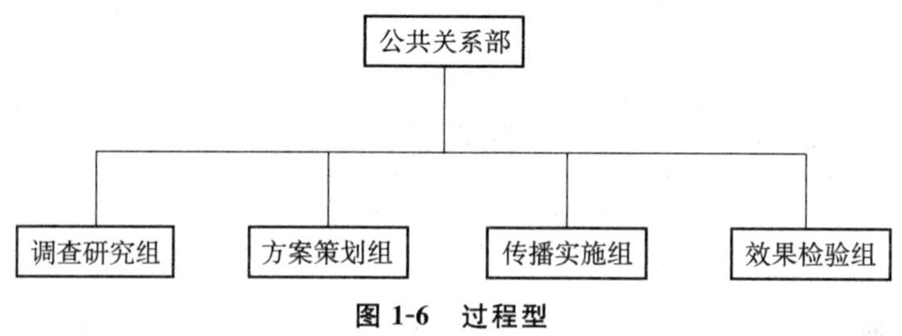

图 1-6　过程型

课内实训

每个学习小组成立自己的公共关系部，选择适合的宏观模式和微观模式。

四、公共关系部的优势与缺点

▶ 1. 优势

公共关系部的优势如下。

(1) 了解内情，能有的放矢，切合实际。

(2) 便于协调，能直接接受最高领导层的指导，随时开展调整和协调工作。

(3) 服务及时，能“招之即来，来之能战”，应付突发事件效率较高。

(4) 成本较低，利益与组织一致，因而能节约经费，控制预算。

▶ 2. 缺点

公共关系部的缺点如下。

(1) 不够公正，受组织内部因素制约，难以完全做到客观公正。

(2) 易被误解，主要是在组织与外部公众利益发生冲突时易被公众误解。

(3) 水准受限，实践范围有限致使专业水平较低。

任务二　专业公共关系公司

专业公共关系公司是由各具专长的公共关系专家组成，运用专门知识、技能和经验，以法人身份专门从事公共关系活动和咨询服务，或接受客户委托为其开展公共关系活动，并收取费用的社会服务性机构。

公关实践

“世界第一张丝绸报纸的诞生”与媒介传播

1. 背景介绍

杭州凯地丝绸股份公司1993年成立，是由国家、企业职工和外商共同持股的综合型丝绸出口集团，如今，“凯地丝绸”已经成为国际市场的名牌，深受海外客户的欢迎。这还要从媒介传播说起。当时该公司作为商业大潮中的新生儿，要扩大其社会知名度，生产的丝绸报纸，就需要独具创意的公关宣传和媒介来报道，以塑造企业整体形象，渗透消费者心理，这无疑是最快捷有效之策。同时，中国革命历史博物馆得知世界首版丝绸报纸诞生，也要求收藏并展出。

2. 调研

以丝绸为材料印刷报纸属新闻界和印刷史上创举，具有高度的新闻价值和保存价值。

3. 目标

以有限的公关宣传费，巧妙借助丝绸报纸这一独特载体，赢得媒介和公众热切注视。

4. 公关策划创意

杭州国际公关公司为其策划：以丝绸为材料印制浙江省内独家旅游服务报《江南游报》，并向中国丝绸博物馆、中国革命历史博物馆赠送世界首创的丝绸报纸。

5. 实施与执行

《江南游报》丝绸版共印刷100份。1993年6月15日，杭州国际公关公司在北京为该公司举行了向中国革命历史博物馆赠送丝绸报纸仪式。专家评价：“阅读和观赏效果极佳，反映了当代先进的真丝印花科技水平。”

6. 评估

世界首创丝绸报被国内20余家报纸、电视台集中报道达30余次，海内外受众人数达2 500万人次。丝绸报宣传活动，既展示了中国高超的印丝术，也树立了该公司形象，从此开创了丝绸报纸的先河。

想一想：专业公共关系公司在公共关系活动中的地位、作用及其服务特点。

一、公共关系公司的类型

从规模、经营方式和经营范围综合考察，公共关系公司可分为顾问型公共关系公司、服务型公共关系公司、综合型公共关系公司三种类型。

▶ 1. 顾问型公共关系公司

这一类公司是由行业专家组成，他们受聘于客户，为客户提供公共关系策划方案，进行公共关系实地调查，进行公共关系评析，以及处理公共关系危机。

▶ 2. 服务型公共关系公司

这一类公共关系公司的业务局限在某些行业上，如金融服务、公共关系广告、传播服务、文化演出等。

▶ 3. 综合型公共关系公司

综合型公共关系公司由于规模大、实力强、服务范围广，具有承办难度大、要求高的大型公共关系项目的条件，如中国国际公共关系公司、美国爱德曼国际公共关系公司、美国博雅公共关系公司等都属于综合型公共关系公司。

知识窗

爱德曼国际公关有限公司(Edelman Public Relations Worldwide)的创始人是 Daniel J. Edelman，于 1952 年在美国芝加哥成立，是世界上最大的一家提供公关咨询服务的独立公关公司。现在世界各地有 67 家办事处，超过 4 800 名雇员，在 30 个城市有合作伙伴。2013 年，爱德曼国际公关公司被《霍尔姆斯报告》评为年度全球最佳机构。

二、公共关系公司的优势

公共关系公司从事或者代理公共关系业务，具有以下优势。

▶ 1. 职业水准较高

公共关系公司拥有一批专业技能高、工作经验丰富的公共关系专家，能为客户提供较高水准的专业服务。

▶ 2. 较客观公正

公共关系公司以外部公众的身份去处理客户的公共关系问题，不受客户主观因素的影响，可以客观地分析问题。

▶ 3. 社会联系广泛

公共关系公司与社会各界特别是各种传播媒介关系密切，能方便开展公共关系工作。

▶ 4. 信息比较灵通

公共关系公司要为大量的各类客户服务，因此占有的信息量特别大，能迅速获取各种信息提供给客户。

任务三　公共关系人员

公共关系人员是指以从事公共关系工作为专门职业的人员，不包括业余或兼职的公共关系人员，他们是公共关系活动的主体核心。

一、公共关系人员的分类

公共关系人员可以分为领导人员和一般人员。

▶ 1. 公共关系领导人员

公共关系领导人员是公共关系机构的领导者和管理者，负责统筹规划公共关系活动的全部环节，他们对企业公共关系工作的成败具有举足轻重的作用。

你会坐吗？

——一次公关部长聘任考试

一家公司准备聘用一名公关部长，经笔试筛选后，只剩8名应试者等待面试。面试限定他们每人在两分钟内对主考官的提问作出回答。当每位应试者进入考场时，主考官说的是同一句话："请您把大衣放好，在我面前坐下。"然而，在进行面试的房间中，除了主考官使用的一张桌子和一把椅子外，什么东西也没有。

有两名应试者听到主考官的话以后，不知所措，另有两名急得直掉眼泪。还有一名听到提问后，脱下自己的大衣，搁在主考官的桌子上，然后说了句："还有什么问题？"

剩下的三名应试者，一名听到主考官发问后，先是一愣，旋即脱下大衣，往右手上一搭，躬身致礼，轻轻地说道："这里没有椅子，我可以站着回答您的问话吗？"另一名应试者听到问题后，马上回答道："既然没有椅子，就不用坐了。谢谢您的关心，我愿听候下一个问题。"最后一名考生的反应是，听到主考官的发问后，他眼睛一眨，随即出门去，把候考时坐过的椅子搬进来，放在离主考官侧前约一米处，然后脱下自己的大衣，折好后放在椅子背后，自己就在椅子上端坐着。当"时间到"的铃声一响，他马上站起来，欠身一礼，说了声"谢谢"，便退出考试房间，把门轻轻地关上。

想一想：

1. 假如你是应试者，你准备怎样放置大衣，怎样坐下？
2. 现在一家公司聘任你为人力资源部主管，请你设计一套选拔公关部长的考试办法。

▶ 2. 公共关系一般人员

公共关系一般人员是指在企业内部公共关系机构中工作的各类人员，他们主要负责调查分析、计划、传播、编辑和文书，以及其他专门技术工作。

假如你是公关部长，你对手下的一般公关人员有什么具体的要求？

二、公共关系人员的素质

公共关系人员的素质，首先应该是一种现代人的全面发展的综合素质，其次应该是结合公共关系职业特点的一种整体职业素质。

课内实训

下面哪位男士的外形符合公共关系人员的要求，为什么？

1. 公共关系人员的生理素质

生理素质指在遗传基础上形成和发展起来的生理解剖特点(如性别、年龄、体形、体质、体格、神经系统、脑、感觉器官等)和生理机能特点(如运动、反应速度、负荷限度、对环境知应力、对疾病的抵抗能力、潜能开发的无限性等特征)。人的生理素质是素质结构中的物质方面，是整体素质发展的基础，它规定着个体素质发展的潜在可能性的自然限度。公共关系人员代表了组织的形象，因此他们应该有适中的体形、端庄整洁的仪表、潇洒飘逸的风度、快捷的反应速度、较强的适应能力等。

公关实践

一副脏眼镜毁了三千万

前两年，日本有家大企业准备在上海浦东投资三千万美元，与上海某厂合资。前期准备工作进展得十分顺利，就等着日本企业的总裁和这家厂的厂长坐到一起举行签约的仪式。谁知日本总裁和这家厂长刚寒暄了几句，就站起身来走了。浦东新区有关方面的领导赶忙追出去问个究竟，这位日本总裁说出了一番“惊天动地”的话来，他竟然说：“你没有看见中方厂长戴的眼镜上有许多的污垢吗？一个连自己的眼镜也管不好的人，怎么可能管得好我的三千万美元呢?”

想一想：

1. 你认为这位日本老板的话有没有道理，为什么？
2. 请同学们谈一谈对“形象”的理解。

2. 公共关系人员的心理素质

心理素质是人的整体素质的组成部分，以自然素质为基础，在后天环境、教育、实践活动等因素的影响下逐步发生、发展起来的。心理素质是先天和后天的合金。公共关系人员的良好心理素质应该体现在以下几个方面。

1）开放的心理

开放的心理包含两层意思：

（1）思想解放、不保守，善于接受新事物、新知识、新的思维方式和生活方式。

（2）心胸开阔，宽容大度，善于求同存异，化敌为友，寻求共识。

公关实践

日本保险业连续15年保持销量第一的原一平，曾为了说服一个顾客投保，两年之内登门拜访了这个顾客173次，终于获得成功。

想一想：你从原一平身上学到什么？

2）良好的性格

性格是指表现在人对现实的态度和相应的行为方式中的比较稳定的、具有核心意义的个性心理特征，它是一种与社会相关最密切的人格特征，在性格中包含有许多社会道德含义。性格表现了人们对现实和周围世界的态度，并表现在他的行为举止中。性格主要体现在对自己、对别人、对事物的态度和所采取的言行上。从公关工作的要求看，公关人员的性格最好是开放型、稳重型，并具宽容和积极乐观的精神。

3）广泛的兴趣

兴趣以需要为基础。需要分为精神需要和物质需要，兴趣基于精神需要（如对科学、文化知识等的兴趣）。人们若对某件事物或某项活动感到需要，他就会热心于接触、观察这件事物，积极从事这项活动，并注意探索其奥妙。兴趣又与认识和情感相联系，若对某件事物或某项活动没有认识，也就不会对它有情感，因而不会对它有兴趣。反正，认识越深刻，情感越炽烈，兴趣也就会越浓厚。公关人员要与各行各业的人打交道，广泛的兴趣会给公关人员的社会交往带来更多的维度和空间，结交更多的朋友。公关人员应为了工作的需要，培养自己的多方面兴趣。

4）敏锐的思维

敏锐的思维是在与公众沟通中不可缺少的一种心理素质。公共关系活动的环境是千变万化的，要适应环境的可变性、复杂性和不确定性，公共关系人员必须勤于思考和分析，善于捕捉和利用各种可靠的信息，运用丰富的想象力和创造力去策划各种公共关系活动。

公关实践

法国一家小餐馆有段时间生意不太好，餐馆老板在门口竖了一个牌子，上面写着："请来用餐吧，否则你我都要挨饿了！"

上海一家银行因底楼维修，临时搬到楼上营业，便在楼底贴了一张告示："因底楼维修，办理业务请您登楼。"上到二楼又见一告示："二楼办理单位业务，个人储蓄请您再登楼。"到了三楼还有一告示："尊敬的用户，您辛苦了！个人储蓄在四楼，请您更上一层楼。"

资料来源：张萍．公共关系实务[M]．2版．重庆：重庆大学出版社，2011.

想一想：如果你是餐馆老板或者银行负责人，会选择什么方式解决困境？

5）坚强的意志

坚强的意志主要是指应具有很强的事业心和进取心，对工作满腔热情，不畏艰难，勇于负责，持之以恒。

3. 公共关系人员的文化素质

公共关系工作头绪繁多，涉及面广，要求工作人员具有广博的知识。

1）公关理论知识

公关理论知识包括公共关系的基本概念、历史沿革、结构与功能、过程、基本要素及相互关系等。用公关理论知识指导实践活动，有助于克服盲目性，增强自觉性。

2）与公关相关的学科知识

与公关相关的学科知识包括管理学、社会学、心理学、市场学、广告学、新闻学、传播学等。相关知识的学习，有助于在复杂多变的社会关系中处理好公共关系的各项事务。

3）公关涉及的特定行业知识

公共关系总是为具体的特定的行业服务的，如工业企业、商业企业、旅游行业、餐饮行业、娱乐行业等，这就需要公共关系人员具备相应的行业知识，才能有效地开展工作。

公关实践

我享受了深圳的五星级服务

我曾在深圳断断续续地住过一个多月，这里和新加坡有很多相似之处，比如摩天大楼，道路和树木的覆盖程度等。然而深圳的服务质量却比新加坡强多了，我在新加坡从未享受过如此优质的服务，即便是在那些需要付小费的上流场所。

有一次，我和一个朋友想唱歌，于是我们到了一家练歌房。这家 KTV 的广告牌很好看，大堂非常干净整洁。当电梯门打开时，我们被带进了一个装潢精致的接待厅。接待小姐友好且耐心地解释了唱歌的费用，以及一些优惠活动。包间的装饰非常好，很让我们吃惊。

真正让我印象深刻的是，无论走到哪儿，歌厅的服务生们都会用最真诚的语调来向我们问好，伴随着一个 45°的鞠躬。整晚我们都受到这种礼遇，无论是走出房间休息，出去打电话，还是去洗手间。

每当按下服务铃，就会有一位友善的服务员来为我们服务。他拿来酒水单后，我们要花很长时间才能决定要什么，而他只是微笑着耐心等待。如果这是在新加坡，服务员大概会阴沉着脸，不出声地骂我们。甚至有些人会粗鲁地说，过一会儿再回来，而这“一会儿”通常是 45 分钟。

在享受过这样的服务后，我们担心结账时会不会额外增加 50%的服务费。后来证明担心是多余的，账单上一分钱都没有多，非常便宜。这个地方不错，我一定还会再来。

另外一个模范服务的例子发生在东门的一个百货商店里。那是一个周六的下午，我和朋友去那里购物，她想买一双凉鞋。我们花了 15 分钟才走到那里，倒不是因为距离远，而是因为周六下午人实在太多了。我真不愿意周末下午去购物区，尤其是在夏天！

不管怎样，我们还是努力穿过人群来到了女鞋柜台。我从未见过如此多的女人在试鞋。我注意到这里居然只有两个营业员，她们不停地走来走去，看上去真有些滑稽。

有些顾客真是很差劲，她们不停地要求试穿不同的鞋子，其中包括不同的样式和尺寸。其中一个顾客终于选定了一双，营业员正要带她去付款，她突然改主意了，说想要另一款。我本以为营业员会发火，可她只是很有礼貌地说“没问题”，返回去找出了所要的样式。再次走向收款台时，那个顾客又想要先前的那双。

我在一边看都看烦了，但是营业员再次有礼貌地说“没问题”，又找出了先前那双。最终，这个顾客满意地付款离去。即便在这样的购物旺季，我也没看到任何一个营业员对顾客不礼貌。这一点真的给我留下了深刻的印象。

后来，朋友告诉我，由于深圳靠近香港，很多香港人愿意到这里来消费，花一半的钱就能买到价廉物美的商品，五星级的服务质量也让他们愿意再次前来。

这使我想起了新加坡人也喜欢去马来西亚的柔佛布罗市度假，那里的海鲜比新加坡便宜一半。我在新加坡的时候从未对柔佛布罗市有兴趣，但我感到自己和深圳有着某种联系，有朝一日我会再来。

想一想：通过这则案例，谈一谈你对公关人员的素质要求有哪些看法？

三、公共关系人员的技能

公共关系是一项实际操作能力很强的工作。公共关系人员的基本能力大致可以概括为六个方面。

▶ 1. 信息处理能力

公共关系人员要眼观六路、耳听八方，善于发现和挖掘与本组织相关的一切信息，加以处理后提供给领导层作为决策依据，还要善于把组织的信息用最有效的传播手段告诉有关的公众，并搜集反馈信息。

公关实践

1971 年 9 月，基辛格为尼克松总统访华一事前来谈判。当时中美关系冷冻了二十几年，刚开始有些微妙变化。美国代表时时猜测着周总理会以什么样的态度对待他们，当周总理出现在美国代表团面前时，美国人都不免有些紧张。周总理会意地微笑了，伸手与基辛格握手，并友好地说：“这是中美两国高级官员二十几年来第一次握手。”基辛格一一将自己的随员介绍给总理。“约翰·霍尔德里奇。”基辛格指着位大高个说。周总理握着霍尔德里奇的手说：“我知道，你会讲北京话，还会讲广东话。广东话连我都讲不好，你在香港学的吧？”基辛格介绍斯迈泽：“理查德·斯迈泽。”周恩来握着斯边泽的手说：“我读过你在《外交季刊》上发表的关于日本的论文，希望你也写一篇关于中国的。”洛德没等周恩来开口，自报姓名：“温斯顿·洛德。”周恩来握着洛德的手摇晃：“小伙子，好年轻。我们该是半个亲戚，我知道你的妻子是中国人，在写小说。我原来读过她的书，欢迎她回来访问。”

在这次接见中，周总理熟记了美国代表团每位成员的名字及背景材料，对他们分别做了恰如其分的赞美，调解了气氛，美国人紧张的心情为之放松，隔阂被打破，交谈在融洽的气氛中进行。

想一想：通过此案例，你从周恩来总理身上学到了什么，你认为要成为一名合格的公关人员你还有哪些不足的地方，以后要加强哪些方面的学习？

▶ 2. 组织管理能力

公关工作的本质属性是管理，通过公关工作促进组织目标的实现。公关工作千头万绪、具体繁杂，没有良好的组织能力是很难顺利做好工作的。为此，公关人员应具备激励员工积极性，协调各类公众关系，收集信息，制订公关计划与方案，组织实施各类公关活动及大型专题活动，进行有效传播沟通等能力。

▶ 3. 语言表达能力

公关工作是通过传播沟通与公众建立良好的关系，能写会说，能很好地运用语言传达组织的有关信息，与公众有效沟通，是公关人员的一项基本素质要求。它主要有口头语言表达能力、文字语言表达能力、体态语言表达能力。口头语言用于与公众的直接的面对面的交往中。文字语言用于与公众的文章、书信、宣传资料等的沟通中。体态语言用于与公众的直接交往中，它能在一定程度上补充口头语言的不足，并和口头语言相得益彰。

▶ 4. 应用写作能力

公关工作大都离不开应用写作，如宣传资料、演讲稿、新闻稿、广告词、策划方案、评估报告和礼仪文书等都需要公关人员去撰写，如果没有熟练驾驭文字写作的能力，是难以胜任公关工作的。一位优秀的公关人员应该是“写作高手”，写作出来的稿件不仅文笔流畅、条理清楚、表达能力强、具有说服力，还应该表意明确、分析透彻、富有文采、具有感染力。美国公关人员从业要求的第一条就是能“有效的写作”，因此作为一名公关人员应勤学多练，努力培养自己扎实的文字表达能力。

▶ 5. 公众交往能力

公共关系就是要为组织广结良缘，广交朋友，在组织与公众之间架起沟通的“桥梁”，形成“人和”的氛围和环境。为此，它需要公关人员正确认识公众，把握交往的技巧、艺术、原则，了解公众的行为特点，学会与各种类型和特点的公众友好相处。

▶ 6. 宣传推广能力

公关人员是组织的宣传员，要善于周密策划、精心设计组织形象，善于运用各种传播方式、传播媒介展现组织形象，宣传推广组织形象。

▶ 7. 创造能力

公关工作是一项极富挑战性和创造性的工作，公关人员是组织与公众的中介者，但绝不是“传声筒”，必须以自己的想象力和创造能力来影响和感染公众。不满现状、不断超越、追求卓越、追求创新是公关人员的应有素质。

▶ 8. 应变能力

公关活动中经常会出现一些突发事件和事先难以预料到的问题，需要公关人员根据实际情况，灵活从容地应对，以有效地解决问题。

▶ 9. 专业操作技能

公关人员应是多才多艺的“多面手”，除具有专业基础知识和能力外，还应掌握计算机、电讯、制图制表、声像、影响、摄影等技术，以提高公关活动的层次与效果。

要点总结

公共关系的主体是社会组织及其公共关系从业人员。在公共关系三要素中，公共关系主体起主导作用。本模块阐述了有关公共关系部在企业中的性质和地位、企业内部设置公关部的模式和特点、公关部的优势及缺点、专业公共关系公司的类型、公共关系公司的经营范围和公共关系公司的特点、公共关系人员的分类及其工作任务，以及公共关系从业人员的素质等方面的基本知识，有助于我们从整体上认识公共关系主体的地位和作用。

练习与提高

一、简答题

1. 公共关系的组织机构有哪些类型？
2. 论述公共关系部在企业中的地位。
3. 公共关系部具有哪些职能？
4. 公共关系部的设置模式有哪几种？
5. 公共关系公司有哪些特点？
6. 做一名合格的公共关系工作人员需要具备哪些方面的基本素质？

二、职业技能训练

1. 按照我国通常对社会组织的分类方法，分别选取五种不同性质的社会组织，对比分析其公关目标。

2. 依据公关人员素质的要求，对自己的言行进行评价，提出改善的计划。

三、案例探讨

东京一家公司里，有位办公室小姐专门负责为来往的客户购买车票。她常替德国一家大公司来日本的经理购买来往于东京和大阪的车票。不久，经理又发现一件有趣的事：每次他去大阪的时候，座位总靠在右侧的窗口旁，而从大阪回来时，又总坐在左侧的窗口旁，经理先生很纳闷，那位小姐笑着回答："车去大阪时，富士山在您的右边，返回东京时，富士山又到了您的左边。我想外国人都喜欢日本富士山的壮丽景色，所以我特地买不同位置的车票。"经理听后十分感动。他认为，在这样一些细节上，日本人都能够想得这么周到，跟他们做生意有什么不放心的？从此，双方业务来往有了更大的发展，买一张车票，由于公关人员有较强的公关意识，善于理解别人，以至产生如此巨大的效力。

问题：

1. 这位公关小姐身上体现了哪些公关意识？
2. 你能从中得到什么启示？

四、拓展实训

某生产服装的公司，现有员工一千余人，经济效益较好。随着其产品的增加，经营范围的扩大，公司的公共关系问题也越来越突出。现欲决定成立一个专门机构，即公共关系部，全权负责处理公司的公共关系事务。请帮助设计一个公共关系部的组建方案，就机构的设置、人员配置、职责的确定等内容进行详细说明。

五、拓展阅读

公关人必备六大招

1. 讲故事

专业公关人的沟通能力必须很强，你所传达的是品牌的声音，要为自己的客户建立和维护其品牌在公众心目中的正面形象。为此，公关人得想办法将客户的品牌故事免费出现在报纸、电视、广播、杂志和网站这些媒体上。此处关键词：免费，而不是付费广告。此时，你的讲故事能力决定了能否正确引导受众。

2. 控危机

公关的世界里不总是那么顺风顺水。在危机面前，每个企业都急需帮助。无论面对天灾人祸、技术问题，还是高层失策、法律纠纷，一个专业公关人应速度反应、采取行动。

3. 说真话

媒体记者每天都要收到成百上千篇新闻稿，但只会对消息来源可靠的稿件感兴趣。在新闻稿中撒点"善意的谎言"也许可以在危急时刻博得记者的眼球，但一个优秀的公关人明白，这种做法不仅会侵害品牌的公信力，同时也让本该成为你朋友的媒体也对你嗤之以鼻。

4. 建关系

公关人最基本的能力是与客户和媒体建立良好的关系。公众希望与企业之间有互动，从而了解其产品和服务，媒体也有同样的诉求。如果媒体信任你，就会更有可能与你达成合作。

5. 磨笔头

专业公关人不仅口头表达出色，笔杆子也得够硬。在数字媒体时代，公关人得灵活运用写作技巧，根据不同形式的文章(邮件、新闻稿、信件、微博、微信)和受众，有效调整文风和措辞。在信息爆炸的当今，信任显得尤为重要。因此，必须避免错别字、语句不通、表达有歧义这些问题，以免被媒体或公众"取笑"。

6. 知全情

专业公关人需及时知晓全局，对品牌、客户、媒体和行业的动态和趋势了如指掌。这样，便能成为品牌的掌舵手，定位品牌故事核心，从而更精准地抵达受众。

模 块 二

公共关系的客体

>>> 经典语录

"黄金法则"

法则一：顾客永远是正确的；

法则二：如果顾客错了，参照法则一。

——［美］斯图·伦纳德

>>> 知识目标

1. 掌握企业外部公共关系的类型。
2. 掌握正确处理顾客关系的方法。

>>> 技能目标

1. 能够设计开展外部公关活动的方案。
2. 能够处理企业的外部公共关系。

>>> 情景写实

2018年9月，小刘正式注册成立辉煌公共关系公司。公司成立后接到的第一笔业务就是帮助一家重庆的餐饮企业设计开展外部公关活动的方案。先让我们跟着小刘一起来了解一下，企业的外部公众到底有哪些吧！

任务一 顾客关系

顾客是指购买、消费企业产品的个人、群体或组织，顾客是企业外部公共关系中最重要、最直接的目标公众，企业目标实现与否最终取决于它与顾客的关系如何。顾客关系也称为消费者关系。企业与顾客的关系不仅仅是一种经济利益关系，还是一种信息交流关系，更是一种情感沟通的关系。

公关实践

诚招天下客 情满"美食家"

一双筷子上写着这样两行字："假如我的菜好吃，请告诉您的朋友；假如我的菜不好吃，请告诉我。"这两句富有浓厚情感的公关语言同"美食家"的名字一起传遍了整个杭州。这家普通的餐厅所处的地理位置并不十分理想，既不是车站、码头，又不是风景区、闹市区。7年前，在餐厅刚刚开业时，这里生意清淡，门庭冷落。没有顾客的惠顾，就谈不上餐厅的生存，更谈不上餐厅的赢利。要使顾客青睐，餐厅就要有自身的吸引力，这个吸引力在哪里呢?“美食家”餐厅深深懂得：只有在顾客心目中树立起“美食家”的良好形象，才能招徕顾客的光顾。“美食家”的吸引力应放在一个令人亲切的“情”字上，依靠情感的传导来沟通顾客关系。只有把情感输入顾客心里，才能塑造“美食家”的形象。只有把诚心贴在顾客心里，才能建立“美食家”的信誉，从而产生一种“情感效应”，使企业获得良好的经济效益。

资料来源：张萍．公共关系实务[M]．2 版．重庆：重庆大学出版社，2011.

想一想：

1. 饭店业开展公关活动的任务有哪些?

2. 分析“假如我的菜好吃，请告诉您的朋友；假如我的菜不好吃，请告诉我”这句话中所包含的公关思想。

一、顾客关系的作用

▶ 1. 顾客关系是企业生存与发展的基础

良好的顾客关系可以提高企业及其产品的知名度和美誉度，增强对市场的影响力和吸引力，从而为企业的生存与发展奠定基础。

▶ 2. 顾客关系是企业经营理念的体现

以顾客的利益和需求为导向的经营观念和行为正是良好的顾客关系的体现，它可以帮助企业在市场中树立良好的声誉和形象，并赢得更多的顾客。

▶ 3. 良好的顾客关系有助于形成成熟的市场

良好的顾客关系有助于积极地影响和引导消费者，形成合理的消费意识和行为，培育成熟的消费群体和市场。

二、顾客关系实务

▶ 1. 研究消费者需求

消费者需求即消费者基于经验与观念，对事物的一种需要或期望。消费者需求一般可分为三级。一级需求是以核心利益为特征的战略利益，是对商品品类的需要和期望；二级需求是与核心利益认知尺度相关的战术利益，是对品牌的需要或期望；三级需求是场景化需求，是对产品的具体特点的需要或期望。

公关实践

广东格兰仕公司在数年前就已开发生产出了可与世界名牌产品相比，价格仅为其一半的微波炉，但它们没有急于抢占市场，而是首先投入了巨大的人力、财力并运用传媒的力量在全国范围对微波炉的使用特性、产品优势及维护、保养知识进行细致、系统的介绍，并编制了 500 多例微波炉菜谱，仔细介绍微波炉的烹调技法，还派出“格兰仕小姐”到各地市场进行现场演示，甚至还通过听众热线、咨询电话等形式与顾客进行深层次的沟通，使微波炉这一新产品很快为人们所熟悉和接受，使格兰仕微波炉不仅在国内市场的占有率稳步上升，还远销 50 多个国家和地区。

想一想：这个案例给我们的启示是什么?

企业可以通过问卷、访谈、座谈、讨论、观察、写实等调查形式和手段，对目标消费者(包括个体和组织)进行全面研究，挖掘出消费者的潜在需求，帮助企业正确地进行产品定位和目标市场定位，减少企业在产品选择和市场选择上的失误。在充分调查研究的基础上，进一步评估潜在市场的吸引力，评估企业在该市场的竞争力，并制订相应的营销策略。

▶ 2. 坚持始终如一的服务

最新的市场营销理论已将服务列为产品概念的核心要素，并且指出，当技术竞争、广告竞争已难分优劣时，服务是当今企业必须引起重视的首要因素。

公关实践

美国凯皮特公司(北美机械制造公司)在它的广告里说："凡是买了我们产品的顾客，不管在世界上哪个地方，若需更换零配件，我们保证在48小时内送到，如果耽误，我们就将产品白送给你们。"他们说到做到，有时候为了一个价值只有几十美元的零件，甚至不惜动用直升机，费用高达数千美元。正是由于卓著的经营信誉，该公司能经营50余年并日渐兴盛。

想一想：这个案例给我们的启示是什么？

▶ 3. 妥善处理顾客的抱怨

过去，在经营者的观念中，经营者总是认为顾客抱怨是在找麻烦，而且只认识到了抱怨给经营者带来的负面影响，但实际上这种观念是偏颇的。从某种角度来看，顾客的抱怨实际上是企业改进工作、提高顾客满意度的机会。赢得顾客的忠诚是现代企业维持顾客关系的重要手段，对于顾客的不满与抱怨，应采取积极的态度来处理。消费者的抱怨能够让对于服务、产品或者沟通等原因所带来的失误得到及时补救，能够帮助企业重新建立信誉，提高顾客满意度，维持顾客的忠诚度。

公关实践

陕西咸阳有一个人服用了"三株"的"腹心康"致死，这件事情迅速被新闻媒体炒作。"三株"在这个事情上没有马上做出反应，后来被告上法庭。法院的判决结果是这个人不是因为服用"腹心康"致死的，而是因为其他疾病。虽然这起投诉案件"三株"最后胜诉了，可最终给企业造成很大的打击和创伤，"三株"从此一蹶不振。

资料来源：张萍．公共关系实务[M].2版．重庆：重庆大学出版社，2011.

想一想：如果你是"三株"公关部部长，怎么解决此事？

三、CS理论

CS是英文customer satisfaction的缩写，意为"顾客满意"，是1986年由美国一位消费心理学家所创。作为一种现代营销策略，它要求企业通过发掘在企业生产经营范围内的产品，达到顾客满意程度的要求，然后企业使其产品的设计向顾客满意需求逼近，实现其商品、服务个性化，使顾客在接受该产品后达到满意状态。

CS策略，实际上是一个"投消费者所好"的过程，其关键是获取消费者需求信息。CS

策略的目标就是使企业比消费者自己都更了解自己，真正做到“投其所好”。

任务二 中间商关系

中间商是指处于生产者和消费者之间，参与产品交易活动，促进买卖行为发生和实现的经济组织或个人。中间商按其是否拥有商品所有权可以分为经销商和代理商，按其在流通过程中所起的不同作用可以分为批发商和零售商。

一、中间商的作用

在中间商出现之前，商品以简单商品流通形式流通，生产者将商品直接销售给消费者。随着社会分工的发展，在生产者和消费者之间出现了专门帮助商品从生产领域转移到消费领域的中间商。中间商的出现，对促进商品生产和流通都具有重要的意义，中间商在分销渠道中的作用主要体现在以下三个方面。

▶ 1. 促进生产者扩大生产和销售

中间商的出现使生产企业将其优势和实力集中于生产上，有效地实现了企业的经济目标，中间商的专业化购销活动能帮助生产者扩大产品的销售量，也扩大了产品的市场。

▶ 2. 协调生产与需求之间的矛盾

专业化生产者生产的商品一般是种类不多而数量很大，消费者需要的商品一般是种类繁多而数量有限。中间商可以面向许多生产者购进不同种类的商品，将商品汇集在一起向消费者出售，从品种、数量、时间、地点等方面为生产者和消费者之间交换排除了障碍，从而较好地解决了产需之间的矛盾。

▶ 3. 方便消费者购买商品

居于中间环节的中间商，能够充分利用专职销售的优势，针对消费者的需求组织货源，在很大程度上满足消费者对商品多样化的需求。同时，中间商通过对商品的宣传推广，使消费者了解商品的性能、特点、使用方法等商品知识和信息，起到了指导消费的作用。

全球著名百货公司

法国拉法耶特

法国最老牌的百货，搜罗了大部分欧洲的品牌及其他世界著名品牌，尤其是法国本土很多品牌，也是了解法国本土服装品牌最好的窗口。还有，这里的内衣品牌、珠宝首饰，及香水、化妆品品牌特别齐全，这是一个很大的看点。这是法国人的最爱和法国人最值得炫耀的地方。

法国巴黎春天

位列法国第二大奢侈品集团旗下，在法国是和拉法耶特齐名的百货公司，但是它的明显特征就是品牌的档次更高，同时品牌来源也比较丰富，不像拉法耶特的法国品牌占有很大比重。同时布局开阔，品牌的形象展示要比拉法耶特更好。

英国哈罗兹

英国著名的老牌百货公司，类似于法国的拉法耶特，品牌的定位算是高档，但是带有浓郁的英国特色。

英国夏菲尼高

和前面一家齐名的英国高档百货，曾一度经营不善，但是后来被港商收购，老牌换新颜，又重现活力，与哈罗兹百货不一样的就是定位年轻一些，搜罗很多年轻时尚品牌，价格可能稍逊一筹，但是整个百货主打年轻时尚特色，价格也不菲。同时也有很多初露锋芒的设计师品牌，个性特征明显。

意大利拉仙特百货

意大利著名的百货公司，但是规模不及前面的百货公司，定位高档，商品以意大利本土的二线品牌为主，一线为辅。意大利特色比较明显，但是由于意大利的旗舰店比较多，所以百货公司相对就没有那么地位显赫。

意大利科因

意大利的著名百货集团旗下百货公司，但名气不如拉仙特百货，也是意大利本土著名的百货公司，意大利本土特征明显。

二、如何处理好中间商关系

▶ 1. 要加强自身的修养

不要轻易接受中间商的宴请，吃了中间商一餐饭，可能需要拿出十倍于饭钱的市场费用来回馈。

▶ 2. 要时刻注意自己的言行

因为你的一言一行不仅代表着你自己，也代表着公司。有做食品的业务人员习惯随便在中间商店里拿产品吃，自认为和中间商关系铁，殊不知这是极不好的行为，让中间商从内心看低了他。所以，在中间商面前一定不能有贪蝇头小利的行为。

▶ 3. 要和中间商始终保持若即若离、不亢不卑的关系

和中间商之间关系不能太好，也不能太疏远，毕竟是客户，有着共同的利益关系，有许多事要商量、沟通，沟通得好，执行力就好，执行力好，市场就有起色。所以和中间商在一起既不能你我不分，也不能冷若冰霜。

▶ 4. 做事坚持原则，言而有信

承诺中间商的事情一定要做到，违背公司规定的事坚决不做。这样，才能在中间商面前树立威信。

▶ 5. 要把市场放在第一位，多关注市场

对中间商做得不正确或执行不到位的事要敢于提出批评。这样做不是得罪他们，而是为了市场，为了维护厂家的利益，更是为了维护中间商的市场利益。事后，中间商也会理解。

▶ 6. 在中间商面前，不要只做教练员、裁判员，自己也经常去做运动员

只有亲临市场一线，才能了解市场、做好市场，中间商也会对你另眼看待，还会从内心敬佩你。

任务三 新闻媒介关系

媒介关系是指企业与大众传媒公众关系的组合。这种关系又含有双重含义：其一，大众传媒是企业与其他公众信息沟通的“中介”环节；其二，大众传媒本身也是企业的目标公众。

公关实践

请留心你家的后窗

20世纪50年代，好莱坞影片《后窗》曾风靡中国香港，该片描写了一个腿部受伤的新闻记者，在家养伤时闲极无聊，便买来一架望远镜，每日坐在屋子里从对面楼层的后窗窥视住户的家庭隐私，从而卷入了一场谋杀案。影片上映后，香港人竞相观看，形成了“后窗热”。这时，香港的一家生产百叶窗的企业成功地抓住了这一事件。他们在报上连续刊登题目为“请留心你家的后窗”的销售广告，其生意一下子兴隆起来。

想一想：这个案例给我们的启示是什么？

公关实践

1036——传情五环

广东电台“城市之声”员工为台庆五周年设计了一个方案：将城市之声五周年台庆与申办奥运活动相结合，通过电子传播媒介，传达“城市人盼奥运”的城市之声电台的时代强音，并把这一理念传遍全世界。

围绕“一首歌曲——五个‘1036’系列活动”策划主题进行城市之声五周年台庆活动。一首歌曲即是以都市人热心申奥为主题，在活动中它将作为一条主线贯穿整个台庆活动始终。五个“1036”意指与主题有关的五个系列活动：1 036个五岁的孩子亲手绘制的图画；1 036米长的都市人亲笔签名横幅；1 036个市民支持申奥的声音；1 036封孩子亲手寄出的信；1 036张录有主题歌的CD光盘，在送给1 036名市民之时，传递城市之声支持申奥的热诚。活动的实施与网络活动相结合，从而扩大影响与传播范围。

想一想：这个案例给我们的启示是什么？

一、传媒的特征

▶ 1. 传媒的受众数量巨大，分布面广，且传播时间迅速

随着现代科技的发展，媒体的传播范围可以超越任何空间限制，在时间上也能使地球上任何一个角落实现“信息同步”，其受众人数是惊人的，比如，2008年北京奥运会开幕式进行了全球电视直播，约40亿人次的观众通过各种途径观看了开幕式。2014年春晚全国有7亿人观看，超过了全国人口的一半以上。

▶ 2. 信息的客观真实性

传媒对老百姓关心的热点话题都会力图以最快的速度对事件进行客观公正的报道，这就使企业不得不重视传媒，一旦交恶，负面新闻的曝光会使企业面临很大的压力。

公关实践

美国Mobil公司的副总裁致函《纽约时报》，指出在过去的两年中，《纽约时报》已发表了20篇纽约州司法部控告Mobil公司的报道，其中有10篇登上了头版。事实上其中有两次控告被州法院否决，但《纽约时报》未做任何报道，此后Mobil曾反过来向法院控告纽约州司法部，结果《纽约时报》还是未做报道。为什么Mobil被控告这一件事是新闻，而Mobil控告他人就不是新闻了呢？

想一想：这个案例给我们的启示是什么？

二、正确处理与新闻媒体的关系

▶ 1. 不抗拒媒体

凡是用心的媒体，必然会在平时与社会各阶层互动，或是搜寻报道的题材，或是广结善缘以扩大其影响力，因此，当媒体主动与企业接触，便可敞开心胸，与媒体交个朋友，并建立日后能持续沟通的通道。

▶ 2. 可以主动与媒体接触

主动与媒体接触对新公司来说尤其重要。企业相对媒体来说，是多数对少数，若是缩小到专业的媒体，那接触的对象更是有限。找一个懂得媒体文化的专职人员，使其与媒体主动联系，但凡公司成立、人事变更、新产品上市、公益活动等皆可发布信息于媒体。只是，信息的发布不应以被报道采用为目的，而应以与媒体保持密切互动为目的，切不可因信息的发布屡不得媒体的青睐而放弃经营，这便自断了与媒体的联系通道。

▶ 3. 通过大规模的活动，让媒体主动与本企业接触

像营销活动、公益活动等，将企业的资源与社会作联结，一来是做一次回馈社会的善行；二来通过活动与社会大众接触，也是促销产品及营销企业理念的好时机。而这些活动若再加上媒体的报道宣传，扩散效果将呈倍数增长。

三、新闻制造

“新闻制造”是指社会组织为提高自身的知名度与美誉度，通过有计划的策划与组织，将某种事件典型化、新闻化的公共关系行为。

▶ 1. 新闻制造的必要性

(1) 只有经常性的成为传媒信息传播中的“主角”，企业才不致被人遗忘。

(2) 传媒工作的支持，是一种双赢的策略。

(3) 与普通广告宣传相比，新闻制造不仅具有更强的权威性和可信度，且在费用投入上更是广告所无法比拟的。

(4) 有利于企业更好地承担起社会责任与社会义务，也有利于促进社会的精神文明建设。

▶ 2.“制造新闻”的原则

1) 真实性

制造新闻不是制造假新闻，策划的事件必须是真实存在的。

公关实践

费尼斯·巴纳姆是19世纪美国一家马戏团的团长，因宣传、推动马戏演出闻名于世。他曾在19世纪50年代编造了一个“神话”：马戏团有位名叫海斯的黑人女奴，曾在100年前养育过美国首任总统华盛顿。报纸披露这一消息后，立即引起轩然大波。巴纳姆借机以不同的笔名向报社寄去“读者来信”，人为地开展争论。巴纳姆认为，只要报纸没有把他的名字拼错，随便怎么说也无妨。他的信条是“凡宣传皆是好事”。“神话”给巴纳姆带来的是每周从那些希望一睹海斯风采的纽约人那里获得1 500美元的收入。海斯死后，解剖发现，海斯不过80岁左右，与他吹嘘的160岁相距甚远。对此，巴纳姆厚颜无耻地说：“深感震惊”，他还说自己也“受了骗”。其实，这一切都是他刻意策划的。

想一想：这个案例给我们的启示是什么？

2）贴近大众

在选择“新闻”内容时，应以目标公众的要求、动态与关注热点为基础进行策划与制造，以保证新闻的效果。

公关实践

碧浪冲击吉尼斯

某年国庆节前夕，一件高40.6米、宽30.8米、重达930千克的大衬衣，在北京的东二环路附近一家大楼上悬挂起来，该衬衣约有12层楼高。这件衬衣在此悬挂了半个月，吸引了大量路人的目光，这是爱德曼国际公关公司为美国宝洁公司策划的一次重要的媒介事件。宝洁公司的碧浪洗衣粉是其麾下著名的品牌，如何让中国公众接受它呢？为此，爱德曼公关公司绞尽脑汁，想出了这样一个用大衬衣冲击吉尼斯世界纪录的活动。这件大衬衣的布料，足可以缝制2 350件普通衬衣，衬衣上还印制有“全新碧浪漂渍洗衣粉”的字样，其中红色的“碧浪”两字高5.9米，宽9.8米，非常醒目。更妙的是，这件大衬衣在悬挂了15天以后，经风吹雨淋变得非常肮脏，在大衬衣的揭幕仪式上，还有一些嘉宾用更难洗净的墨汁泼在衬衣上。10月23日，宝洁公司用全新的碧浪洗衣粉，洗净了这件衬衣，使新推出的碧浪洗衣粉一举成名。爱德曼公关公司策划的这次媒介事件，其意义并不仅仅在于破吉尼斯世界纪录，更主要的是要使中国的消费者认识碧浪洗衣粉。他们先用大衬衣冲击吉尼斯世界纪录吸引公众的视线，引起新闻媒介的广泛报道；然后再通过洗净如此肮脏的衬衣，强化碧浪洗衣粉的功效，在市场上产生强大的冲击力。

资料来源：国英．公共关系与现代礼仪案例[M]．北京：机械工业出版社，2004.

想一想：结合案例分析企业应如何制造新闻？

任务四　社区关系

社区关系就是与企业有地域上互邻且利益上相关的一种公众关系。

社区关系有三个主要特征：地域互邻性、利益相关性及企业与公众的互相制约性。

烟尘污染的烦恼

浙江某地一家石灰厂，污染严重，附近居民的房屋被侵蚀，金属锈迹斑斑，农作物枯死，附近很多人患上了呼吸道疾病。群众多次反映，厂领导不予理睬，最后大家忍无可忍，挑水浇灭了石灰窑。纠纷上诉到法院，法院审理，判决石灰厂停办转产。

资料来源：陶应虎．公共关系原理与实务[M]．2版．北京：清华大学出版社，2012.

想一想：

1. 此案例主要说明了公共关系的哪些问题？
2. 石灰厂的行为为什么会导致如此结果？
3. 学习了此案例，你有哪些感想或收获？

一、社区关系的意义

▶ 1. 社区关系直接影响着组织的生存环境

社区公众指组织所在地的区域对象，包括当地的管理部门、地方团体组织、左邻右舍的居民。社区是一个组织赖以生存、发展的基本环境，是组织的根基。一个组织如果没有良好的社区关系，就会失去立足之地。例如，上述案例中的那个石灰厂，他们的子女要在当地学校中上学，工厂要就近招工，地方政府要对其实行管理，当地的群众又是工厂最近的顾客群。组织的发展，离不开这方方面面的支持。因此，组织要将社区作为自己发展的一个部分，将社区公众视为“准自家人”。

▶ 2. 社区关系直接影响到组织的公众形象

社区公众涉及当地政治、经济、文化、教育等各个方面，他们对组织的看法又极易相互传播，形成区域性的影响，从而形成组织的某一种公众形象。例如，如果工厂不能顺利解决污染的问题，就会给社区公众留下一个污染环境的不良印象。而且，这种形象还会因社区内居民间的传播，不断扩大。如果当地居民以环境保护法律起诉工厂，必然又会引起政府的干预，受到有关部门的处罚。所以任何组织都必须十分注意自己在社区居民中的形象，通过保护环境，关心公众利益的实际行动，树立一个良好的形象。

音乐起，摩擦生

北京某大学校园旁，有一家服装厂，这家服装厂的生产车间与这所大学教学人员的住宅区隔墙相望。有一段时间，这家工厂借鉴国外的先进经验，为消除工人在重复劳动中产生的疲劳感和单调感，每到上午9～10点之间，就在车间内播放各种流行音乐。可是这段时间正是大学的教学和科研人员从事科学研究的“黄金时间”，他们需要一个安静的环境，使自己的大脑进入正常工作状态。然而，从仅隔一墙的服装厂传来的“震耳欲聋”的流行音乐，却破坏了他们的工作环境，使他们无论如何也无法进入正常的思维状态。这引起了大学里的教师和科研人员的不满和愤怒，他们多次找厂方交涉，但始终没有得到结果。无奈，不得不采取行动，投书报纸，呼吁社会舆论的支持及政府的干预。

想一想：

1. 假如你是服装厂的公关部主任，请你进行公关策划，解决大学教师和科研人员与服装生产厂的矛盾。

2. 结合实际谈谈发展社区公共关系的意义。

二、社区关系的内容

▶ 1. 维护社区环境

俗话说，“远亲不如近邻”，组织能否“永续经营”，社区工作很重要。

公关实践

投资社区建设，培养良好环境

IBM 中国台湾子公司荣获公关基金会评选的年度“最佳社区关系奖”，其得到的评语是：长期而具体地策划社会公益活动，受益阶层广泛，系组织落实本土化之典范。

他们主要做了以下社区关系工作。

1. 树立先进的社区建设理念——取之于社会用之于社会

公司成立专门的公共服务部，每年编制公益预算，专项从事公益活动。

2. 强调社区公益活动的前瞻性与典型性

IBM 有计划地选择并组织策划了一些能引起公众共鸣，且广受社区公众关心的主题活动，并予以长期坚持。

3. 多维化的社区公益活动

如 IBM 通过与当地社团合作成立“软件工程研究班”，帮助培养中、高级人才；与台湾大学合作引进生产自动化技术；将台湾学子送到 IBM 本部受训；举办大学院校企业个案研讨比赛等，表达为社区技术与人才培养无私奉献之心。

4. 做社区环境的积极守护者

IBM 与其他三家组织伙伴一起认养敦化路和八德路口的敦北地下道，并获台北市养工处的认养绩效最优单位称号，等等。

5. 对慈善事业热心倡导与积极投入

IBM 连续三年举办救助弃婴慈善音乐会；连续五年独家赞助由台北市当局主办的“台北市音乐季”；提供台湾专科、大学及研究院资讯科学相关科系的绩优学生奖学金；赞助社区居民的慈善游园会、慈善义卖晚会、“残障青年科技之旅”等活动。

正是这些科学、有序的社区公益活动，使 IBM 公司在台湾民众心目中树立起了良好的正面形象，赢得了公众的喜爱与支持。

想一想：这个案例给我们的启示是什么？

▶ 2. 促进社区的安定与繁荣

社区的安定直接关系到一个城市的繁荣与稳定，也直接影响了企业的发展。

公关实践

美国安塞公司在员工中积极倡导对公共事业的热心态度，由员工自愿组成“抢救队”，每周 7 天，每天 24 小时，无论何时发生天灾人祸，随时出动，无偿为社区居民提供救助，数十年不息，成为社区建设中的中坚分子。

想一想：这个案例给我们的启示是什么？

▶ 3. 给社区带来光荣与骄傲

社区拥有一个令人侧目、让人尊敬的企业，是社区居民的光荣，如绵阳的长虹，上海的宝钢，宁波的北仑港，重庆的长安、隆鑫、宗申、嘉陵、建设等企业。

课内实训

分析你所在组织有哪些社区公众，写一份如何处理好与这些社区公众关系的建议书。

任务五 其他公共关系

其他公共关系包括政府关系、竞争对手关系、名人关系等。

一、政府关系

政府关系是指企业与政府机构及其管理部门的关系。

▶ 1. 企业处理与政府关系的原则

态度积极但把握分寸、换位思考，互利互惠、坦诚沟通，相互信任、长期规划，持久行动、局部服从整体、全面出击，重点培育。

公关实践

假如我是广州市市长

广州市委、市政府先后举办过直接为广州市市长做参谋的“假如我是广州市市长”征文活动(后定名为“市长参谋活动”)，为政府职能部门出谋献策的“房改方案千家谈”“菜篮子工程千家谈”等“千家谈系列活动”，讨论广州市风和广州人精神的“羊城新风传万家”和“羊城居委新形象”等大型公众活动等，运用报纸、杂志、广播、电视等媒介，动员了成千上万的市民参政议政，各抒己见，都收到了良好的社会效果，提高了政府对市民的凝聚力。

想一想：这个案例给我们的启示是什么？

▶ 2. 企业政府公关的具体做法

(1) 可以建立一条参观线，同时建立产品及相关产品的展览厅，只要有政府官员参观，都由公司的最高层经理陪同。这将成为公司与政府官员沟通的重要平台。

(2) 可以通过企业的人大代表提出与本企业的利益有直接或间接关系的议案。让人大和政协成为企业向政府决策过程传递行业意见和为自己及同类企业谋利益的最重要场所之一。

(3) 为了企业的发展，可以向中央和地方政府提交有关企业产品开发和利用的研究报告。

(4) 将公司的新产品发布、年终总结、重要投资项目的签订、经销商大会、产品获奖等办成一定规模的仪式，请政府官员参与并发表演讲。这样做，一方面可以为企业的活动造势，另一方面可以熟悉政府官员，与有关政府官员搞好关系，以便为企业将来所用。

(5) 就重要的投资项目、与外地企业的合资、到外地的投资、新股东的引入等向有关政府部门及官员咨询，了解他们的意见和建议，并寻求政府部门的帮助。例如，武汉市民营的精益电子集团上市前后常就公司的大型投资决策向市区政府官员请示、沟通，以获得地方政府的理解、支持和帮助，因为企业的资金投向决定着政府税收、就业及对地方经济与社会发展的延伸影响。

(6) 为开拓外地及外国市场，请本地政府部门帮助到外地攻关。例如，华为、中兴公司高管经常随国家领导人出访目标市场国，开拓海外市场。又如，武汉神龙汽车公司借武汉市政府的帮助，在华中地区寻求稳定的市场。

公关实践

比尔·盖茨的政府公关

某年，美国微软公司的董事长比尔·盖茨匆匆访问了中国，向中国政府和企业公布了微软视窗系统的设计源代码。谁都知道，一套电脑操作系统的源代码是其核心机密，公布了源代码，也就可以使他人在自己软件系统的基础上发挥创造，生成新的操作系统。所以很长一段时间以来，微软公司一直对其视窗系统的源代码严格保密。但是为什么这时比尔·盖茨突然改变了保密的初衷呢？一个重要的原因就是微软在几次中国政府的招标采购中，败给了中国的金山公司，中国政府宁愿采购金山公司的办公操作系统，也不买微软公司的视窗系统。这其中除了照顾本国工业企业的因素以外，还有一个重要的原因，就是担心在视窗操作系统中留有“后门”，将来可能会泄露中国政府的机密。这次盖茨公布视窗的源代码，就是为了向中国政府表示视窗没有秘密可言，中国可以放心采购。所以社会各界将比尔·盖茨的这次访华，看成微软公司一次重要的“政府公关”，意在营造中国市场的发展环境。

想一想：这个案例给我们的启示是什么？

二、竞争对手关系

竞争对手关系也就是同行关系，企业在处理同行竞争关系时应该遵循以下原则。

▶ 1. 切实把握竞争的内涵

同行竞争的最终目的是“双赢”，例如，微软制造出更强功能的软件后，英特尔处理器的需求量就会上升，而只有英特尔生产出更快的处理器，微软的软件才更有价值。

▶ 2. 及时调整竞争策略和竞争手段

一个企业必须不断了解竞争者的战略，并随着时间的推移、竞争对手的变化而修订其战略。例如，福特是汽车市场早期的赢家，因为它成功地实现了低成本生产。通用汽车超过了福特，因为它响应了市场上对汽车多样化的需求。后来，日本公司取得了领先地位，因为它们供应的汽车省油。日本人下一步的战略是生产可靠性高的汽车。美国的汽车制造商注重质量时，日本汽车商的战略又转移至使汽车及部件更好看和感觉更好。百事可乐和可口可乐之间的竞争，也是一种相互促进、共同发展的竞争，塑造了良好的企业形象。

与竞争者双赢

在一个偏僻的小山村，有一个独家经营的小百货商店，产品单一，赢利并不多。后来和它相邻处又开了一家经营项目类似的百货商店，两家从此展开了竞争。老店新进的货，新店立即赶上，新店采用的服务，老店也不落后。渐渐地，两家因竞争而矛盾重重，有时甚至大打出手。可他们却没有注意到：他们各自的利润却比从前独一家时还多。后来，一个内行人一语道破玄机，两家才意识到自己的发展离不开对方的竞争，于是双方握手言欢。

想一想：

1. 此案例主要说明了公共关系的哪些问题？
2. 你从这个案例中得到什么启示？
3. 如果你是一个企业的经营者你将如何协调与同行业的关系？

三、名人关系

名人关系即企业与名流公众的关系。名流公众是指那些对公众舆论和社会生活具有较大影响力和号召力的有名望人士。

▶ 1. 可以借用社会名流的知识和专长为企业获取信息

与社会名流建立良好关系，能充分利用他们的知识、专长为企业的经营管理提供有益的建议。

公关实践

“学者证言”广告

长岭集团公司在首都各大报纸刊登了系列广告引起了人们的注意。这则广告的与众不同之处在于：清一色地采用了7位在科技领域取得了相当成就的学者和专家的形象。据说，请出如此阵容的专家、学者做广告，在国内尚属首次。这个以“卓越，是他和长岭的共同追求”为主题的系列广告，醒目处或刊登一组，或刊登一位学者的头像，旁边是学者成就的简单介绍，大标题是“他(她)也用长岭冰箱”。

敢于“第一个吃螃蟹”，站出来为国企名牌的质量作证的专家阵容甚大，他们当中有：国家科技委员会专业评委、博士生导师陈庆寿；玉柴机器董事长、上海交大教授王建明；语言学家、北大东方学系教授巴特尔等。

据悉，这些专家无一例外均是长岭冰箱的新老用户，他们此次为长岭冰箱做广告，源于长岭集团董事长兼总经理王大中亲自领导的一次客户回访活动，王大中在用户档案中发现，在长岭冰箱十几年的老用户和最近购买长岭冰箱的新用户中，有很多是为国家做出突出贡献的专家和学者，于是他们派出专门的访问小组对这些学者进行了专访。回访中，专家的话使王大中怦然心动。他想，在人们看烦了千篇一律的各类“明星”们做的广告时，让社会形象较好的专家走上广告说一说实在话，也许能有意想不到的效果。就这样，长岭集团首家推出了“学者证言”广告。

想一想：这个案例给我们的启示是什么？

2. 可以借用社会名流的关系网络为企业扩大交往范围

与社会名流建立良好关系，能通过他们良好的社会关系网络为企业广结善缘。

3. 可以借用社会名流的社会声望提高企业知名度、美誉度

与社会名流建立良好关系，能借助他们较高的社会声望，提高本企业的知名度、美誉度。

公关实践

2001 年 6 月 23 日晚，昔日皇家禁苑中乐声翩翩，弦歌阵阵。世界著名三大男高音歌唱家在紫禁城午门广场联袂演出，在“6·23 国际奥林匹克日”掀起北京申奥活动的高潮。国务院副总理李岚清和数万热情的中外观众一同观看了这场精彩的演出。

当晚三位“歌剧之王”身着黑色燕尾服，站在了紫禁城的古老红墙之间的舞台上神采奕奕，他们演唱了近 30 首脍炙人口的歌剧选段或歌曲。从卡雷拉斯的《我知道这个花园》，到多明戈的《星光灿烂》，到帕瓦罗蒂的《今夜无人入睡》，洪亮且有穿透力的歌声，赢得了在场 3 万名观众的热烈掌声。

昔日这里曾经钟鼓齐鸣，如今西方歌剧在这里缭绕；昔日皇帝曾在这里议政，如今三位西方音乐大师在这里纵情高歌。东方建筑的神韵与西方艺术经典在这里得到了完美的交融，古老的紫禁城在一个充满激情的夜晚被唤醒，改革开放的中国以一场东西文化交融的音乐盛会，向世界展示他们积极走向世界的宽阔胸怀。

紫禁城午门广场，“歌剧之王”帕瓦罗蒂、多明戈和卡雷拉斯常情演绎音乐盛典，取得了空前的成功，音乐会电视直接可覆盖全球 110 多个国家和地区的 33 亿名观众。

想一想：这个案例给我们的启示是什么？

要点总结

外部公共关系是指企业与其内部公众以外的其他公众的关系的总和。

顾客关系也称为消费者关系，顾客是企业的生命所在，企业与顾客的关系不仅仅是一种经济利益关系，很大程度上是一种信息交流关系，进而又是一种情感沟通的关系。

中间商是一类特殊的顾客，是企业与消费者之间的中介，选择恰当的中间商、为中间商提供便利和服务是营销组织重要的工作内容，如何处理好与中间商的关系则是重中之重。

社区是企业正常运行的重要外部环境。

练习与提高

一、简答题

1. 有人说："顾客就是上帝"，你对此怎么看?
2. 当你遇到一个横竖挑你毛病的记者，你该怎么办?
3. 如果你刚到某公司任经理，你打算怎样取得政府对你的信任?
4. 社区关系的重点是什么? 为什么?

二、职业技能训练

1. 以你所在学校为例，分析说明它的公众主要有哪些。
2. 根据自己的身份、经历，列出你曾经是哪些组织、哪几种类别的公众(可以交叉)?

三、案例探讨

美国"贝尔电话公司"广告文案

一天傍晚，一对老夫妇正在吃饭，电话铃响，老妇人去另一房间接电话。回来后，老先生问："谁的电话?"老妇人回答："是女儿打来的。"老先生又问："有什么事?"回答："没有。"老先生惊奇地问："没事? 几千里打来电话?"老妇人呜咽道："她说她爱我们。"两人顿时相对无言，激动不已。这时，出现画外音："用电话传递你的爱吧!"

问题：该企业是如何利用情感的共鸣来宣传企业形象的?

四、拓展实训

处理公关纠纷：由一位同学扮演因产品质量或环境污染等问题而利益受到损害、怒气冲冲地到企业去投诉的顾客，另一位同学扮演受理投诉的公关人员。投诉的内容和措辞由学生自行设计，老师评价投诉处理的技巧和效果。

五、拓展阅读

媒体公关的常见错误

媒体公关的目标是向媒体充分展示公司的独特诉求。媒体公关不同于广告，不是购买广告空间的行为，而是要以足够充分的理由说服媒体，使之对贵公司产生兴趣，并有意愿来进行关注和报道。因此，针对媒体展开的工作绝不可等闲视之。

如下是处理媒体公关时公关部门和公关公司经常发生的一些错误。

1. 不恰当的时机

这里的时机，一方面指传播的内容是否配合于公司当下的战略战术目标进程，另一方面指是否符合媒体出版的周期。通常情况下，不同的媒体有不同的出版周期，如果了解不全面，就无法产生预期的理想效果。

2. 难以理解的语言

复杂的专业术语和行话是无法打动每天要阅读大量资料和见多识广的编辑们的，要使自己的语言通俗易懂，简洁有力。

3. 粗糙的新闻稿

新闻稿件出现文法错误、表达不清、复杂句式和牵强的结构，都是很大的忌讳。缺乏足够细节的信息对观点进行支持和验证也是一个常见的技术失误。

4. 缺乏后续跟进

媒体朋友们很忙，简单的一些书面资料不一定能使他们获得良好印象，因此需要不厌其烦地跟进和必需的交流。

5. 过度的渲染

企业希望获得正面报道，然而要注意新闻媒体的本职工作是报道真实的新闻和深度的观点，因此切忌夸张和渲染，而更多地提供事实、洞察和知识。

6. 漫无目标的新闻稿

新闻稿最大的问题往往出在缺乏媒体可以进一步挖掘的独特新闻视角和观点，公司新闻稿往往过于从公司营销的角度出发，任何无足轻重的事情都要小题大做，很容易使媒体编辑彻底打消对你的兴趣。这正如喊狼来了的小男孩，一两次下来，对方便关上了自己的耳朵。因此多从新闻价值的角度考虑问题，切忌眉毛胡子一把抓，更不要生造新闻。

7. 从不读报

一些公关总监很少甚至从不读报，不但不了解行业动态和竞争环境，也不了解媒体生态状况。公关总监负责制订公关计划，一个不读报的人如何能制订出切实有效的媒体传播计划呢?

8. 缺乏计划

凡事要有计划，这样就知道自己为什么而做，怎么做，何时做，以及在哪里做。方向产生于计划，成效决定于计划。虽然计划不是一成不变的，然而一个缺乏计划、随性而为的公关，绝对不是一个好公关。

9. 不合理的公关服务

这反映在两方面，一方面是过度的外包，凡事都交给公关公司去做，而事实上公司也许花了太多的钱在公关服务上，而很多服务并不是必需的；另一方面是过低的外包，凡事都由自己卷起袖子来干，一两年可以，毕竟可以在老板面前显示自己的能力和超凡价值，然而这终究不是可持续的。因此，使用公关公司的服务，要找到合理的平衡点，使之能发挥最优化的价值。

10. 固守小圈子

很多公关喜欢只用自己熟悉的一些媒体和记者朋友，这样的关系固然够铁够可靠，然而局限了带给客户的价值，也并不反映公关人员的职业水准。合理的思路是，根据合适的计划，选择合适的媒体和记者，而不要固守一个狭隘的朋友圈子。

模 块 三

公共关系的沟通方式

>>> 经典语录

自信心对于事业简直就是奇迹，有了它，你的才智可以取之不尽、用之不竭。

——[法]卢梭

>>> 知识目标

1. 掌握公共关系演讲和新闻写作技巧。
2. 掌握公共关系谈判的程序。
3. 掌握人际交往的方式和技巧。

>>> 技能目标

1. 能够进行公关广告策划。
2. 能够在学习和工作中较好地与他人进行沟通。

>>> 情景写实

辉煌公关公司的第一笔业务非常顺利，没过多久，重庆的这家餐饮企业又找到小刘，请他们帮忙设计一个公关广告。小刘这下可犯了难，因为他只做过商业广告，对公关广告可没什么经验。那让我们来帮帮他吧！

任务一 公共关系演讲

演讲又叫讲演或演说，是指在公众场所，以有声语言为主要手段，以体态语言为辅助手段，针对某个具体问题，鲜明、完整地发表自己的见解和主张，阐明事理或抒发情感，进行宣传鼓动的一种语言交际活动。

一、演讲的准备

▶ 1. 明确目的，拟定讲题

演讲的题目需要根据时间、地点、场合等客观条件确定；需要根据组织在某一时期公关工作的主要目的和任务来确定。因此，每次演讲之前，公关人员都要在强烈的公关观念指导下来确定选题。

▶ 2. 撰写讲稿或提纲

撰写讲稿的步骤如下。

(1) 在选题确定之后，要围绕主题认真选材。

(2) 设计严密、周详的结构。

(3) 进行认真、得体的修辞。

(4) 推敲修改，加工成文。

▶ 3. 熟悉讲稿，理清思路

(1) 意义记忆法。即抓住内容，加深理解，记住意义。

(2) 结构记忆法。即紧扣线索，遵循逻辑，记住结构。

(3) 形象记忆法。即围绕事件，根据过程，记忆形象。

(4) 情感记忆法。即运用情感，认真投入，记住情理。

记忆讲稿，切忌机械背诵。登台演讲时，应根据临场状况进行适当调整、补充或删减。在这种意义上讲，记忆讲稿只是为了理清思路。

▶ 4. 反复练讲，找准感觉

登台演讲之前，无论是老将还是新兵，无论有无讲稿，都要进行反复地练讲。有讲稿者可以照着稿子练讲，没有演讲稿者要在自己的头脑里练讲。

无论自我练讲，还是在他人面前预讲，要紧的是心里要有听众，要对登台演讲时的情景进行预设，如礼堂有多大，出席者有多少，什么人出席，出席者会对演讲抱什么态度，怎样将演讲推入高潮等。

练讲就像戏剧的彩排一样，是非常重要的环节，一定要认真对待、反复演练，练到自己满意为止。

二、演讲的设计

▶ 1. 演讲姿势

演讲既是艺术，姿势就须讲究。演讲时的姿势会带给听众某种印象，一方面，不可随随便便、松松垮垮；另一方面，不可一本正经，故作姿态。虽然个人的性格与平日的习惯对此影响很大，不过一般而言仍有方便演讲的姿势，即所谓“轻松的姿势”。登台时应自然大方、充满自信、精神饱满、举止文雅、仪态优美、情绪愉悦、步履自然、面带微笑，应力求给听众以彬彬有礼、文雅庄重的第一印象。

▶ 2. 开场白

演讲的开场白就是演讲的开头，它是演讲的一个重要组成部分。好的开场白能起到吸引听众、控制场面、调动情绪、交代讲题、树立形象、引起兴趣、铺垫信息、激发情感的作用。

在处理开场白时应注意以下几点。

(1) 不可太长。

(2) 不可故弄玄虚。

(3) 不可不顾对象特点。

(4) 不可照本宣科。

公关实践

美国前总统布什在清华大学演讲的开场白中说：“清华大学的治学标准和声誉闻名于世，我也知道能考入这所大学本身是一个很大的成就，祝贺你们!”

▶ 3. 演讲的用语技巧

1) 演讲的语音

(1) 字正腔圆。即咬字准确、发音清晰、声音圆润、自然流利、清亮甜美。

(2) 抑扬顿挫。即在音调方面要讲究四声，语速应注重缓急，语势应讲求强弱、轻重。

(3) 服从内容需要。语音的处理必须根据演讲内容的需要而决定，受内容中所包含的思想感情的制约。

公关实践

波兰有一位明星摩契斯卡夫人，一次她到美国演出时，观众请求她用波兰话讲台词。于是她站起来，开始用流畅的波兰话念出台词，观众都只觉得听起来非常舒服，但不了解其意。她的语调渐渐转为激愤、高亢，最后在悲怆万分时戛然而止。台下的观众鸦雀无声，同她一样沉浸在悲伤之中。

资料来源：张萍．公共关系实务[M].2版．重庆：重庆大学出版社，2011.

想一想：这个案例给我们的启示是什么？

2) 演讲的语义

(1) 准确恰当。即说人述物、表理达情应当尽量实事求是，不能有歧义。

(2) 明白易懂。即演说时所用的语言要与听众的文化水平相一致，不可故作高深。

(3) 生动形象。即演讲的语言要活泼新鲜，让听众有身临其境的感觉。

(4) 幽默风趣。即演讲中把复杂的事物简单化，难懂的东西生活化，利用倒错法等手段使普通的事物和现象喜剧化，以活跃气氛、吸引听众。

(5) 充满感情。即演讲者应随演讲内容所含的感情而动，褒扬伟大，贬抑渺小，歌颂崇高，讽刺卑俗，兴奋之处可手舞足蹈，悲痛之处可捶胸顿足。

▶ 4. 结尾

演讲结尾的类型和方法，多种多样，不拘一格，演讲者可根据自己演讲的具体时间、地点、主题、听众及自己个性等因素，选择适合自己结束演讲的方法，使之有效地为演讲的思想和目的服务。

演讲的结尾禁忌以下几点。

(1) 虎头蛇尾、草草收兵。

(2) 画蛇添足、节外生枝。

(3) 冗长拖拉，漫无边际。

(4) 千篇一律、废话连篇。

(5) 旁敲侧击、讽刺挖苦。

三、演讲的传达

公关演讲的内容很多，但不同的内容包含着共同的属性。

▶ 1. 真实性

演讲的内容要真实，要言之有理，要经得住公众的考察、检验，要对公众讲真话。

▶ 2. 丰富性

能够形成公关演讲内容的素材很多，如产品形象、职工形象、标志形象、服务形象等。当然，丰富并不等于冗杂，不等于胡乱堆砌。

▶ 3. 新奇性

公关人员要学会从多方位、多角度观察、评价事物，发掘所在组织的形象的、新奇的、有感染力的因素，并将其告知公众，让公众在听讲中获得生动的审美感受。

▶ 4. 透彻性

透彻并不等于繁杂，深刻也不等于深奥，透彻应当是在由此及彼、由表及里的过程中实现的，是在用丰富的例证、浅显的道理中化复杂为简单、化抽象为具体而实现的。

▶ 5. 典型性

公关演讲内容的素材要丰富，但内容的中心必须突出，所选的材料、所举的事例都应是公众关注的典型的东西。

▶ 6. 服务性

服务性是公关演讲内容的最本质、最关键、最重要的属性，也是衡量演讲内容是否恰当的标准。

课内实训

联系自己的大学生活，准备一份演讲稿，并在班上进行演讲。

任务二　公共关系新闻宣传

对于企业而言，公关新闻是关于企业且有利于塑造良好企业形象、培育良好公众关系的新近事实的报道。

一、新闻资料的准备

▶ 1. 新闻价值

新闻价值是指包含特殊素质的新闻事实在传播过程中以社会影响或社会效应方式所反映出来的功能。影响某一事件是否具有新闻价值的因素如下。

1）特殊性。一个事件如果很罕见、奇特，如重要人物的活动，则该事件具有特殊的新闻价值。

公关实践

2018 年 11 月 15 日至 11 月 21 日，习近平主席出席亚太经合组织第二十六次领导人非正式会议，对巴布亚新几内亚、文莱和菲律宾进行国事访问，并在巴新同建交的太平洋岛国领导人会晤。

2）重要性。对某一地区或国家的政治、经济和社会生活产生一定影响的重大事件，具有很高的新闻价值。但有时像挤公交车这类小事也会因为一些因素变成具有重大新闻价值的事件。

公关实践

2018 年 11 月 5 日至 11 月 10 日，首届中国国际进口博览会在国家会展中心(上海)举办。

3）时效性。时间近、内容新，这是判断新闻质量的重要标准之一，过时的消息不叫新闻，记者都争相报道头条新闻，这就是新闻时效性的体现。

4）接近性。所报道的事实与准备接受这一消息的公众在心理距离和空间距离上越接近越好。

5）真实性。新闻报道绝不能主观臆断、弄虚作假、欺骗公众，虚假的报道不仅有违新闻的宗旨，也有损于组织的形象和声誉。

6）人情味。事件与亲情、爱情、人道主义方面的内容有关，往往都能吸引很多人的注意。

公关实践

重庆“90后”女孩为照顾88岁外婆，带其上班，寸步不离

重庆的“90后”美女黄丽华为了照顾88岁外婆，带着外婆上班，寸步不离。黄丽华说，小时候外婆用围裙将她背在背上，用温柔和慈祥给了她快乐的童年。长大以后，她将88岁的外婆接到重庆，端茶送水、咀嚼喂食。黄丽华说，现在她给外婆的，都是童年时外婆曾给她的。

她经营的串串香餐馆每天下午开门，黄丽华便带着外婆一起上班。外婆已经88岁高龄，在农村老家待了一辈子，不适应城里生活，如果留她一个人在家不安全。更重要的是，习惯在农村走家串院的外婆，独门独户地待了一段时间，整个人都有些萎靡。所以黄丽华决定带外婆上班。

公关实践

女研究生花光学费救白血病男友　穿婚纱病房求婚

2014年7月17日，湖南省长沙市中南大学湘雅医院的病房里，一个年轻的女生正在调着一杯热水，女生的水倒得非常细心，接了一杯温水后，再把水倒在自己的手上，认为水温合适了，才拿给躺在病床上的男生喝。

这个女生叫向华，而那个躺在病床上的男生是她的男朋友，名叫李真，两人都是24岁，在大学相识相恋，并在今年同时考上了广州的研究生，但在今年6月份，李真查出患有急性白血病，打破了两人平静的生活。

向华：“有他在身边，我就很安心。”

“6月30日，我们在怀化市解放军535医院体检，医生告诉我们，李真可能是得了白血病，让我去长沙的医院检查一下，那天晚上，坐在去长沙的汽车上，我们两人一直哭，哭到累了，他就靠在我肩膀上睡着了。”向华说，从那一天开始，她就没有再在他面前流过一滴眼泪。

湘雅医院的确诊通知书是向华一个人去拿的。“我当时的第一反应就是不让李真知道，偷偷地在厕所哭了好久，等到心情平复了才去见李真，我什么都没对他说，但是我觉得他已经知道了，我们就这样走着，一句话都没说。”

为了救治李真，向华将自己打工赚到的1万多元学费都全部用在了看病上，她不敢告诉爸爸妈妈，她已经没有钱去上学了。“以前都是他在照顾我，现在换我照顾他了，只要在他身边，我就觉得很安心，我希望可以和他一起去上学。”向华笑着说出这一段话，眼角却流出泪来。

李真：“如果我能够好起来，我不会再放弃她。”因为这个病，李真总是认为他在拖累向华，他曾经偷偷地和朋友说，要好好照顾向华，如果他9月份还没好的话，一定要让向华去上学。

白天李真的大学同学都会过来看看他，他也总是表现得很开心，但一到晚上，李真就会偷偷地爬起来看着窗外，有时候向华看到了，也不敢打扰他，只好一个人偷偷抹眼泪。

坐在病床上，李真用他虚弱的声音说：“我现在觉得我最大的亏欠就是向华，她们家把所有的希望都寄托在了向华身上，如今她为了我把学费都花光了，我心里不好受，平时我性格比较内向，不太爱讲话，从来不知道自己在别人心里原来是这么重要，如果我能好起来，我一定不会再放弃她。”

李真说：“我们家现在所有人都已经默认向华是我的媳妇了，我现在最大的希望就是能看到向华穿上婚纱，拍一张美美的婚纱照，就算画面里可能不会有我。”听到这句话，向华躲在病房外大声哭泣。

2. 对组织可能有价值的新闻事件

对于企业来说，下述事件可能具有新闻价值。

(1) 产品生产和技术改造方面有新成就。

公关实践

医药城抗癌　新药填补国际空白

2013年9月25日，中国医药城的江苏亚虹医药科技有限公司对外公布，该公司针对浅表性膀胱癌研发的单独口服型抗癌新药APL-1202，获得国家食品药品监督管理总局二期临床试验批件，今年年底将全面进入二期临床试验阶段。

(2) 企业产值、销售额、利润、出口创汇等方面有重大突破，对国家和地方财政做出重大贡献。

(3) 产品价格的重大变动及因此给公众带来的影响。

(4) 企业重大的庆典活动及与名人有关的事件。

公关实践

2012年10月26日重庆晨报讯　昨日，意大利知名奢侈品牌GUCCI在解放碑金鹰财富中心举办开幕典礼，这是GUCCI在重庆开设的第二家专门店。GUCCI中国区总经理汤展韬亲临现场。台湾影星吴尊也前来助阵。

(5) 企业的重大变动。

公关实践

2010 年 8 月 2 日，吉利控股集团正式完成对福特汽车公司旗下沃尔沃轿车公司的全部股权收购。吉利集团向福特公司支付了 13 亿美元现金和 2 亿美元银行票据，余下资金也将在下半年陆续结清。随着吉利沃尔沃的资产交割的顺利完成，也意味着这场至今为止中国汽车行业最大的一次海外并购画上了一个圆满的句号。

(6) 企业员工的动人事迹及获得的特殊荣誉。

二、新闻稿的撰写

▶ 1. 新闻稿的结构

新闻稿结构有倒金字塔式、正金字塔式、折中式、平铺直叙式等。

1) 倒金字塔式

首先，在导语中写一个新闻事件中最有新闻价值的部分，比如一场球赛刚刚结束，观众、读者、听众们最想知道的是结果，或者是某个球员的发挥情况，就先从这里写起；其次，在报道主体中按照事件各个要素的重要程度，依次递减写下来，最后面的是最不重要的。同时注意，一个段落只写一个事件要素，不能一段到底。

2) 正金字塔式

此种写作方式刚好与倒金字塔式相反，是以时间发生顺序作为行文结构的写作方式，依序分别是引言、过程、结果，采用渐入高潮的方式，将新闻重点摆在文末，一般多用于特写。

3) 折中式

折中式又叫新华体，此种写作方式为倒金字塔式、正金字塔式的折中，即新闻中最重要的讯息仍然在导言中呈现，然后再依新闻的时间性或逻辑性叙述。我们国家的新闻报道一般是遵循时间顺序，但是这种"讲故事"的写法已经不适合受众的阅读习惯(一般人没有时间听你讲长篇大论)，所以"新华体"在吸收中外新闻报道之长的情况下诞生了。

4) 平铺直叙式

此种写作方式注重行文的起、承、转、合，力求文字的流畅精准，适合组织在发表声明时使用。

▶ 2. 新闻的写作要求

新闻的写作要求如下。

(1) 面向大众的知识面和接受能力，使读者易于理解。

(2) 文字使用应通俗易懂，避免个人化和自我缩小读者群效应。

(3) 简明扼要，选择关键、能吸引注意力和最能说明主题要点的内容来写。

(4) 注意多方位与从不同的叙事角度和观点分析。

▶ 3. 新闻内容的要点

1) 标题

标题是稿件的题目和精粹，应用简洁、扼要且能吸引读者的文字概括新闻重点和主体。比较复杂的新闻或者比较重大的新闻稿还可加上副标题。

2）导语

新闻稿的首句或首段，是新闻事件的浓缩，应以扼要和简洁的笔触，叙述新闻的要点和事件轮廓。

3）正文

新闻稿的躯干，解释和深化导语，应导语中提及的内容，进一步解释和叙述事件的细节，使读者深入了解。其他补充，如图片、表格等。

课内实训

为一次校园新闻事件撰写一篇新闻稿。

任务三 公共关系广告

广告是为了某种特定的需要，通过一定形式的媒体，公开而广泛地向公众传递信息的宣传手段。

一、广告分类

广告主要分为两类，即商业广告和非商业性广告。商业广告以推销为主，目的是获取经济效益。非商业性广告分为公共关系广告和社会性广告。

公共关系广告是为扩大社会组织的知名度，提高信誉度，树立良好的形象，以求得社会公众对组织的理解与支持而进行的广告宣传。

二、公共关系广告的类型

▶ 1. 实力广告

实力广告是指用广告的形式向公众展示组织机构的实力。作为企业来说，主要是展示生产、技术、设备和人才等方面的实力。这种实力广告的主要目的在于使公众通过对该企业的经济、技术，人才实力的了解，增加对该企业及所提供的产品和服务的信任感，以达到创造购买气氛的目的。

▶ 2. 观念广告

观念广告是向社会传播管理哲学、价值观念、传统风格和组织精神的广告。精通管理艺术的企业家和管理人员，总是十分重视培养和形成本企业的价值观念，对内产生凝聚力，对外产生感召力，使组织机构的形象连同它的观念和口号深入广大公众心中，如“IBM 意味着最佳服务”之类的广告。

▶ 3. 信誉广告

信誉广告是宣传组织的信誉和良好形象的最直接的一种公关广告形式。信誉广告的目的在于树立组织作为守法公民、社会公仆，为社会经济发展做贡献或乐于赞助社会公益事业的形象。如可选择企业的主张、政策、开发项目、服务水平、举办社会活动、赞助社会福利事业或解决某一社会问题等内容做信誉广告。

▶ 4. 声势广告

声势广告主要是以宣传组织的大型活动为内容，如新厂房落成剪彩、庆典等，旨在创造声势，扩大影响。

▶ 5. 商标广告

商标广告就是以宣传产品的商标为主要内容的公共关系广告。商标广告宣传的基础在于产品质量，许多企业是通过为社会提供优质产品和服务，通过创名牌、保名牌的广告宣传来树立自己的商标和企业的信誉及良好形象，而良好的商标和企业形象，又反过来促进企业产品的销售。

▶ 6. 祝贺广告

祝贺广告是以向社会各类公众贺喜为主要内容。如某公司新开张，同行的企业纷纷刊登广告，一则表示祝贺，愿意携手合作；二则表示欢迎正当竞争，可以达到广结良缘的效果。这类广告的做法一般是企业向新开张的单位赞助若干广告费，并在新开张单位的广告中署名祝贺，该单位通常也以某种方式表示谢意。这种做法可以使开张单位在经济上直接受益，而赞助单位一方也可视作向对方提供善意帮助，同时借此机会可以增加本单位名称在报纸上露面的次数。如美国波音飞机公司在我国媒体上刊出的“腾飞的中国航空工业走向世界”的广告，显示出该企业致力于与我国航空业共同发展的情义。

▶ 7. 歉意广告

歉意广告是用来承认错误、消除误解和表示歉意，以取得公众谅解的广告。歉意广告要求认真陈述公众希望了解的事实情况、不能隐瞒，不能文过饰非，应明确地表示敢于承担社会责任和知错必改的态度，以取得公众的谅解。这样做不但无损于组织形象，反而会使公众感到组织态度认真，知过必改，从而产生好的印象。

▶ 8. 谢意广告

谢意广告是用来对公众或合作者的支持表示感谢的广告。

▶ 9. 声明广告

声明广告又称为解释广告，这是一种表明组织对某些事件的立场、态度的广告。通常适用于两种情况：一是对组织不利的事件，但组织自身并无过错；二是就本组织或社会上出现的重大事件表明态度和希望。这类广告一般先交代缘由，再提出解释或声明，表明态度和希望。

▶ 10. 响应广告

响应广告是指用广告的形式响应社会生活中的某个重大主题，表示与社会生活的关联性和公共性，以求得各方公众的理解和支持。其主要内容是以组织的名义响应政府的某项政策或当前社会生活中的某个重大主题。

▶ 11. 公益广告

公益广告即显示组织对公益事业热心支持的广告，其内容主要与公共事业有关。

▶ 12. 创意广告

创意广告是以组织的名义率先发起某种活动或提倡某种有益的观念，树立领导“新潮流”的形象。

三、公共关系广告的策划

一个好的公共关系广告要注意以下两点。

(1) 吸引公众注意。

公关实践

康乐氏橄榄油产品传播策略

2005年年初，康乐氏橄榄油正式进入中国市场。康乐氏虽然是在全球享有盛誉的国际性大品牌，但国内消费者对其还知之甚少，如何采用最低的广告成本，将品牌最大限度地传播出去，成为康乐氏橄榄油专家顾问们绞尽脑汁思索的问题。经过慎重策划，项目团队决定根据产品的功用及市场定位，为产品选择一名形象代言人，并将形象代言人定位为“健康、智慧、美丽”。康乐氏极富创意地在北大、清华两大国内顶尖高校征集女博士来担任形象代言人。消息一经传出，由于社会上对女博士话题的敏感性而在网上引发了网友们的热烈讨论：世界上有三种人，男人、女人和女博士，女博士担任形象代言人能否做好科研等。招募形象代言人的活动，首先就在国内高校及网络上引起了广泛的关注与讨论，成为红极一时的话题，从而有效地传播了康乐氏品牌，因此，选用代言人的过程为康乐氏做了一次成功而又免费的“广告宣传”。

最后，形象清丽可人、阳光健康的北大女博士遇辉，因完美匹配康乐氏“健康源泉、美丽伴侣”的形象定位，脱颖而出。消息一传出，中央电视台，凤凰卫视、《北京青年报》、《中国青年报》、新浪网等各大媒体抓住女博士这个易为普通人误解的特殊群体进行深度挖掘，掀起了对女博士应聘产品形象代言人事件报道的热潮。

康乐氏这个策划的高明之处在于：北大女博士遇辉不仅具有美丽健康的外表，同时更具有高品位的学识和智慧，从而完美地阐释了康乐氏橄榄油的形象和品质，博士本身所代表的学识、修养会与消费者心中对于知识的敬仰产生共鸣，大大增强产品的吸引力和可信度。同时，女博士一直是社会上关注而又存在偏见的人群，选用女博士作为形象代言人这一事件，可谓是“社会意义和商业效益兼备”，从而引起社会的关注，形成了成功的事件营销，使康乐氏橄榄油尚未正式投放市场，其品牌知名度已经迅速扩散到全国。

想一想：

1. 运用信息传播原理分析该企业的成功。
2. 企业如何策划公关传播吸引公众的关注？

(2) 真挚坦诚。

公关实践

香港一家经营强力胶的商店，订制了一枚价值4 500美元的金币，将其用强力胶水粘在店内墙上，并贴出告示称，谁能把金币揭下来就归谁所有。众人纷纷一试身手，而金币依然牢牢粘在墙上，结果使其名声大震。

资料来源：张萍．公共关系实务[M].2版．重庆：重庆大学出版社，2011.

想一想： 这个案例给我们的启示是什么？

假如你所在的学校要扩大招生，学校为此要做广告，宣传学校形象，请以小组为单位为学校设计公共关系广告词。

任务四 公共关系谈判

谈判是公共关系人员从事的一项经常性的而又十分重要的工作。公共关系的主要对象是与本组织具有利害关系的公众。

公共关系人员要利用谈判的艺术，与利害关系人达成谅解，缔结协议，将争端的影响降到最低程度。运用谈判的艺术来平息各种对组织发展不利的争端，这是公关人员的一项重要职责。

一、公共关系谈判概述

一般说来，谈判就是人们为了解决共同关心的问题或为了改变相互关系而进行的相互磋商、协议。

▶ 1. 公共关系谈判的定义

谈判有三个层次：个人与个人之间的谈判、组织间的谈判、国家间的谈判和多国之间的谈判。

(1) 公共关系谈判是谈判者相互沟通信息、寻求一致的过程。

(2) 公共关系谈判是共同满足各方面需要的一种手段。

社会组织与公众之间存在相互需要，正是这种需要构成了组织与公众之间的关系。满足这种需要有三种途径：暴力、法律程序和协商。协商即通过谈判，达成某种满足双方需求的协议。

(3) 公共关系谈判是科学性与艺术性的统一。

公共关系谈判是具有科学理论基础的，它的基础就是“需要理论”和“力量均衡理论”，谈判双方都有需要才会坐在一起协商。谈判的目的在于寻找双方利益的共同点、信息的一致点。

▶ 2. 谈判的决定因素

满足谈判双方的需要是谈判的决定因素之一，谈判的另一个决定因素就是“力量均衡”，这是谈判的核心因素。

按照组织需要和层次的种类，策动谈判的动因有以下几种。

(1) 基本物质条件的需要。

(2) 安全保障的需要。

(3) 形象的需要。

(4) 认识和理解的需要。

所有的谈判都必须懂得遵循“双赢”原则，只有双赢，才能使得谈判取得成功，否则，谈判无效。

金庸笔下的韦小宝就是“谈判”的高手，他之所以能够平步青云，很重要的原因是他的解决方式让各个方面都得到了“双赢”，而且，善于平衡各方势力、善于寻找平衡点，是他取胜的关键。

二、谈判的技巧

谈判是涉及许多因素的复杂活动，如何在谈判中取得主动，如何较好地达到谈判的目的，需要运用许多技巧。

1. 谈判开局的策略

谈判开局的策略有如下几种。

(1) 一致式开局策略。

公关实践

1972 年 2 月，美国总统尼克松访华，中美双方将要展开一场具有重大历史意义的国际谈判。为了创造一种融洽和谐的谈判环境和气氛，中国方面在周恩来总理的亲自领导下，对谈判过程中的各种环境都做了精心而又周密的准备和安排，甚至对宴会上要演奏的中美两国民间乐曲都进行了精心的挑选。在欢迎尼克松一行的国宴上，当军乐队熟练地演奏起由周总理亲自选定的《美丽的亚美利加》时，尼克松总统简直听呆了，他绝没有想到能在中国的北京听到他如此熟悉的乐曲，因为这是他平生最喜爱的并且指定在他的就职典礼上演奏的家乡乐曲。敬酒时，他特地到乐队前表示感谢，此时，国宴达到了高潮，而一种融洽而热烈的气氛也同时感染了美国客人。一个小小的精心安排，赢得了和谐融洽的谈判气氛，这不能不说是一种高超的谈判艺术。美国总统杰弗逊曾经针对谈判环境说过这样一句意味深长的话：“在不舒适的环境下，人们可能会违背本意，言不由衷。”英国政界领袖欧内斯特·贝文则说，根据他平生参加的各种会谈的经验，他发现，在舒适明朗、色彩悦目的房间内举行的会谈，大多比较成功。

日本首相田中角荣 20 世纪 70 年代为恢复中日邦交正常化到达北京，他怀着等待中日间最高首脑会谈的紧张心情，在迎宾馆休息。迎宾馆内气温舒适，田中角荣的心情也十分舒畅，与随从的陪同人员谈笑风生。他的秘书早饭茂三仔细看了一下房间的温度计，是 17.8℃。这一田中角荣习惯的 17.8℃使得他心情舒畅，也为谈判的顺利进行创造了条件。

《美丽的亚美利加》乐曲、17.8℃的房间温度，都是人们针对特定的谈判对手，为了更好地实现谈判的目标而进行的一致式谈判策略的运用。

(2) 保留式开局策略。

公关实践

江西省某工艺雕刻厂原是一家濒临倒闭的小厂，经过几年的努力，发展为产值 200 多万元规模的工厂，其产品打入日本市场，战胜了其他国家在日本经营多年的厂家，被誉为

“天下第一雕刻”。有一年，日本三家株式会社的老板同一天接踵而至，到该厂订货。其中一家资本雄厚的大商社，要求原价包销该厂的佛坛产品。这应该说是好消息，但该厂想到，这几家原来都是经销韩国、台湾地区产品的商社，为什么争先恐后、不约而同到本厂来订货？他们查阅了日本市场的资料，得出的结论是本厂的木材质量上乘、技艺高超是吸引外商订货的主要原因。于是该厂采用了“待价而沽”“欲擒故纵”的谈判策略。先不理那家大商社，而是积极抓住两家小商社求货心切的心理，把佛坛的梁、榴、柱，分别与其他国家的产品做比较。在此基础上，该厂将产品当金条一样争价钱、论成色，使其价格达到理想的高度。首先与小商社拍板成交，造成那家大商社产生失落货源的危机感。那家大商社不但更急于订货，而且想垄断货源，于是大批订货，以致订货数量超过该厂现有生产能力的好几倍。

(3) 坦诚式开局策略。

公关实践

北京某区一位党委书记在同外商谈判时，发现对方对自己的身份持有强烈的戒备心理，这种状态妨碍了谈判的进行。于是，这位党委书记当机立断，站起来对对方说道：“我是党委书记，但也懂经济、搞经济，并且拥有决策权。我们摊子小，并且实力不大，但人实在，愿意真诚与贵方合作。咱们谈得成也好，谈不成也好，至少你这个外来的‘洋’先生可以交一个我这样的‘土’朋友。”寥寥几句肺腑之言，打消了对方的疑惑，使谈判顺利地进行。

(4) 进攻式开局策略。

公关实践

日本一家著名的汽车公司在美国刚刚“登陆”时，急需找一家美国代理商来为其销售产品，以弥补他们不了解美国市场的缺陷。当日本汽车公司准备与美国的一家公司就此问题进行谈判时，日本公司的谈判代表路上塞车迟到了。美国公司的代表抓住这件事紧紧不放，想要以此为手段获取更多的优惠条件。日本公司的代表发现无路可退，于是站起来说：“我们十分抱歉耽误了你的时间，但是这绝非我们的本意，我们对美国的交通状况了解不足，所以导致了这个不愉快的结果，我希望我们不要再为这个无所谓的问题耽误宝贵的时间了，如果因为这件事怀疑到我们合作的诚意，那么，我们只好结束这次谈判。我认为，我们所提出的优惠代理条件是不会在美国找不到合作伙伴的。”日本代表的一席话说得美国代理商哑口无言，美国人也不想失去这次赚钱的机会，于是谈判顺利地进行下去。

(5) 挑剔式开局策略。

公关实践

巴西一家公司到美国去采购成套设备。巴西谈判小组成员因为上街购物耽误了时间。当他们到达谈判地点时，比预定时间晚了 45 分钟。美方代表对此极为不满，花了很长时间来指责巴西代表不遵守时间，没有信用，如果老这样下去的话，以后很多工作很难合作，浪费时间就是浪费资源、浪费金钱。对此巴西代表感到理亏，只好不停地向美方代表道歉。谈判开始以后，美方代表似乎还对巴西代表来迟一事耿耿于怀，一时间弄得巴西代表手足无措，说话处处被动，无心与美方代表讨价还价，对美方提出的许多要求也没有静下心来认真考虑，匆匆忙忙就签订了合同。等到合同签订以后，巴西代表平静下来，头脑不再发热时才发现自己吃了大亏，上了美方的当，但已经晚了。

2. 谈判过程中的策略

谈判过程中使用的策略有如下几点。

(1) 知己知彼。

公关实践

一个中国谈判小组赴中东某国进行一项工程承包谈判。在闲聊中，中方负责商务条款的成员无意中评论了中东盛行的伊斯兰教，引起对方成员的不悦。当谈及实质性问题时，对方较为激进的商务谈判人员丝毫不让步，并一再流露撤出谈判的意图。

想一想：

1. 沟通出现的障碍主要表现在什么方面？
2. 这种障碍导致谈判出现了什么局面？
3. 应采取哪些措施克服这一障碍？
4. 从这一案例中，中方谈判人员要吸取什么教训？

(2) 兵不厌诈。

公关实践

上海甲公司引进外墙防水涂料生产技术，日本乙公司与香港丙公司报价分别为 22 万美元和 18 万美元。经调查了解，两家公司技术与服务条件大致相当，甲公司有意与丙公司成交。在终局谈判中，甲公司安排总经理与总工程师同乙公司谈判，而全权委托技术科长与丙公司谈判。丙公司得知此消息后，主动大幅度降价至 10 万美元与甲公司签约。

想一想：

1. 如何评论甲公司安排谈判人员的做法？
2. 如何评论丙公司大幅度降价的做法？

(3) 拖延战术。

公关实践

日本一个客户与东北某省外贸公司洽谈毛皮生意，条件优惠却久拖不决。转眼过去了两个多月，原来一直兴旺的国际毛皮市场货满为患，价格暴跌，这时日商再以很低的价格收购，使我方吃了大亏。

据记载，一个美国代表被派往日本谈判。日方在接待的时候得知对方需于两个星期之后返回。日本人没有急着开始谈判，而是花了一个多星期的时间陪她在国内旅游，每天晚上还安排宴会。谈判终于在第12天开始，但每天都早早结束，为的是客人能够去打高尔夫球。终于在第14天谈到重点，但这时候美国人该回去了，已经没有时间和对方周旋，只好答应对方的条件，签订了协议。

想一想：

1. 阅读此案例后谈谈你对谈判心理的感受。
2. 一个成功的谈判者应注重收集哪些信息？

（4）另辟蹊径。

公关实践

英国某啤酒公司的副总裁在去南美进行商务旅行时，接到总部的传真，要他在归途顺便去牙买加和当地一家甜酒出口公司的经理谈生意，但问题是他没有去牙买加公务旅行的签证，想临时办一个，时间又来不及。

于是，他只好以旅游者的身份来到金斯敦的诺尔曼雷机场。在检查护照的关口，移民官从他皮包的工作日志及来往信函中判断他是在公务旅行，所以不许他入境。他反复向移民官声明，自己不过是在返回伦敦前来这儿进行短暂的休整，这才勉强被允许入境。

他在旅馆安顿好后，便打电话和那位甜酒出口商联系。刚打完电话，就来了位移民局的官员，说他是怀着商务目的来到此地，而没有取得应有的签证，并对他说，他将受到有关方面的严密监视，一旦发现从事商务活动，便将立即驱逐出境，并处以高额罚款。

足足两天，他身边总有一位警察，像个影子似的，使他不得不像个旅游者一样打发时光，看来此行是只能白费时间和金钱了。

但是在他离开之前，却在警察的眼皮底下与那位出口商谈成了生意。

旅馆设有游泳池，泳池旁有个酒吧供客人喝喝饮料、稍事休息。监视的警察只看见他与一位身着比基尼泳装的妙龄女郎正坐在酒吧前喝酒，还有意无意地和酒吧服务员聊天。

原来那位服务员竟是出口商打扮的，而那名妙龄女郎则是他的女秘书。

（5）把握时机。迅速捕捉对方说话中的漏洞或矛盾之处，不失时机地加以利用，这就是谈判语言的迅捷性。

公关实践

一次，某外商向我国一个外贸单位购买香料油，出价每千克40美元，我方的要价是48美元。外方一听我方的报价就急了，说：“不，不，你们怎么能指望我出45美元以上来买呢？”我方代表一听，立即抓住这一机会，巧妙地反问说：“这么说，你是愿意以45美元成交了？”外商情急之下露了底，只好最后接受了我方以每千克45美元成交的要价，比我方原定的成交价高出3美元。

任务五　人际交往

人际交往是公共关系最基本的活动之一，公共关系活动终究要通过人际交往来实现。

一、人际交往的定义和原则

▶ 1. 人际交往的定义

人际交往是指在人们社会生活中，两人或两人以上的人们之间相互交流不同的思想、观念、情趣、感情和意向的信息交流过程。人际交往是以信息相互交流为条件的。

▶ 2. 人际交往的原则

1）平等原则

(1) 平等包括政治平等、法律平等、经济平等和人格平等。

(2) 平等是相对的。所谓相对平等，是指平等是有条件的。

(3) 起点均等。

(4) 平等是现实的。

2）互利原则

互利包括物质互利、精神互利和物质—精神互利。

3）信用原则

在人际交往中要获得成功，就要取信于人，最重要的是做到守信、信任、不轻诺、诚实，以及坚定自信心。

4）相容原则

所谓相容，就是宽宏大量，忍耐性强。具体来讲，包括将心比心，大事清楚、小事糊涂，严于律己等。

二、人际吸引律

▶ 1. 相似吸引律

相似反映了一致性，当交往双方年龄、性别、职业、爱好、资历、地位等基本相似时，就很容易找到共同感兴趣的话题，进而产生共同语言和很大的吸引力。

▶ 2. 相异吸引律

相异体现了类别，当交往双方在许多方面差异悬殊，或地理位置相隔遥远、或经济状况差距很大、或社会地位极不相称、或年龄大小很不相当，却可以因为某种特殊因素产生神秘感，而建立友谊。

▶ 3. 对等吸引律

所谓对等吸引律，即对方喜欢自己，自己也给对方以好感。

▶ 4. 互补吸引律

所谓互补吸引律，即交往双方在个性、需要及满足需要的途径方面呈互补状态，从而产生的一种强烈的吸引力。

▶ 5. 光环吸引律

当某一个人在某方面有特殊成就，成为家喻户晓的“名人”时，他的光环就会泛化到其他方面，从而产生晕轮效应。

▶ 6. 熟悉吸引律

交往双方由不熟悉到熟悉，由不喜欢到喜欢，最终产生吸引。

三、人际交往的方式

人际交往方式是指交往主体与交往对象之间所采用的交往形式、交往内容和交往手段的总和。

▶ 1. 参加会议活动

会议是一种信息交流的极好场所。由于会议的参加者来自各个方面，本身就形成一个互相沟通和互相宣传的机会。

▶ 2. 交谈

交谈的场所没有限制，交谈的对象也较广泛且方式灵活，它是交际中信息传递的一种形式。

▶ 3. 举办或出席生日晚会

这种形式比较规范，注重礼仪，参加人员的层次差别不大，不失为人际关系中联络感情、增进友谊的一种有益方式。

▶ 4. 举办或参加舞会

舞会是人际交往中不可缺少的活动，也是公共关系工作中通常采用的沟通思想感情的一种重要方式。它的特点是形式活泼、气氛融洽、格调高雅、富有情趣。

▶ 5. 聚餐

聚餐主要有两种形式：一种是主人单独准备，适合宴请久别重逢的朋友或敬重的人士；另一种是主人和客人一起准备，适合要好朋友的聚会。

▶ 6. 赠送节日礼品

逢年过节，赠送礼品，寄语节日问候，保持感情联系，是人际关系交往中常用的一种交际方式。

四、人际交往的技巧

▶ 1. 人际交往技巧

人际交往中要使自己具有魅力，必须掌握以下技巧。

(1) 人格魅力。在任何人际交往中，产生吸引的主要因素是个性品质。

(2) 形象魅力。使人产生好感的另一个因素是仪表。

(3) 环境效应。和谐就是美，公共关系人员始终要注意自身与环境的协调。

(4) 非自然语言。非自然语言包括视觉语言、微笑语言、手势、步态、坐姿、站姿等。

▶ 2. 与不同气质人交往技巧

从心理学的观点看，人的气质一般可分为多血质活泼型、胆汁质急躁型、黏液质稳定型、抑郁质忧郁型等类型。

▶ 3. 初交的技巧

(1) 第一印象。在初识阶段给对方一个良好的第一印象，是至关重要的。

(2) 自我介绍。自我介绍是交往的一把钥匙，也是产生第一印象的主要因素。

(3) 重视对方。希望受到重视，是人们的共同心理。

(4) 察言观色。察言观色是了解对方的一把钥匙。

(5) 适时告别。适时告别是初次见面必须要注意的。

4. 保持心理平衡的技巧

1) 树立自信

自信是成功的基础。

2) 保持自尊

保持自尊，不受光环效应、晕轮效应的影响，把名人视为普通人，是与大人物打交道、见大场面的心理平衡技巧。

公关实践

杨丽娟，女，甘肃兰州阿干镇人，是一位极端崇拜刘德华的疯狂歌迷。她的父亲杨勤冀是一位老师，母亲无业、残疾。杨丽娟从16岁开始痴迷香港歌手刘德华，此后辍学开始疯狂追星。杨丽娟的父母劝阻无效后，卖房甚至卖肾以筹资供她多次赴港及赴京寻见刘德华。2007年3月25日歌迷会后当晚，溺爱杨丽娟的杨父写抗议信后跳海身亡，3月26日香港警方在海中发现了杨勤冀的遗体。事后，刘德华发表声明，呼吁杨丽娟停止一切无理取闹的行为。“杨丽娟事件”也引发各界对过度追星行为的深刻反思。

想一想：这个案例给我们的启示是什么？

3) 充分准备，提前适应

恐惧心理是许多人在社交、公众场所和讲话发言中经常出现的一种情况，克服它的有效方法是充分准备，提前适应。

4) 将优点与缺点相比

将自己的优点与别人的缺点相比，是帮助自己心理平衡、进行正常交往的一种技巧。

5) 积极参与实践

积极参与各种社交活动，锻炼自己的交际能力，是克服社交恐惧症，保持心理平衡的重要方法。

课内实训

以小组为单位，请同学们在一起模拟不同人际关系角色，体会传播障碍及其克服方法的运用。

要点总结

新闻是公共关系活动中最重要的沟通工具，也是最为广泛的社会传播媒介，任何企业要想形成某种舆论，树立企业在公众心目中的形象，都要经过新闻传播来实现。因此，撰写新闻报道既是公关人员一项最基本的工作，也是企业与新闻界保持密切联系的纽带。

公共关系广告是借助广告的形式，将公关传播和广告宣传两者合二为一，从而达到提高企业的知名度，求得社会公众的认可和支持。

公共关系谈判是社会组织与公众沟通的重要手段。

人际交往是建立良好公共关系的重要手段。

练习与提高

一、简答题

1. 什么是新闻价值？商务组织的哪些事件可能具有新闻价值？
2. 公共关系广告有哪些基本类型？请举例说明。
3. 商务谈判有哪些基本程序？
4. 人际交往中有哪些基本技巧？

二、职业技能训练

在本班的同学中寻找宣传的对象，找出他(她)的闪光点，并用恰如其分的语言对其进行赞美。

三、案例探讨

何振梁先生在北京申奥团陈述时最后一个做总结发言，以下是他的发言稿。

主席先生、国际奥委会的委员们：

无论你们今天做出什么样的选择，都将载入史册。

但是只有一种决定可以创造历史。你们今天这个决定可以通过体育促进世界和中国友好相拥在一起，从而造福于全人类。

将近50年前，我第一次参加了奥林匹克运动会，那是在赫尔辛基。从那时起我就深深地爱上了奥运精神。和祖国的许多同胞一样，我认为奥林匹克价值理念具有普遍意义，奥林匹克圣火照亮着人类前进的道路。

在我的生涯中，我一直梦想着将奥运会带来中国，让我的男女同胞在我的祖国体验奥林匹克理想永恒的魅力。

选择北京，你们将在奥林匹克历史上第一次将奥运会带到拥有世界上五分之一人口的国家，让十亿人民有机会用他们的创造力和奉献精神为奥林匹克运动服务。

你们所传达的信息也许将意味着一个全球团结新时代的开始。

如果你们把举办2008年奥运会的荣誉授予北京，亲爱的同事们，我可以向你们保证，7年之后，北京将让你们为今天的决定而自豪。

问题：

1. 何先生的发言无疑是一场精彩的演讲，他应用了哪些演讲技巧？
2. 他的这个发言对国际奥委会的委员们带来什么影响？

四、拓展实训

进行公关广告策划，提交 PPT 演示文稿，各小组推选代表宣讲，全班交流，教师点评。

五、拓展阅读

李奥·贝纳的告别演讲

1935 年 8 月 5 日，李奥贝纳广告公司正式在芝加哥成立，当时只有 8 位员工、3 个客户，年营收仅 20 万美元。然后，走过了 78 载。分享一下正能量。

时间是 1967 年 12 月 1 日，星期五早晨。场景是李奥贝纳公司在美国芝加哥保德信大楼礼堂所举办的第六届年度早餐会。

那一年的来宾是有史以来最多的：一共 1 280 位李奥贝纳公司员工参加，其中 300 位是第一次参加。其他首度参加的员工则是从李奥贝纳公司底特律办公室来的(并购 DP 兄弟广告的关系)，其他人则来自加拿大和伦敦办公室。

早餐会议大约在早上 8 点 30 分开始，人们开始享用早餐的苹果汁、甜瑞士卷和咖啡。公司总经理艾德·席尔首先登台，报告年度营业额，以及明年度的展望。公司董事会主席菲尔·沙夫则带来股利分红的好消息，并且介绍了数位国际嘉宾。

接着，根据公司刊物《你好》的记载，轮到创意部主管唐·坦能上台，花了 30 分钟介绍公司的创意作品。

当坦能结束的时候，他向听众介绍一位其实毋须任何引荐的人：李奥·贝纳。这位矮小、秃头、戴着一副角框眼镜，略微伛偻的 76 岁老人，在如雷掌声中走向讲台。他与其他 8 位朋友在 32 年前的经济大萧条中创业，那时他在门口柜台摆了一大碗苹果免费招待来客，却广受讥嘲，批评者都说，李奥·贝纳迟早会沦落到去卖苹果而不是送苹果。然而，在那一天早上，这家以李奥贝纳为名的公司，是全美第 5 大广告代理商，并且，继续免费招待苹果。李奥·贝纳刚从董事长大位退下不久，这是他第一次以创办人的身份对员工演讲。演讲很短，只有 682 字，演讲时间为 8 分钟。《何时该将我的名字从门上摘下》(*When to Take My Name off the Door*)是李奥·贝纳最脍炙人口的演说，它后来也成为李奥贝纳公司对未来的行动准则。

有一天我终将退位，而你们或你们的继任人可能也想把我的名字一并丢弃。

你们可能要公司名称改为“Twain，Rogers，Sawyer and Finn，Inc.”或“Ajax Advertising”或其他名称，只要对你们有好处，我都无所谓。

但是请容我告诉各位，我会在什么时候主动要求你们把我的名字从门上拿掉。

那一天就是当你们整天只想赚钱而不再多花心思于做广告——我们的这种广告时。

当你们已忘记广告制作的真正乐趣以及你们所以能出人头地的创作环境的时候。当你们忘记其实公司的中坚分子、艺术指导等专业人员，应该和钱同等重要的时候。

当你们失去那种永远都觉得不够完美的感觉的时候。

当你们失去那股只想把工作做好的傻劲，根本不在乎客户或钱，或投入的心力及劳力的时候。

当你们丧失有始有终、绝不虎头蛇尾的那股热诚时。

当你们不再追求新鲜、使人永生难忘，追求文字及图片运用方式、意境及结合之妙时。

当你们不再夜以继日创造点子，成就李奥贝纳公司一贯秉持的好广告时。

当你们已经不再是梭罗所谓的“有良知的公司”时。

当你们开始把你的诚实正直打折时，而诚实正直才是我们这一行的生命，是一点都不能妥协。

当你们表现粗俗、不相称或自负而令人讨厌，失去那种精致的中庸之道时。

当你们只知道追求大规模，而对好的、困难的、新奇的工作反而不感兴趣时。

当你们只在意自己在公司的职位是否节节高升时。

当你们不再是谦谦君子，只知道吹牛、自作聪明时。

当苹果只是让人吃的或只是打亮的苹果，不再是我们的风格之一时。

当你们只对人不对事时。

当你们不在意强烈又鲜活的创意，只埋头于例行作业时。

当你们开始相信基于效率，可以将创作精神及创作动力委托代工并且加以支配，而忘记创作精神及创作动力只能培养、激发和鼓励时。

当你们开始把“有创意的广告代理商”当作空口应酬话来说，而不再是货真价实的时候。

最后，是当你们不再尊重那些守在打字机、画板旁，或守在摄影机后面，或用大黑笔做笔记，或整晚熬夜做企划书、孤军奋战的人时(因为幸亏有他，广告界才有今天的局面)。当你们忘了他辛勤努力，而即使他只是短暂地摘下那颗耀眼难及的星星的人的时候。

年轻人，到那时候，我会坚持你们把我的名字从门上拿掉。即使我得找一天晚上显灵来亲自动手擦掉我的名字。

在我消失之前，我还要涂掉那个摘星符号，然后把所有信纸通通烧掉。

顺便撕掉一些广告稿。

把每一颗该死的苹果扔进电梯升降机里。

第二天早上，你们不知身处何处。

你们必须重新找个新名字。

演说结束，全场来宾起立，为李奥·贝纳鼓掌欢呼。许多深受演说感动的来宾热泪盈眶，因为他们了解到，这不仅是李奥·贝纳对公司的演说，也是对整个广告界的告别演说。

模　块　四

公共关系的工作程序

>>> 经典语录

一个不注意小事情的人，永远不会成就大事业。

——[美]戴尔·卡耐基

>>> 知识目标

1. 了解公共关系工作程序包含的内容。
2. 理解公共关系工作程序之间的衔接关系。

>>> 技能目标

1. 能够选择正确的方法开展公共关系调查。
2. 能够辨识公共关系策划方案中存在的问题。
3. 能够开展公共关系评估工作。

>>> 情景写实

通过辉煌公关公司成功开展的几笔简单的业务，小刘渐渐地找到了做公关的感觉，但怎样更为科学、系统地为自己、为客户开展公共关系工作呢？小刘觉得自己需要补充新的专业知识。

任务一 公共关系调查

公共关系调查指通过运用定性和定量的研究方法，准确地了解公众对组织的意见、态度和反映，发现影响公众舆论的因素，并从中分析和确定社会环境状况、组织的公共关系状态及其存在的问题，为组织制订切实可行的公共关系筹划方案提供客观的依据。

公关实践

西达·斯普林斯社区医院(一)

西达·斯普林斯社区医院，是由两个以前相互竞争的医院合并而成的。两年前，一个新的管理队伍被引入，以帮助解决疑虑，这些疑虑是关于新形成的医院是否能满足病人的要求的。新的行政管理者和助手们上任后，很快就听到了雇员工作士气低下、病人护理质量下降的报告。大量的这类输入信息来自医生，他们感觉到合并产生的新环境更例行公事、更缺少人际交流。很多医生感到他们与其他雇员的关系被暗中削弱，因为新的组织试图减少岗位重复，建立一种更为有效的机构。总体上，医生们越来越强烈的共同看法是：合并后，病人护理质量严重下降了。

因为对任何医院来说医生都是重要公众，所以他们的焦虑迅速得到管理部门的关注。医生们曾经提出建议发起一项公共关系运动，让雇员们更加清楚地意识到他们对医疗质量的责任。但是，公共关系经理认为在策划有效的沟通运动前，需要更多的信息，于是开始调查医院合并的背景及医院雇员与医护人员的关系。

一方面，通过对医院记录的详细回顾以及当地报纸档案，再加上与一些长期雇员的对话，形势的复杂性开始被揭示出来。在合并前，这两家医院不仅是竞争对手，而且他们由两个不同的宗教团体建立，因此形成了两组截然不同的支持者。虽然在合并前医院的宗教附属关系很早就中断了，但是对立的气氛延续了下来。特别是当两家医院借着为医生们牟利的名义试图胜过对方时，这种对立尤其明显。

另一方面，医生确信病人护理的质量无法令人接受，然而雇员及病人的意见却无法轻易确定。因此，公共关系部设计了一个调研方案来衡量这两组公众的意见。公共关系部随机选取了一些雇员，要求他们填写问卷调查，内容关系到病人护理的各个方面，同时，在最近出院的病人中进行了一次电话调查，来衡量他们对同样问题的意见。

调查结果令人惊讶。在范围从1～10的等级里，雇员给医院全面表现打分为6.6分，但是对以前病人的调查结果则为8.5分，对于其他关于病人护理质量的问题，从雇员那里得到的分数也远远低于病人打的分数。

为了解释雇员给出低分数的原因，公共关系部又分别对五名代表进行了深入访谈，他们分别是：三名来自护士服务部门的代表、一名来自辅助部门的代表和一名来自财务部门的代表。经过访谈发现，尽管雇员认为医院总体上提供中等的医疗，但他们觉得自己的专门领域的医疗质量远远超出医院其他部门，而且他们自己也超出了本部门的平均水平。这些雇员还暗示他们的同事也察觉到组织中存在的问题，但不清楚问题是什么。这导致个体的无助情绪，并且产生了高度的压力和挫折感。

资料来源：奥蒂斯·巴斯金，克雷格·阿伦诺夫，丹·拉铁摩尔．公共关系：职业与实践[M].4版．孔祥军等译．北京：中国人民大学出版社，2008.

想一想：

1. 在医生提出问题和解决问题的意见后，公共关系部为什么还要进行调查？

2. 通过调查，西达·斯普林斯社区医院到底存在什么样的问题？与当初医生提出的问题一致吗？

一、公共关系调查的意义

公共关系调查是全部公共关系工作的起始点，是公共关系策划过程中的首要步骤，是公共关系工作的基础工作，同时也是公共关系活动的一种方式，它的重要意义主要体现在以下方面。

▶ 1. 为制订各项行动计划和进行科学决策提供依据

只有通过公共关系调查研究，才能及时掌握公众需求的变化特点，才能有效地防止公共关系工作计划的盲目性和决策的任意性，避免主观主义和形而上学，提高组织的公共管理水平。

▶ 2. 增强应对突发事件的承受力

通过公共关系调查研究，可以对组织内部、外部关系现状及其社会大环境的实态和变化进行有效监测，可以对难以控制的外部关系和环境的波动规律有深刻认识，从而有助于组织提高防御各种风险能力。

▶ 3. 提高组织经济效益

进行公共关系调查能够及时了解组织在市场竞争中的地位，并且通过对比调查，可以反映出与竞争对手综合管理水平上的差距，为提高组织的竞争能力和管理水平指明方向。此外，对自身状况和市场环境的调查，无疑能够对生产经营起监测和预警的作用，促进经济组织的改进调整，进一步提高经济效益。

▶ 4. 有利于树立良好组织形象

通过公共关系调查测定组织形象实际状态，是组织形象建设不可或缺的基础工作。公共关系调查进行得越全面、越充分，社会组织形象建设工作就越具针对性，形象建设工作见成效的可能性就越大。

公关实践

先搞清这些问题

有一家宾馆新设了一个公共关系部，开办伊始，该部就配备了豪华的办公室，漂亮迷人的公关小姐，现代化的通信设备，但该部部长却发现无事可做。后来，这个部长请来了一位公共关系顾问，向他请教“怎么办”，于是这位顾问一连问了以下几个问题：

“本地共有多少宾馆？总铺位有多少？”

“旅游旺季时，本地的外国游客每月有多少，港澳游客有多少？国内的外地游客有多少？”

“贵宾馆的‘知名度’如何？在过去三年中，花在宣传上的经费共多少？”

“贵宾馆最大的竞争对手是谁？贵宾馆潜在的竞争对手将是谁？”

“去年一年中因服务不周引起房客不满的事件有多少起，服务不周的症结何在？”

对这样一些极其普通而又极为重要的问题，这位公共关系部部长竟张口结舌，无以对答。于是，那位被请来的公共关系顾问这样说道：“先搞清这些问题，然后开始你们的公共关系工作。”

资料来源：蒋楠．公共关系原理与实务[M]．北京：中国人民大学出版社，2006.

想一想：如何理解公共关系顾问的话“先搞清这些问题，然后开始你们的公共关系工作”？

二、公共关系调查的内容

▶ 1. 组织形象的调研

组织形象调查是指运用科学、系统的方法，有目的、有计划地对组织在社会公众心目中的总体形象和评价进行的考察，主要包括组织自我期望形象调查、组织实际形象调查，以及组织形象差距的比较分析。

1）组织自我期望形象调查

组织自我期望形象调查是指一个组织自己所期望达到的形象目标，是一个组织开展公关活动的内在动力和方向。期望越高，做出的努力越大，实现的难度也越大，因此必须注意主观愿望与实际可能的有机结合。组织自我期望形象调查主要从三个方面入手。

(1) 了解领导层的目标和期望。公共关系是组织管理职能之一，公共关系活动必须为组织目标的实现服务。作为组织决策者的领导层，他们对组织形象期望的水平，对于组织目标和信念的形成，以及组织形象的选择及建立具有决定性的意义。因此，公共关系调查必须详尽了解领导层所制订的各项目标政策，研究他们的思想和经营手段，测定他们对组织形象的期望水平和具体要求，以此作为设计组织形象的重要依据。

(2) 调查员工的期待和评价。员工是组织一切目标的达成者，没有得到他们认可的目标是无法实现的。因此，公共关系调查还必须了解员工对组织的期待、意见和评价，了解员工对管理层提出总目标的信心和支持度，积极听取他们的合理建议。

(3) 分析组织实际状态。组织自我期望形象的塑造是以组织的客观现状和现有条件为基础的，一旦脱离就会与事实不符，虚假宣传。因此，公共关系调查还要全面分析组织目前的经营状况，并以此作为设计组织形象的客观依据。

2) 组织实际形象调查

组织实际形象调查即是对目前公众对组织的总体评价的考察，以掌握组织在公众中享有的知名度和美誉度，一般从以下几个方面进行。

(1) 公众网络分析。公众是公共关系工作的对象，如果对象不准，就会产生调查结果不正确和调查经费投入不当的问题。因此，公共关系调查必须对本组织的公众范围、公众类别、目标公众进行调查分析。

(2) 实际形象调查。具体包括知名度和美誉度调查。首先要确定组织知名度和美誉度的构成要素，如知名度的构成要素包括熟知企业者的百分比(指了解企业的全面情况的人)、熟悉企业者的百分比(指知道企业名称，所在地和大致情况的人)、知道企业者的百分比(指知道企业名称和经营方向的人)、听说过企业者的百分比(指那些听说过企业名称，但不了解进一步的情况，甚至连经营方向是什么都不了解的人)，以及不知道企业者的百分比(指那些从来都不知道企业的存在，头脑中根本就没有该企业的任何印象的人)；美誉度的构成要素包括经营方针、办事效率、服务态度、业务水平等。然后，根据组织知名度和美誉度的构成要素设计问卷、实施调查、统计数据，如表 4-1 所示。

表 4-1 形象要素调查统计表示例

评价 调研项目	非常	相当	稍微	中	稍微	相当	非常	评价 调研项目
经营方针正直	—	65	25	10	—	—	—	经营方针不正直
办事效率高	—	—	25	65	10	—	—	办事效率低
服务态度诚恳	—	—	—	15	20	65	—	服务态度恶劣
业务水平有创新	—	—	—	—	20	70	10	业务水平缺乏创新
管理顾问有名气	—	—	—	—	—	10	90	管理顾问没有名气
公司的规模大	—	—	—	—	25	55	20	公司的规模小

注：表格中的数字表示调查中选取此项的被调查对象总数。

3）组织形象差距的比较分析

组织形象差距的比较分析即是找出组织自我期望形象与组织实际形象之间的差距，如何通过公共关系工作去弥补或缩小差距便形成了公共关系目标。

如何进行形象差距的比较分析呢？首先要把形象要素调查结果数字化。如图 4-1 所示，我们可以用 1～7 来数字化每一个选项，1 表示非常差、2 表示相当差、3 表示稍微差、4 表示中间状态、5 表示稍微好、6 表示相当好、7 表示非常好。其次要计算每个调查项目评价的平均值。

$$\text{某调查项目评价的平均值}=\frac{\text{某项目各档次评价总分之和}}{\text{被调查总人数}}$$

$$\text{经营方针评价的平均值}=\frac{(65\times6+25\times5+10\times4)}{(65+25+10)}=5.55$$

然后将各调查项目评价的平均值标定在数值标尺相对位置上，连接各点即形成组织的形象曲线。

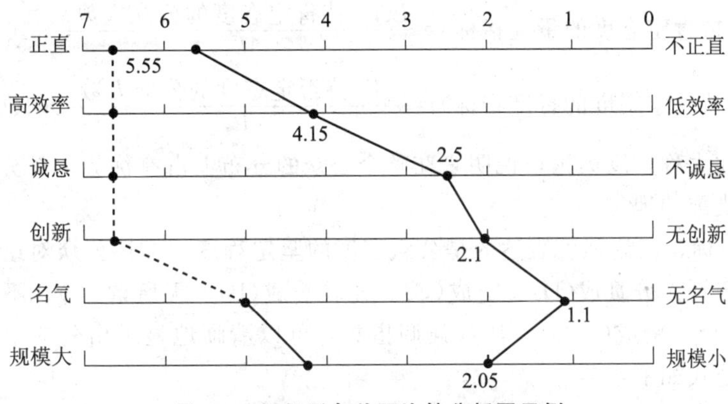

图 4-1　组织形象差距比较分析图示例

图 4-1 中实线描绘的是组织实际形象，虚线描绘的是组织自我期望形象，两条曲线的差距就是组织的“形象差距”，即公共关系目标制订的依据。

课内实训

请分析学校食堂的组织形象要素，制订要素调查表并进行统计，制作形成学校食堂形象要素调查统计表，并绘制组织实际形象曲线图。

▶ 2. 组织的公众舆论调查

公众舆论是可以分解的，根据舆论各分解值的大小，调查人员可以统计出公众舆论的倾向和影响力。因此，组织的公众舆论调查就是指对公众的态度倾向进行统计、测算，用数据显示公众的整体意见。

1）舆论标志

舆论标志表明各种公众意见在一定时间和空间所达到的规模和发展趋势，它揭示各类舆论的综合对比关系，是对舆论总体趋向的一种描述。它分为主导舆论（70％的公众坚持的舆论）、分支舆论（同时存在的几种有相当数量的人赞成的一致意见）、次舆论（某些局部地区有多数人坚持的，但并不具有全局性的意见)和微舆论(小社会环境下的群体舆论，舆论主体只是很少一部分人)四个等级。

2) 舆论指标

舆论指标包括量度指标和强度指标。

(1) 量度指标，包括舆论的公众数量和公众的分布，量度指标越大，舆论的影响越广，越具有权威性。

$$舆论量度指标(L_s)=公众人数(R)\times分布种类(f)$$

即

$$L_s=R\cdot f$$

如选择调查人数 $R=2$ 万，测定的公众种类 $f=4$，则 $L_s=2\times4=8$(万)，即通过 2 万人的测定可以大致推出 8 万人所具有的态度。但是舆论调查主要是测定出正反两种指标的百分比，即持肯定态度和否定态度的人占全部量度指数的百分比，因此还需测量

$$L_k(持肯定态度的量度指标)=\frac{L_s\mathrm{K}(持肯定态度的公众人数)}{L_s}\times100\%$$

$$L_f(持否定态度的量度指标)=\frac{L_s\mathrm{F}(持否定态度的公众人数)}{L_s}\times100\%$$

指数百分比大称广度舆论，说明它在整个公众的分布上占有优势。百分比小称狭度舆论，它处于被支配的地位。

(2) 强度指标，舆论强度表达的是公众态度的坚定程度，描述公众对组织形象评价的质量，可分 7 级：十分赞成(D)、赞成(C)、比较赞成(B)、无所谓(A)、不够赞成(－B)、不赞成(－C)、极不赞成(－D)。计算强调指数，可以清晰地显示出公众中持各种态度人数的百分比。公式如下：

$$Q_k(公众持肯定态度的强调指标)=\frac{\mathrm{B}(\mathrm{C}、\mathrm{D})}{L_s}\times100\%$$

$$Q_f(公众持否定态度的强调指标)=\frac{-\mathrm{B}(-\mathrm{C}、-\mathrm{D})}{L_s}\times100\%$$

如一家企业对新产品投放市场对 1 万名用户进行调查，结果表明：喜欢该产品有 6 000 人，不喜欢有 3 000 人，1 000 人不置可否。其中，十分喜欢有 600 人，很不喜欢有 300 人。则十分喜欢的 $Q_k=600/(6\,000+3\,000)\times100\%\approx6.67\%$。

课内实训

请你计算很不喜欢的 Q_f 是多少呢？

3) 舆论测量模型

舆论模型是表示舆论动态的坐标体系，它将舆论的量度指标和强度指标有机地展示在一个平面上，醒目地展示舆论状态和趋势。

如某企业调查了 5 000 名用户，从 6 种不同公众中按比例选定，测定用户对该企业某新产品的欢迎程度和不欢迎程度，调查对象自由选择答案。结果如下：

量度指数：5 000×6=30 000(人)。

量度指标为：$L_k=(21\ 000/30\ 000)\times100\%=70\%$，$L_f=(9\ 000/30\ 000)\times100\%=30\%$。

即 21 000 人持肯定态度，70%的人对该产品持不同程度的满意；9 000 人持否定态度，30%的用户对该产品持不同程度的不满意。

测量还提供了该新产品受舆论欢迎的程度，即

$$Q_k=\frac{B(10\ 000)}{30\ 000}\times100\%\approx33\%$$ （比较满意的人占 33%）

$$Q_f=\frac{-B(500)}{30\ 000}\times100\%\approx1.7\%$$（不够满意的人占 1.7%）

$$Q_k=\frac{C(8\ 000)}{30\ 000}\times100\%\approx27\%$$（满意的人占 27%）

$$Q_f=\frac{-C(5\ 000)}{30\ 000}\times100\%\approx17\%$$（不满意的人占 17%）

$$Q_k=\frac{D(3\ 000)}{30\ 000}\times100\%=10\%$$（十分满意的人占 10%）

$$Q_f=\frac{-D(3\ 500)}{30\ 000}\times100\%\approx11.7\%$$（很不满意的人占 11.7%）

其中，L_sK、L_sF、B、C、D、−B、−C、−D 均为已知数据，则舆论模型图如图 4-2 所示。

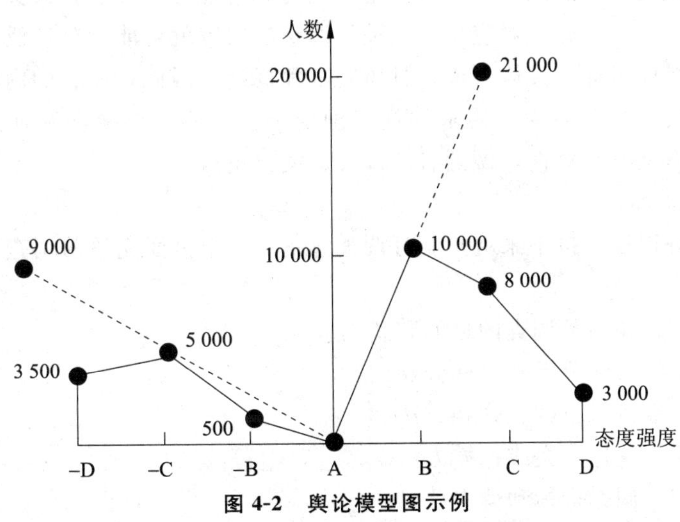

图 4-2 舆论模型图示例

图 4-2 右侧肯定舆论的曲线表明，对这项新产品比较满意的人数最多，其次是满意的人数。与左侧的否定舆论相比，否定舆论的曲线低矮，相差悬殊。故从总体上看，持肯定舆论占绝对优势，无疑是一种占主导地位的舆论。其中，21 000 表明持肯定态度的人占有 2.1 个刻度，每个刻度表示 10 000 人。

▶ 3. 公关活动条件的调研

公关活动的成功开展会受到主体情况以及客观环境的影响，所以公共关系调查也必须涵盖这一部分内容。

1）公关活动主体情况调查

公共关系活动的开展需要人力和财力的支持，所以在公关活动主体情况调查部分主要

调查的是能够投入到公关活动中的人力和财力情况，帮助提高活动计划制订的可行性。

2）公关活动客观环境调研

任何一项公共关系活动开展都面临着社会环境问题，它会为公共关系工作开展提供机会和设置障碍，要确保公共关系工作顺利开展必须对公关活动的客观环境进行调查，其中主要涉及宏观环境调查，主要包括政治法律环境调查、社会文化环境调查及同行业竞争态势调查。

三、公关关系调查过程

公共关系调查的一般过程也就是公共关系调查的程序，按照时间先后依次安排和进行的调查活动步骤。公共关系调查作为一种实践性的活动与操作过程，具有明显的阶段性。将公共关系调查活动的全过程区分为不同的步骤，有利于调查活动的程序化、规范化和科学化。

▶ 1. 调查准备阶段

调查准备阶段是公共关系调查的起始阶段和基础环节。能否通过调查获得开展公共关系活动所需要的信息，在很大程度上取决于调查的准备工作是否充分。调查准备阶段的工作主要包括以下三项。

1）确定调查任务

确定调查任务是公共关系调查准备阶段的第一项工作。公共关系调查的任务是由调查的内容确定的，根据不同的调查内容，确定不同的调查任务。开展公共关系活动所需要的信息有可能千头万绪，与此相对应，公共关系调查的内容就可能十分广泛。但任何一次公共关系活动都有具体目标、具体对象、具体要求和规定，因此，调查的内容就需要根据公共关系活动开展的目标、对象、要求和规定确定调查内容，再根据调查内容确定调查任务，从而确保调查具有针对性，做到有的放矢、突出重点。

2）制订调查方案

明确调查任务以后，接下来就是制订调查方案。一个全面完整的调查方案应该包括的内容如下。

（1）调查研究的课题及调查的目的和意义。

（2）调查研究的公众范围和目标公众。

（3）调查研究准备采取的方式和方法。

（4）调查对象的选择方案或抽样方法。

（5）调查内容、调查指标和调查项目。

（6）调查的场所、需要的时间和进度。

（7）需要的经费以及其他物品的计划。

（8）选择调查人员，并进行提前培训。

3）准备调查条件

开展公共关系调查活动还需要具备相应的条件，主要涉及三个方面。

（1）人员条件。公共关系调查的人员条件不仅包括数量要求，而且还包括知识、能力、素质方面的质量要求，社会组织要根据公共关系调查的需要，有针对性地开展调查人员的培训工作。

（2）经费条件。公共关系调查活动需要经费支持，要做好经费预算、确保经费到位。

(3) 物质条件。公共关系调查往往需要一些物质技术手段的支持，如录音机、录像机、摄像机、摄影机、电话机、传真机、计算机等。

▶ 2. 搜集资料阶段

搜集资料阶段就是具体的调查阶段，是公共关系调查过程中的核心阶段。搜集资料阶段的主要工作是实施现场调查，取得支持配合。

1) 搜集资料

资料搜集阶段是公共关系调查唯一的现场实施阶段，必须保证资料的真实、准确、全面。因此，根据公共关系调查方案的要求，采取各种调查方法，其中主要包括观察法、实验法、访谈法、问卷法、文献法，其中涉及问卷设计、访谈方案设计等技术性问题。

此外，公共关系调查中所要搜集的资料可以分为两种：原始资料和现成资料。原始资料也称为第一手资料，即调查者深入实地调查所获得的资料，是公共关系调查资料搜集的重点。现成资料也称为第二手资料，即经过他人搜集、纪录或整理的资料，有时候为了减轻调查负担，避免重复劳动，也要适当搜集一些现成资料。

2) 争取多方支持

资料搜集阶段是公共关系调查者在一定的社会环境中与被调查者正式接触的阶段，为了确保资料搜集工作的顺利进行，真正搜集到真实、准确、全面的资料，调查人员必须注重处理好各种关系，争取相关人员的支持与配合。首先，要处理好与被调查者的关系，争取得到被调查者的真诚支持与通力合作；其次，处理好与被调查者相关的组织或人员的关系，争取得到这些组织或人员的支持和帮助。

▶ 3. 整理分析阶段

整理分析阶段是运用科学的方法，对搜集到的各种调查资料进行去伪存真、去粗取精并加以归类、排列的信息处理过程。通过对搜集的资料进行整理分析，实现由此及彼、由表及里、由感性认识上升为理性认识的飞跃。

1) 整理调查资料

公共关系调查资料的整理主要包括以下几点。

(1) 按照真实性、准确性、完整性、标准性的要求对调查资料进行分类。

(2) 按照科学性、实用性、渐进性、相斥性的原则进行分类。

(3) 按照条理化、系统化、精练化、规范化的要求对调查资料进行加工，从而为调查资料的分析奠定基础。

2) 分析调查资料

调查资料的分析是指调查人员运用一定的科学方法，对调查资料的内容进行深入加工的过程。分析资料所运用的科学方法包括定性分析方法和定量分析方法两类。调查人员应该对经过整理的调查资料由此及彼、由表及里、由现象到本质地进行深入的比较、归类、推测、判断、概括、统计，从而发现其中的重要信息，揭示其中的关键问题。在此基础之上，形成调查的认识成果，提出解决问题的对策。对资料分析的质量将直接决定调查结果是否能够充分发挥作用。

▶ 4. 形成结果阶段

当对调查资料进行整理分析后，一般应该形成书面形式的调查结果，即形成一份完整的公共关系调查报告。公共关系调查报告是指用以反映通过公共关系调查所获得的主要信息成果或初步认识成果的书面报告。调查报告集中地反映了调查过程中所获得的信息成果和认识成果，便于组织的领导人员或决策人员参考使用。

1）调查报告的内容。

调查报告撰写的实质是公共关系调查者对调查所获得的信息资料的一种高级处理过程。这一过程的具体工作内容包括以下几点。

(1) 综合分析经过审核和加工处理的信息资料，确定调查报告的主题。

(2) 全面汇集有关信息资料，概括出相应事务存在于变化的一般情况。

(3) 综合研究相关信息资料，提炼出有关观点。

(4) 选择运用有关信息资料，具体说明应该注意的有关问题。

2）调查报告的体例

调查报告的一般体例如下。

(1) 标题。包括调查对象和主要问题。调查报告的标题常见的有两种形式，一种是只有正标题(主要内容或中心观点的概括)；另一种是正标题＋副标题(补充交代调查对象或调查内容)。

(2) 前言。引出全文的作用，主要概括介绍调查的意义和目的、调查对象和范围、调查采取的方法(开门见山、简明扼要)。

(3) 主体。详细叙述调查的内容、步骤、小标题。

(4) 结尾。概括主题、总结经验、形成结论，提出建议、说明对将来的意义。

(5) 附录。有关材料的出处、参考资料与书籍、调查统计表等。

课内实训

请制作完成学校食堂组织形象要素调查报告。

5. 总结评估阶段

调查报告形成以后应该对整个调查过程和调查结果进行总结评估。通过总结评估，调查人员可以清楚地了解本项调查的完成情况，可以准确地掌握本项调查取得的成果，还可以总结出本项调查的经验和教训。总结评估的主要内容通常包括以下两个方面。

1）评估调查成果

评估调查成果主要是指衡量调查成果的价值。衡量调查成果的价值通常有学术价值和应用价值这两个指标。在学术价值方面，应该对调查所提供的事实资料和数据资料的完整性、真实性、可靠性做出客观的评价，以及对所提出的理论观点和研究结论的科学性、合理性、创新性等做出客观的评价；在应用价值方面，一般需要根据调查成果被采用的情况、调查成果对公共关系活动的实际指导作用和所取得的实际效益做出具体的评价。对调查成果进行评估，大致可采用调查人员自己评估、成果应用者评估、同行专家评估、组织领导评估四种方式。

2）总结调查工作

总结调查工作是对整个调查活动的工作过程和有关情况进行回顾并加以归纳概括。其目的是积累成功经验，吸取失败教训，为以后的调查活动提供参考与借鉴的依据。其主要内容如下。

(1) 调查工作的完成情况，如是否按时完成了调查任务，是否真正达到了调查目的，是否需要补充或重新调查等。

(2) 调查所取得的经验教训，如本项调查有哪些成功之处和不足之处，调查的各个阶段取得了哪些具体成绩和收获，事先确定的调查目的、任务、范围、过程是否妥当，调查的条件、方法、手段是否适用等。

公关实践

“80后”家庭生活与家电需求调研报告

海尔智能家庭“活出新鲜”品牌传播项目基于海尔联手益普索的关于“80后”家庭生活与家电需求开展专项调研，此项调研开展情况如下。

1. 调研目的

(1) 洞察中国“80后”一代人在家庭价值观方面的新特征与独特感情需求(这些特征与需求将不同于“50后”“60后”，也不同于中国传统的儒家家庭价值观)，以及影响这些特征和需求的关键要素。

(2)基于对中国“80后”一代人新家庭价值观的认知，了解他们对“家”在物质层面(包括家用电器)的新需求，以及新的消费和采购行为。

(3)通过本次调研以及相关的公关宣传，展示海尔产品品牌对新一代消费人群的理解，并提升海尔产品品牌“年轻化”的形象。

2. 调研范围

(1) 受众特征：1980—1989年出生的人群，拥有独立的经济能力，月收入大于2 000元，或家庭整体年收入大于8万元。

(2) 受众分布情况如下。

城市比例：70%居住在一、二线城市；30%居住在三线至五线城市。

男女比例为50%：50%。

未婚、已婚、有小孩的家庭比例为50%：25%：25%。

(3)可用样本数量为1 000个。

3. 调研内容

(1) 关于家庭观念：对“家”的定义和理解；构成“家庭”的必要元素有哪些；家庭信念或家规；婚育观。

(2) 关于家庭关系：理想或者向往的整体家庭氛围和风格、理想，或者向往的夫妻关系、亲子关系、父子或母女关系。

(3) 关于家庭管理：家务分工、休闲娱乐、责任与义务。

(4) 关于家庭建设：理财观、消费观、购买决策与行为。

(5) 关于家电与家：家电在“家庭建设”中的地位与作用、决定家电采购的因素、理想的家电产品具备的特征，与家电有关的、令你印象深刻的经历和事故(这一点可以通过群组访谈的形式进行)。

(6) 关于有代表性的群体：了解“80后”有代表性群体的特征化思考和需求，如丁克家族、孩奴、啃老族等。

4. 执行情况

该调研通过北京、上海、广州、沈阳、成都5大城市10组家庭深度座谈会，以及一线到五线城市在线调研，一线、二线城市完成840份样本，三线、四线、五线城市完成360份样本，共收回有效问卷1 200份。

资料来源：中国公共关系网编委会．2014年最具公众影响力公共关系案例集[M]．北京：企业管理出版社，2015.

想一想：

1. 此次调查的意义在于什么？
2. 公共关系调查的成功取决于哪些因素？

任务二　公共关系策划

公共关系策划是公共关系人员根据组织形象的现状和目标要求，分析现有条件，谋划并设计公关战略、专题活动和具体公关活动最佳行动方案的过程。公共关系策划的目标是使组织通过公共关系策划和实施达到理想的形象状态和标准。公共关系策划的核心是要解决三个问题。

(1) 如何寻求传播沟通的内容和公众易于接受的方式。

(2) 如何提高传播沟通的效能。

(3) 如何完备公关工作体系。

公关实践

西达·斯普林斯社区医院(二)

根据之前的调查显示：西达·斯普林斯社区医院的医生们与个体雇员都认为医院里的病人护理质量不太合格，但是他们又都认为自己提供了力所能及的最佳护理。同时，病人给医生和雇员的工作表现打分都很高，说明实际护理质量是良好的。于是医院面临的真正问题并不是雇员没有清楚地意识到他们对医疗质量的责任，需要发起一项公共关系运动，让他们更加清楚地意识到自己对医疗质量的责任。医院面临的真正问题是医生与雇员对不良表现的不同界定，从而引发了各自在工作上士气低下的问题。根据这一分析结果，医院公共关系策划的目标就由改变实际的护理转向了改变人们对护理的认识，公共关系部也明确提出了“改善雇员、医生对医院表现的总体看法”的活动目标。

对于此次活动公共关系人员设计了两个基本战略，计划在长达一年的时间中实施。第一个战略是通过管理层的正面反馈，持续加强雇员心目中作为医院医疗队伍成员的价值感，第二个战略是通过增加来自病人的反馈帮助医生、雇员双方更准确地评价护理的总体质量。通过以上两个战略的实施，公共关系人员希望能让内部和外部受众都能明确地接收到这样一个信息——西达·斯普林斯社区医院雇员是一支优秀的队伍。

资料来源：奥蒂斯·巴斯金，克雷格·阿伦诺夫，丹·拉铁摩尔．公共关系：职业与实践[M]．4版．孔祥军等译．

北京：中国人民大学出版社，2008.

想一想：

1. 此次策划的依据是什么？是否科学？

2. 此次策划所拟定的策略是否合理？你有没有更好的建议？

一、公共关系策划的意义

▶ 1. 保证公共关系战略和实务运作的目的性

公共关系战略和实务运作，是为了实现公共关系目标以及企业发展目标服务的，离开这个目的，公共关系就失去了自身的意义。所以，为了保证公共关系目标及组织发展目标的顺利实现，组织的总体公共关系战略和具体的实务运作必须经过事先的周密策划。

▶ 2. 保证公共关系战略和实务运作的计划性

(1) 公共关系战略和各项实务运作所追求的目标应当是一致的，所以，公共关系必须有一个完整的实施计划。只有经过周密的公共关系策划，才能保证整个公共关系的战略计划的统一性和完整性，保证每个具体实务运作都按照总体规划的要求，为实现预定的公共关系战略目标和企业发展目标服务。

(2) 公共关系目标的实现需要经过长时期的持续努力，只有经过周密的公共关系策划，才能保证公共关系的各项实务运作前后呼应、相互衔接，成为既在具体运作中具有独创性，又在总体战略上具有连续性的有计划、有步骤的公共关系工作。

(3) 公共关系的各项实务活动，都必须根据一定的时间、空间及主观、客观条件拟定切实可行的具体实施计划，这本身也是公共关系策划的重要组成部分。

可见，只有周密的、精心的公共关系策划才能保证公共关系实务运作能够更加充分地利用所分配到的资金与人员，并按照预定的战略和目标有计划地顺利实施。

▶ 3. 保证公共关系战略和实务运作的有效性

公共关系必须在树立良好的组织形象并为组织发展争取最佳经济效益和社会效益方面发挥显著作用，这就要求公共关系人员善于根据不断变化的环境，着眼不断变动的公关需求，精心策划自己的公共关系战略和策略。同时，公共关系策划也提供了一个让组织其他部门管理层加入的机会，一方面可以集思广益，另一方面也确保了他们的合作与支持，公共关系目标和组织发展目标可以更加顺利地实现。

二、公共关系策划原则

▶ 1. 求实原则

求实原则即实事求是，这是公关策划的一条基本原则。公关策划必须建立在对事实的真实把握基础上，以诚恳的态度向公众如实传递真实信息，并根据实事的变化来不断调整策划的策略和时机等。

▶ 2. 系统原则

系统原则是指在公关策划中，应将公关活动作为一个系统工程来认识，按照系统的观点和方法予以谋划统筹，不能只关注其中的一部分，一定要站在全局把握。

▶ 3. 创新原则

创新原则指公关策划必须打破传统、刻意求新、别出心裁，使公关活动生动有趣，从而给公众留下深刻而美好的印象。

▶ 4. 弹性原则

弹性原则是指公关活动涉及的不可控因素很多，任何人都难以完全把握，因此在策划公共关系活动时，一定要针对重要的、可变的、不可控因素，以及未来可能呈现的状态分别制订后备方案，以留有余地、进退自如。

▶ 5. 伦理道德原则

伦理道德原则的核心内容是组织公关活动及其策划与从业人员行为要符合社会道德标准，策划主题要弘扬社会主义核心价值观，传递正能量。

▶ 6. 心理原则

心理原则是指公共关系策划要运用心理学的一般原理，正确把握公众心理，按公众的心理活动规律，因势利导策划受公众喜爱和追捧的活动项目，但必须以遵循伦理道德原则为前提。

▶ 7. 效益原则

效益原则是指以较少的公关费用，去取得更佳的公关效果，达到企业的公关目标。

公关实践

今世缘的“食运会”

今世缘是地处苏北老区的一个白酒企业，于1996年创牌就开始打入南京市场，最好的时候曾经在南京做到9 000万元的业绩。但2000年以来在南京的销售额却年年下滑，2004年居然下滑到3 000多万元的程度，如何在2005年突出重围，再创佳绩，今世缘迫切需要寻找一个突破口。2005年8月中旬，“十运会”将在南京拉开帷幕，这是一个绝佳的机会。但相关政策规定不能做冠名，不能打广告，我们怎么做呢？今世缘想到了一个大家都非常关心的问题——吃，于是就把“十”与“食”联系起来，在“十运会”期间办起了“食运会”。

“食运会”整个活动的基点是通过一系列的地面和高空宣传告知广大来宁人员南京的美食文化，美食历史以及可供他们选择的美食菜馆，介绍南京的每一道名菜及每一个优秀菜馆的特色菜。通过这种贴身贴心式的活动及后勤服务，真正让每一个来南京的人了解南京、热爱南京，向每一个人充分展示南京的形象。“食运会”得到政府的鼎力支持也是情理之中的事情。整个“食运会”邀请到南京市商贸局、南京市旅游局、南京餐饮商会作为主办单位，这不仅增强了活动的权威性、影响力和号召力，而且引起了社会各界尤其是媒体的充分关注和参与。

同时，通过“庆十运、今世缘杯南京百家餐饮名店名菜美食月”的活动，评选出四十家南京名店、八十道金陵美食名菜，并且通过权威机构对这些金牌名店与金牌名菜授牌与颁发证书。整个活动不仅满足了餐饮企业对利的追逐，而且帮助他们获得了良好的知名度和美誉度。所以，南京餐饮企业踊跃报名，积极响应，热情程度大大超过了人们的想象，使整个活动取得了空前的成功。

想一想：

1. 今世缘此次策划的公共关系活动为什么会成功？
2. 结合案例谈一谈你对公共关系策划的意义及原则的理解。

三、公共关系策划程序

1. 确定目标

公共关系目标是公共关系行为期望达到的成果。目标规定公关活动要做什么，做到什么地步，要取得什么样的效果。公共关系目标是公共关系全部活动的核心，它是公共关系策划的依据，是公共关系工作的指南，是评价公共关系效果的标准，是提高公共关系工作效率的保障，也是公关人员努力的方向。在具体工作中，公共关系目标呈现出多样性，并分成不同的类别，最具有实践意义的分类是按目标内容分为以下几类。

1）传播信息

这一公关活动的目标是要把希望公众知道或公众想知道的信息传递给公众，一旦公众知晓，目标即实现。它是目标体系中最基本的层次，主要是将组织发展的新动态、新成果、新举措告知公众。一般在组织的某些特殊的时期，如组织新成立、组织的领导变更、组织发生重大变革、组织推出了新的产品等，这时组织的公关部门可以策划以传播信息为目标的公共关系活动，如征询型公共关系活动、宣传型公共关系活动。

2）联络感情

联络感情是指组织通过一定的公关行为与重要的公众之间建立一个密切友好的情感联系。这一公共关系目标相对于传播信息来说是更深层次的目标，旨在与公众建立感情、联络感情、发展感情，以取得公众的谅解、合作与支持。组织一般会针对重要公众设计以联络感情为目标的公共关系活动，如交际型公共关系活动。

3）改变态度

社会上的公众对组织会有不同的态度，有正面的态度，如好感、信赖、了解等，也会有负面的态度，如敌视、偏见、怀疑等。公关人员所策划的改变公众态度的公关行动就是指有效使用各种传播手段与信息，努力促成这些特定公众对组织的了解和好感，促成公众正面态度的生成和巩固。改变态度是公关活动的主要目标，尤其是在危机公关当中，公共关系活动设计基本是以改变态度作为目标的，如服务型公共关系活动或社会型公共关系活动。

4）引发行为

引发行为旨在让公众接受、产生组织所期望的行为，以配合组织的工作，这是具体公关活动的最高层次。公共关系人员若要设计引发行为的公共关系活动，必须仔细考虑公众的基本情况、对组织已有的信息知晓度、态度情感状况等基本资料，然后才可能制订正确得当的引发行为的活动方案，通常会同时设计开展征询型、宣传型、服务型等类型的公共关系活动。

公共关系的活动方式

根据公共关系功能的不同，公共关系活动模式有五种。

1. 交际型公共关系活动

交际型公共关系活动一般不借助其他传播媒介，不通过中间环节而直接进行人际交往。它是组织建立广泛的社会关系网络的一种重要手段，具有直接性、灵活性和人情味。具体形式有招待会、恳谈会、工作午餐、茶话会、慰问活动、专访活动、接待应酬，以及发送贺卡、贺电、问候性信函等，有利于建立彼此之间互相信任的合作关系，还能附带发挥收集信息的功能。

2. 宣传型公共关系活动

宣传型公共关系活动是一种利用各种传播媒介向外宣传，以求迅速将信息传递出去，以加强社会公众对组织的信任和了解，形成有利的社会舆论的公关活动模式。特点是主导性强，信息扩散的范围广，其不足之处是传播效果往往停留在表面层次，不易测量其实际效果。通常采用的方式包括发新闻稿，刊登广告、演讲，召开记者招待会，举办或参加产品展览会，编印小册子，制作视听材料等，这种模式特别有利于提高组织知名度。

3. 服务型公共关系活动

服务型公共关系活动是以实际行动提供各种实实在在的服务，从而获得公众的了解与好评。服务型公关的特点是以行动作为最有力的语言，特别有利于提高组织的美誉度。它所采取的具体方式有消费培训、消费指导、上门服务、用户咨询、开辟新的或完善的服务措施等。

4. 社会型公共关系活动

社会型公共关系活动是以组织的名义发起或参与社会性的活动，在公益、慈善、文化、体育、教育等社会活动中充当主角或热心参与者，在支持社会事业的同时，扩大组织的整体影响。这种活动表现形式有两类：一种是利用本组织的庆典和传统节日为公众提供有益的大型活动；另一种是积极参与国家、社区重大活动并提供赞助。其特点是社会参与面广，与公众接触面大，社会影响力强，但没有直接的经济效益，主要着眼于整体形象和长远利益。

5. 征询型公共关系活动

征询型公共关系活动是以搜集社会信息为主的公共关系模式。其目的是通过信息搜集、舆论调查、民意测验等工作，逐步形成良好的信息网络，及时了解民情和社会舆论、监测环境，为组织的经营决策提供咨询，使组织与环境之间保持动态平衡。通常采用的方式包括开办各种咨询业务，进行有奖测验活动，制作调查问卷，广泛开展社会调查，访问重要用户，设立公众热线电话，受理投诉业务，举办信息交流会和建立信访制度、合理化建议制度，以及设置相应的接待机构等。其特点是以输入信息为主，具有较强的研究性、参谋性。

▶ 2. 明确目标公众

目标公众的确定，有利于选定具体公关方案的实施；有利于确定工作的重点、科学地分配力量；有利于更好地选择传播媒介和传播技巧等。

1）确定目标公众的方法

不同组织在每次公共关系活动确定目标公众时，很难有一个统一的标准，基本的原则就是根据组织目标、需要和实力三个方面的因素来确定。

(1) 以活动目标划定公众范围。这种划分主要强调的是公众的关联性，尽量让活动覆盖到相关公众。比如某高校为宣传自己的办学成果组织了一场人才招聘会，与之相关联的公众就包括应届毕业生、招聘单位、新闻单位、人才交流部门、毕业生家长及部分教职工。

(2) 以组织实力划定目标公众。这种划分主要强调的是重要性。组织面对的公众面是广泛的，很多项目活动因为人力、经费有限，很难做到面面俱到，这时候就应将有关公众按与组织关系的密切程度、影响的大小程度、相关事情的急缓程度等因素进行排队，选出最为重要的工作对象作为目标公众。

(3) 以组织需要决定目标公众。这种划分主要强调的是影响度。当组织出现形象危机的时候，目标公众应首指逆意公众和行动公众，以防止危机的扩散和加剧。

2) 明确目标公众的权利要求

目标公众确定之后，公关人员还应对目标公众进行详细的了解和深入的研究，主要是分析目标公众的权利和要求。一般说来，不同的公众有不同的权利要求，了解目标的权利和要求，并将其与本组织的目标和利益加以权衡、比较，以便更有针对性地确定公关计划。

例如 2008 年的春节联欢晚会，在全国都在密切关注几十年不遇的雪灾时，中央电视台仍然如期举行了春节联欢晚会，其中增加了一个抗雪灾的朗诵节目，虽然这个创意很好，但反响并不好。相比之下，湖南电视台早早就宣布将春节联欢晚会改为慈善晚会，受到了广泛的赞誉，这是因为人们正在严寒中与恶劣的天气搏斗，他们更需要的是精神和物质上的双重支持。

▶ 3. 设计主题

成功的公共关系活动通常都是由一系列活动项目组成的系统工程。为避免活动项目过多而给人杂乱无章的印象，需要设计出一个统一、鲜明的主题，以统领整个活动、连接各活动项目。因此，公共关系活动主题是对公共关系活动内容的高度概括，提纲挈领，对整个公共关系活动起着指导作用。

公共关系活动主题的表现方式多种多样，可以是一个口号，也可以是一句陈述或一个表白。主题设计得是否精彩恰当，对公关活动的成效影响很大。要设计出一个好的主题，必须满足下列四个要求。

(1) 必须与公关目标相一致，并能充分表现目标。

(2) 要适应公众心理的需要，既要富有激情，又要使人感到亲切。

(3) 应独特新颖，富有个性，突出活动的特色，使人留下深刻的长久印象。

(4) 表述应简短凝练，易于记忆和传播。

▶ 4. 选择媒介

媒介的种类很多，有个体传媒、群体传媒和大众传媒等。大众传媒又可分为电子类传媒和印刷类传媒。各种传媒各有所长，亦各有所短，只有选择恰当的传媒，才能取得良好的效果。

1) 根据公共关系工作目标选择

选择媒介首先应着眼于组织公共关系的目标和要求。如果组织的目标是提高知名度，则可以选择大众传播媒介。如果组织的目标是缓和内部紧张关系，则可以通过人际传播与群体传播，通过会谈、对话等方式加以解决。如果公共关系主题属于联络感情、社会交往方面，就可利用招待会、茶话会、联谊会、信件来往等活动争取公众的信任与好感。如果公共关系主题是要改变公众的态度、引起公众的行为就可采用售后服务、消费指导、赞助、支持公益活动等方式，通过纪念、庆祝等大型社会活动的工作渠道来维护和树立组织的良好形象。

2）根据不同公众对象选择

因为经济状况、教育程度、职业特点、生活方式的不同，不同的公众对象接受信息的习惯也会不同，适用的传播媒介也就随之不同。比如，对流动性较大的出租汽车司机最好采用广播；要引起儿童的注意和兴趣，制作电视节目和卡通片效果最好；对文化较落后、又没有电视的山区农民则采用有线广播与人际传播；对喜欢阅读思考的知识分子，应多采用报纸、杂志等传播媒介。

3）根据传播内容类别选择

不论是个体传播、群体传播还是大众传播在对信息进行传播时都有其优劣势，都会有一定的适用范围。因此选择媒介时，应将信息内容的特点和各种传播媒介的优劣势结合起来综合考虑。比如内容较简单的快讯可以选择广播，覆盖面广，传播速度快，对文化水平要求不高；对较复杂、需要反复思索才能明白的内容，最好选择印刷媒介(如报纸、杂志、图书等)，可以使人从容研读，慢慢品味。

4）根据经济条件选择

组织的公共关系活动经费一般都很有限，而越是现代化的传播媒介，费用越高。所以，成功的公共关系策划，选择恰当的媒介和方式，以较少的开支争取最好的传播效果。如只对本地区有意义的信息就不要选用全国性的传播媒介；只对一小部分特定公众有意义的消息，就没必要采用大众传播媒介；而对个别的消费者投诉，则只需要面约商谈或书信往来。

▶ 5. 编制计划

在主题设计、媒体选择等步骤的基础上，公共关系策划者要对策划做出总体构想，拟出切实可行的计划，使之有序并富有可操作性，这一过程就称为计划编制。公共关系策划者拟定的计划有两大类，一类为总体战略策划，如年度公共关系传播计划；一类为活动项目的具体策划，也就是一次公共关系活动计划的编制，设计内容主要包括时机、方式、地点、人员、步骤等。这里我们可以借用管理学中的网络计划技术及甘特图法来编制具体策划。

1）网络计划技术

网络计划技术是用网络图解模型表达计划管理的一种方法。其基本原理是应用网络图描述一项计划中各个工作(任务、活动、过程、工序)的先后顺序和相互关系；估计每个工作的持续时间和资源需要量；通过计算找出计划中的关键工作和关键路线；选择出最合理的方案并付诸实施，并还能在计划执行过程中进行有效控制和监督，保障最合理地使用人力、物力以及财力和时间，顺利完成规定任务。

如图 4-3 所示，一个箭号表示一个工作、活动或工序，它通常要占用一定的时间，耗费一定的资源，箭头和箭尾的圆圈叫节点，表示工作完成或开始的瞬间。有两个或两个以上箭号交点处的圆圈，表示必须等待前面工作结束，后面的工作才能开始。用粗线或双线标注的路线为关键线路，是网络图上用时最长的一条线，它的工作进度会决定整个活动的进度。

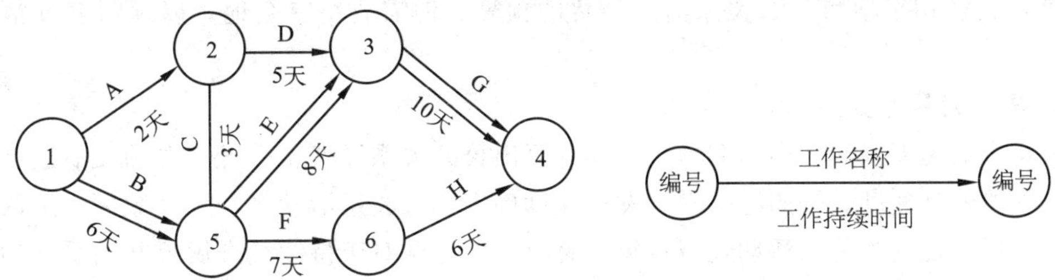

图 4-3 网络计划示例

2）甘特图法

甘特图法即以图示的方式通过活动列表和时间刻度形象地表示出任何特定项目的活动顺序与持续时间。甘特图基本是一条线条图，横轴表示时间，纵轴表示活动(项目)，线条表示在整个过程中计划和实际活动的完成情况，如图 4-4 所示。它直观地表明任务计划在什么时候进行，及实际进展与计划要求的对比。公共关系人员由此可便利地弄清一项任务(项目)还剩下哪些工作要做，并可评估工作进度。

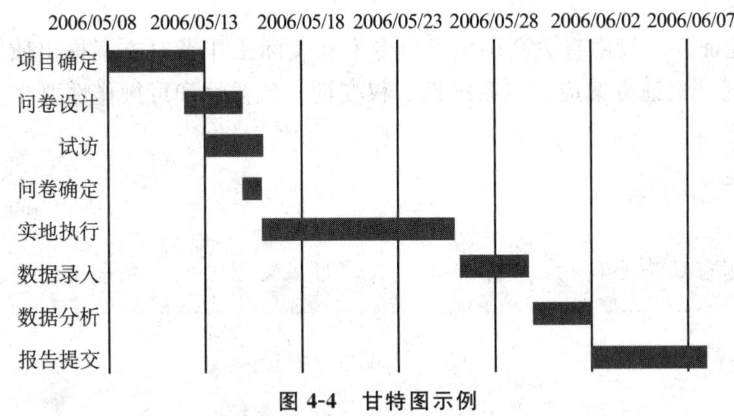

图 4-4 甘特图示例

▶ 6. 编制预算

公共关系在有限的投入内，想获取最大的社会效益和经济效益，就要进行科学的公共关系预算。公共关系的预算是指按照预定的目标，将完成任务所需要的费用一一开列出来。编制公关预算，首先要清楚地知道组织的承受能力，做到量体裁衣，还可以监督经费的开支情况，评价公关活动的成效。公共关系活动的开支构成大体包括行政开支(劳动力成本、管理费用及设施材料费)、项目支出(场地费、广告费、赞助费、邀请费及咨询费、调研费等)、其他各种意想不到的可能支出等。公共关系预算方法包括以下三种。

1）销售额抽成法

销售额抽成法即按其年度计划销售总额抽取一定的百分比作为年度公共关系预算经费。这种方法只能计算出年度公共关系活动经费的总额。因此，只适用于年度公共关系预算。

2）项目作业综合法

项目作业综合法即先列出公共关系项目计划及每项公共关系计划所需的费用细日和数额，核定单项公共关系活动预算；然后将年度内各个公共关系项目预算汇总，便可得出全年公共关系预算经费总额。这种方法具体、准确，既适用于年度公共关系活动经费的预算，又适用于项目公共关系活动经费的预算。但需要留有余地，以预防意外情况的发生。

3）平均发展速度预测法

平均发展速度预测法即运用历史资料计算出公共关系经费实际开支总的发展速度，并计算出平均发展速度。按照这一平均发展速度确定公共关系活动经费预算数额。采取这种方法，可以保证公共关系活动经费每年都有所增加。这对于持续地开展公共关系活动，并已经积累一定经验的组织比较合适。

▶ 7. 审定方案

审定方案是公共关系策划的最后一项工作。公共关系人员根据组织的现状，提出各种不同的活动方案，对这些方案进行优化和论证才能选定最终方案。审定方案工作可分为两个步骤。

（1）优化方案。就是尽可能地将公关方案完善化、合理化，提高方案合理值，强化方案的可行性，降低活动耗费。通常可采用重点法、转变法、反向增益法、优点综合法等方法进行方案优化。

（2）方案论证。一般由有关高层领导、专家和实际工作者对方案提出质问，由策划人员进行答辩论证。论证方案应满足系统性、权变性、效益性和可操作性要求。

课内实训

请你策划班级毕业典礼，要求分组进行，形成策划方案，并做出说明。

任务三　公共关系实施

公共关系实施是公共关系主体为了实现既定公共关系目标，充分依据和利用实施条件，对公共关系选定方案进行实际操作与管理的过程，将公关策划变为实际行动的过程。公共关系策划是公共关系工作过程的先导，而公共关系实施是整个公共关系活动的中心和关键环节。

公关实践

西达·斯普林斯社区医院(三)

西达·斯普林斯社区医院的公共关系人员已经为解决医院问题制订了两个基本战略：一是通过管理层的正面反馈，持续加强雇员心目中作为医院医疗队伍成员的价值感；二是通过增加来自病人的反馈帮助医生、雇员双方更准确地评价护理的总体质量。具体措施和执行情况如下。

1. 管理层正面反馈方面

医院制定了“优秀员工，优质护理”这一主题，通过以下五种方式传达给雇员、医生及其他公众。

(1) 在医院三个主要建筑物的入口处放置主题标志。

(2) 以此为主题重新给雇员设计生日卡片。

(3) 为通过 90 天试用期的雇员设计特别的员工标志，标明他们是“优秀服务者人员”。

(4) 制作印有主题标语的 T 恤，作为年度福利展览会上的参与礼品。

(5) 复兴“每月优秀员工”项目，在当地报纸上每月登出 24 寸的展示广告，展示获奖员工及“优秀员工，优质护理”这一主题。

2. 病人反馈方面

(1) 每季度进行对最近出院病人的调查，通过各种手段扩散调查结果，如医院简讯或员工餐厅餐桌上的告示牌等。

(2) 对医院政策做出调整，让来自病人的正面评价信件先到达相关部门，然后再被归档，而不是之前的直接归档，从而在医院雇员当中扩散病人的正面意见来信。

(3) 在每月简讯中加入一个“价值分享”的定期栏目，重点讲述病人的成功故事。

资料来源：奥蒂斯·巴斯金，克雷格·阿伦诺夫，丹·拉铁摩尔．公共关系：职业与实践[M].4 版．孔祥军等译．北京：中国人民大学出版社，2008.

想一想：

1. 西达·斯普林斯社区医院的措施是否合理？有没有更好的建议？

2. 西达·斯普林斯社区医院的措施在执行过程中可能会遇到哪些困难，需要哪些方面的支持？

一、公共关系实施的意义

▶ 1. 解决问题的中心环节

公共关系活动的发起是缘于问题的存在或出现，为此公共关系开展调查确认问题，开展策划制订解决问题的对策，而对策只有在现实中被实行，问题才能真正解决。

▶ 2. 决定了计划能否实现以及实现的程度和范围

策划是对未来行动的一种预见和设想，在它还是方案的时候我们只能预测它可能达到的效果。而只有通过实施，我们才能真实地看到计划到底能不能实现，是百分之百实现还是只有百分之五十被实现？其影响范围是全国性的还是地方性的？

▶ 3. 实施结果是后续方案制订的重要依据

不管公共关系实施的结果是成还是败，它都会是下一次公共关系工作开始的前提条件，它的经验教训也会为未来公共关系工作的开展提供有价值的借鉴。

二、公共关系实施准备工作

▶ 1. 人员培训

公共关系活动的成功来自实施人员一言一行的成功，所以在公共关系实施之前要组织相关工作人员认真学习研讨，明确活动的意义和目的，掌握公共关系方案实施工作内容的操作方法。对于不易掌握的工作环节，可以通过讲解、讨论、答辩、模拟训练来促使其正确掌握；有使用风险的方法要反复模拟演习，切实提高操作的把握度，把失误率降至最低；很重要的内容实施，应做好预案，确保万一某种方法失败时有其他的备用方法。

▶ 2. 物品材料准备

物品材料准备即根据公共关系方案要求，租赁或购置活动所需物品和材料，一般包括音响器材、摄影摄像器材、交通工具、场地布置物品、宣传材料、公共关系礼品等。

▶ 3. 对外联络

在公共关系活动开展中，为提高其影响力，一般会邀请某些重要嘉宾和新闻媒体记者到场。因此在活动开始前一定注意预先确定、邀请活动所需邀请的嘉宾人员，及时将活动安排和宣传计划告知新闻媒体，并提前联系相关的采访、报道、刊登和播放事宜。另外，为保证活动顺利进行，公共关系人员还需提前到相关政府部门办理活动所需要的公务报批手续。

▶ 4. 实施试验

对于影响重大或投入巨大的公共关系活动，有必要在公共关系实施方案实施之前将实施方案在一个或几个典型的、较小的公众范围做一些试探性试验。通过试验，一方面可以找到实施方案的不足和实施中存在的障碍，然后据此修改、调整、完善公共关系实施方案，确保公共关系活动实施取得成功；另一方面还可以发现公共关系方案的实施是否能导致既定目标的实现，如果不能，则可以及时终止实施或重新策划活动，避免重大损失的发生。

三、公共关系实施的管理

公共关系实施管理是对实施中的各要素及其阶段性实施目标进行管理，具体内容如下。

▶ 1. 人员管理

公共关系实施是一个不断变化和需要调整的动态过程，实施者需要依据整个实施方案中的要求和自己所处的环境、面临的条件采取相应的实施行动，如果这些行动失败，就可能导致公共关系效果的削弱。因此，公共关系实施中的人员管理应包括三个方面的内容。

(1) 要通过明确合理的分工安排及合作竞争并行的机制提高工作效率。

(2) 是要借助相应的规章制度和激励手段去调动人们的工作热情和积极性，同时也要监控他们的工作方法、质量。

(3) 努力营造团结、和谐、有效的工作氛围，促使大家同心协力，取得事半功倍的效果。

▶ 2. 沟通管理

公共关系实施的过程就是传播沟通的过程。传播沟通越通畅，实施效果越好。但是在传播沟通过程中通常会发生传播沟通障碍，从而影响实施效果。

公共关系沟通障碍主要有机械障碍、语言障碍、习俗障碍、观念障碍、角色障碍、舆论障碍、心理障碍、组织障碍等。公共关系活动企图通过传递信息改变公众的思想或行为，但其中会受到来自各个方面的干扰。因此，在公共关系实施中，一定要认真研究目标公众的生活方式、价值标准、利用大众传播媒介的习惯等，尽量避免主客观的干扰因素，并及时针对障碍产生的原因进行疏通工作，努力消除不良影响，使信息完整、客观、清晰地传递给接受者。

▶ 3. 进程管理

1）时机与进度控制

时机与进度控制主要涉及流程控制、环节衔接、各项活动开始时机的掌控，务必确保时间进度和工作任务进度相一致，实际进度和计划进度相一致。一旦发生实际进度与计划进度不一样的情况，必须立即分析寻找影响进度的因素，及时调整纠正。

2）资金物品管理

公共关系实施中随时需要经费开支和摄影、音响、通信器材和交通工具等各种物品器材的使用，因此涉及成本控制和物品管理工作。一般来说，应安排专人负责并及时登记在册以便有账可查，同时在公共关系实施过程中既要保障供给公共关系实施的需要，充分发挥财物的功效，又要避免不必要的损坏、遗失和浪费。

3）突发危机事件控制

公共关系实施中可能会发生一些严重阻碍活动实施、影响组织形象的突发事件。此时，公关人员应预先准备危机管理方案，并密切注意实施过程中是否存在各种矛盾和不协调因素，如实施环境有无障碍因素、新闻传媒有无不利报道、工作方法是否存在较大的风险、竞争对手有无对抗行为等，并及时加以化解与调整，以免情况恶化。

公关实践

亚都风波

5月30日是世界无烟日，1996年的这一天，颇具声势和规模的戒烟活动在全国各地接连举行。黄浦江畔的上海外滩，由上海市吸烟与健康协会主办的万人戒烟签名活动如期举行。政府官员、接受咨询的专家学者和闻讯而至的市民云集陈毅广场。以生产空调换气机在市场上“闹腾”得颇为火爆的北京亚都科技股份有限公司上海办事处斥资30万元，也介入了这次活动。在活动的前一天，亚都公司在沪上有影响的两家报纸上，以《亚都启事》为题打出广告：“请市民转告烟民——亚都义举，全价收烟”。

具体内容是，亚都公司按市价收集参加此次活动的烟民的已购香烟，并在公众的监督下集中销毁。力使活动顺利圆满，亚都的工作人员兑换了用于收烟的5万元零钱，购置了“销烟”用的大瓷缸、生石灰，并按当地商场的零售价格核准了烟价，可谓万事俱备。

上午10时，活动开始后，人群向亚都戒烟台前聚集并排起了长队。队列中既有老者，也有时髦女郎，还有小孩，这与亚都人设想中的烟民形象相去甚远，更引人注目的是，队伍中的许多人拎着成条的香烟，少者一两条，多者达20条，绝大多数还是价格不菲的“中华”“红塔山”“万宝路”等高档香烟，但从外包装上一眼就能看出是假烟。精于算计的上海人让亚都的工作人员乱了阵脚。收烟台前，为了烟的真假，吵嚷、争吵之声时有所闻。为使活动得以进行，亚都公司临时决定，每人只限换一条，香烟是真是假也不再计较。可烟民也有对策，让工作人员奈何不得。

下午2时，亚都公司的5万元现金已经用光，宣布活动结束。尚在排队的数百名烟民把收烟台和10余名工作人员团团围住，纷纷指责亚都公司说话不算数、活动内容和广告不符云云，并对工作人员有撕扯、推搡的现象。双方僵持了约半个小时，仍没有缓和的迹象。为平息事态，尽早脱身，工作人员只得拿出尚存的200件文化衫免费发送，之后，在闻讯赶来的保安、巡警的协助下，工作人员才得以离开广场。

想一想：

1. 亚都的公共关系活动在实施过程中为什么会出现问题？
2. 如果你是在场的相关工作人员，你会采取哪些应急措施？

任务四　公共关系评估

公共关系评估就是根据特定的标准，对公共关系策划、实施及效果进行衡量、评价和估计，即在肯定成绩的同时，发现新的问题，不断地调整组织的公共关系目标、公共关系政策和公共关系行为，使组织的公共关系成为有计划的持续性工作。

公关实践

西达·斯普林斯社区医院(四)

西达·斯普林斯社区医院的公共关系活动实施一年后，公共关系人员进行了追踪调查。他们再次使用最初的雇员调查的方法，又从1 226名雇员中随机抽取了300人，给每人寄去了一份调查问卷，内容与以前发起的调查的内容相似。同样的几个要素被再次测量，其结果如下。

因　素	平均打分	
	活动开始前	活动结束时
护理质量	6.6	7.0
病人对程序及检查的看法	5.7	6.2
雇员对病人的礼貌与尊重	7.4	7.8
五分钟内回应病人呼叫灯的次数	56%	81%

由此可见，雇员对医院整体表现的评价发生了显著的、肯定的转变。此外，公共关系部又同样分别对五名代表进行了深入访谈，结果显示雇员认为护理质量有了相当的提高。尽管雇员对护理质量的评价还是不及最初调查中出院病人的评分水平，但是评价的提高是确定的。因此，医院管理层得出结论，认为继续将病人的反馈提供给雇员应成为将来雇员传播项目的重要部分。

资料来源：奥蒂斯·巴斯金，克雷格·阿伦诺夫，丹·拉铁摩尔．公共关系：职业与实践[M].4版．孔祥军等译．北京：中国人民大学出版社，2008.

想一想：

1. 此次的评估结果说明了什么问题？

2. 此次评估对于西达·斯普林斯社区医院公共关系工作的开展有何意义？

一、公共关系评估的意义

公共关系评估是“四步工作法”的最后一步，对公共关系活动起着总结、衡量和评估的重要作用。

▶ 1. 帮助改进公共关系工作

通过公共关系评估，可以发现本次公共关系活动在策划和实施过程中存在的问题，通过研究问题原因，找到问题解决对策可以帮助组织进一步提升公共关系工作质量。

▶ 2. 为后续公共关系工作的开展提供必要前提

通过公共关系评估，可以确定在本次公共关系活动结束后，当前组织的公众舆论状态和关系状态究竟是什么样的，而这也是下次公共关系活动开展的前提基础。

▶ 3. 鼓舞士气、激励内部公众

通过公共关系评估，可以确定本次公共关系活动的成效，可以明确公共关系人员在努力之后得到的成果。成果越大，公共关系人员的成就感、自豪感就会越强，对未来工作就越会充满信心和干劲。

▶ 4. 促使领导人重视公共关系工作

通过公共关系评估，可以确定本次公共关系活动的成效，可以明确公共关系为组织创造的价值，促使组织领导人重视公共关系工作，保障公共关系预算。

二、公共关系评估内容

公共关系活动有不同的类型，同一类型的公共关系活动又有不同的工作环节，不同类型的公共关系活动评估要点不同，同一类型的公共关系活动的不同工作环节评估要点亦不同。

▶ 1. 不同类型公共关系活动的评估内容

按公共关系活动形式可把公共关系划分为日常公共关系活动和专项公共关系活动两大类。按公共关系计划制订时间的长短，可把公共关系划分为年度公共关系活动和长期(3～5 年)公共关系活动。

1) 日常公共关系活动效果评估

日常公共关系活动效果评估的内容如下。

(1) 组织的全员公共关系运作情况。

(2) 领导者开展内外部公共关系活动的情况。

(3) 全体员工的公共关系意识和行为表现情况。

(4) 组织的各部门在经营管理各环节上的公共关系投入情况。

(5) 组织内部公共关系协调状况。

(6) 公共关系网络和日常的组织沟通情况。

(7) 组织外部公共关系和人际协调情况。

(8) 组织的知名度和美誉度情况。

(9) 公共关系人员的工作状况。

(10) 公共关系人员与领导工作配合和沟通状况等。

2) 专项公共关系活动效果评估

专项公共关系活动一般均属重大公共关系活动，其效果评估的内容如下。

(1) 项目的计划是否合适。

(2) 其目标与组织总目标、公共关系战略目标是否一致。

(3) 项目的目标是否已经实现。

(4) 传播沟通策略和信息策略是否有效。

(5) 公共关系协调状况如何。

(6) 对公众产生了哪些影响。

(7) 组织的形象有何种改变。

(8) 项目预算是否合理。

(9) 对企业总体发展目标起到了什么作用。

3) 年度公共关系活动效果评估

年度公共关系活动效果评估是指对计划年度内所有公关活动进行总体评估，以总结经验，吸取教训，找出存在的问题，提供下一年度公关计划的依据，其评估内容如下。

(1) 年度公共关系计划目标是否实现。

(2) 年度公共关系计划方案是否合理。

(3) 实现状况如何。

(4) 年度内日常公共关系工作成效如何。

(5) 年度内单项公共关系活动的类型、数量及成效分析。

(6) 年度公共关系活动经费预算和使用情况及合理程度。

(7) 年度内外部公共关系的开展以及成效。

(8) 年度公共关系机构与公共关系人员的绩效情况。

(9) 年度组织的公共关系应变能力如何等。

4) 长期公共关系活动效果评估

长期公共关系活动效果评估包括某一长期公共关系项目及公共关系长期工作的成效分析，它是一个总结的过程，需要将日常工作评估结果、专项活动评估结果、阶段性工作评估结果一并结合，进行系统地分析，从而获得一个总的结论。

▶ 2. 不同公共关系工作环节的评估内容

因为在公共关系评估定义中，公共关系评估涉及的工作环节主要包括公共关系策划和公共关系实施，所以此处只探讨这两个环节。

1) 公共关系策划的评估要点

公共关系策划环节评估主要要点如下。

(1) 信息材料是否充分。

(2) 计划目标是否科学。

(3) 计划实施的总体安排、步骤是否可行。

(4) 日程安排是否科学和可行。

(5) 经费预算是否合理等。

2) 公共关系实施过程的评估要点

公共关系实施过程评估要点如下。

(1) 各项准备工作、沟通协调工作是否充分。

(2) 信息的准确度如何。

(3) 信息的表现形式如何。

(4) 信息的发送数量如何，质量如何。

3) 公共关系实施效果的评估要点

公共关系实施效果的评估要点如下。

(1) 了解信息内容的公众数量。

(2) 改变观点、态度的公众数量。

(3) 发生期望行为与重复期望行为的公众数量。

(4) 达到的目标与解决的问题。

(5) 对社会经济与文化发展产生的影响。

公共关系评价指标

$$知名度=\frac{知晓组织的人数}{被调查者总人数}\times 100\%$$

$$美誉度=\frac{赞誉组织的人数}{被调查者知晓组织的人数}\times 100\%$$

$$信誉度=\frac{信任组织的人数}{被调查者知晓组织的人数}\times 100\%$$

$$注意度(率)=\frac{被调查者都是看过组织信息的人数}{被调查者总人数}\times 100\%$$

$$熟知度(率)=\frac{被调查者中知晓信息50\%以上的人数}{被调查者总人数}\times 100\%$$

$$信息的传输率=\frac{新闻报道、广告等次数组织的人数}{应该报道的次数}\times 100\%$$

三、公共关系评估程序

1. 评估准备阶段

1) 设定评估目标并将目标具体化

设定评估目标是为了检验公共关系效果，也是检验公共关系工作的参照物。有了参照物才能通过比较来检验公共关系计划与实施结果是否有出入。评估目标的设定需要根据公共关系的实际情况实际对待，因此不同类型的公共关系活动其设定的评估目标不同。

设定了评估目标之后，需将评估目标具体化。一般而言，评估目标具体化一般是定量或者定性。如果公共关系评估目标具体为定量的话，这就需要评估人员设置出合理的量化目标；如果公共关系评估目标为定性的话，这就需要评估人员根据公共关系活动的侧重点不同对其各方面的性质做出评判。

2）选择适度的评估标准

不同的公共关系其评估的目标不同，因此其评估标准也不尽相同。公共关系评估标准众多，如何选择适度的评估标准是评估准备工作的核心工作之一，一定要结合公共关系实际情况做到因时因地制宜。

3）将评估过程纳入公共关系计划之中

评估不是公共关系计划的附属品或计划实施后的事后思考和补救措施，而是整个公共关系计划的重要组成部分。很多组织管理者对于公共关系评估认识不够、重视不足，最终影响到公共评估的效果以及评估成果的应用。因此，组织管理者尤其是组织最高管理者必须对公共关系评估予以足够的重视，对评估的方法、程序等方面予以充分的考虑和周密的筹划，并将评估过程纳入整个公共关系计划中。

公关实践

你能不能为我赚钱

一个独立的公共关系顾问正在寻找客户。潜在客户问道："你能为我做些什么？"公共关系顾问解释道："我能让你曝光。我能给你准备发言资料，让你上报纸。"这时，潜在客户已经变成不太可能得到的客户了。客户说："这个我自己也可以做到。我需要的是能帮我赚钱的人。"公共关系顾问说："那是营销，我做的是公共关系。"客户说："我的底线是赚钱，如果你对此没有贡献，那你等于什么都没做。我所有的支出都需要为我赚钱，否则我就不支出。这一点没有商量余地。"

资料来源：奥蒂斯·巴斯金，克雷格·阿伦诺夫，丹·拉铁摩尔．公共关系：职业与实践[M].4 版．孔祥军等译．北京：中国人民大学出版社，2008.

想一想：结合案例思考为什么要将评估过程纳入公共关系计划之中？

4）在公共关系部门内部取得对评估的一致意见

公关部门的负责人要认识到，即使是公共关系人员本身也不能一下子就把公关活动没有实物性的结果和它可测量的效果联系起来。要给公共关系人员足够的时间认识评估的作用和现实性，并允许他们通过自己的亲身经历体验加深这一认识，从而保证评估工作在进行过程中能够被认真对待。

▶ 2. 评估实施阶段

1）确定收集资料最佳途径

对于公共关系的评估，其资料收集的途径和渠道非常广泛，如何快速有效地选择收集资料的最佳途径是评估实施阶段需要解决的首要问题。在搜集有关评估资料方面，没有绝对的唯一最佳途径，方法选择取决于评估的目的、提问的方式及前面已经确定的评估标准，通常可采用问卷调查、媒体曝光率计算、产品销售率统计、客户来电等多个方面开展工作，确保得到真实有效的评估资料。

2）根据具体目标和评估标准进行有效评估

公共关系评估的实施必须以具体评估目标和评估标准为指导，客观公正地对评估要点做出评价，切忌带着个人感情色彩去评价。

▶ 3. 评估整理分析阶段

1）统计汇总各项评估资料

评估工作实施到一定程度后需要对得到的评估资料进行统计汇总。在统计汇总时必须坚持实事求是、客观准确原则，通过去粗取精、去伪存真等方式筛选出有效资料。

2）归纳分析评估结果

这一阶段主要是参考评估标准对所搜集的各种资料或信息进行分析比较、统计对照，检查既定公共关系目标是否达到，检查预算执行情况与效果。

3）提出问题分析原因

通过汇总分析各项评估结果，对于与评估目标不相符的方面需要提出问题，并且对这些问题进行深刻分析，寻找出问题产生的原因，对相关人员进行警示，避免今后继续出现同样的问题。

▶ 4. 评估成果报告阶段

1）向组织管理者报告评估结果

整理分析之后形成评估报告，向决策部门报告分析结果，一方面可以保证组织管理者及时掌握情况，有利于进行全面的协调；另一方面也可以说明公共关系活动在持续地保持与组织目标相一致及其在实现组织目标过程中的重要作用。因此，将评估结果向组织管理者报告，应该成为一项固定的制度。

2）评估结果的使用

对于公关评估结果的运用，主要体现在四个方面。

（1）用于调整公共关系工作计划，使计划更趋于科学合理。

（2）用于对新公共关系方案策划的指导，促进新的公共关系计划能够借鉴成功经验，吸取失败的教训，避开误区。

（3）用于组织决策的改进，对组织走向市场、为公众所认同与合作方面，有较大的决策参考价值。

（4）用于丰富公共关系专业知识，通过具体项目效果评估所得到的资料，经过抽象化分析，可以得到对指导这一活动有普遍意义的思想、方法与原则，从而进一步丰富公共关系专业知识的内容、改进组织全面的公共关系工作。

公关实践

爱奇艺独家牵手第71届威尼斯电影节

2014年8月27日晚，第71届威尼斯国际电影节开幕。其中，威尼斯电影节“爱奇艺中国之夜”是首次出现在威尼斯电影节这一国际最知名电影节官方日程中的由中国互联网公司主办的活动。作为国内首家与威尼斯国际电影节达成全球视频合作的中国视频网站，爱奇艺全程深度参与、跟踪报道电影节各项日程，惊艳亮相电影节多场官方活动。

2014年8月27日，爱奇艺创始人、CEO龚宇携爱奇艺威尼斯团队人员集体出席第71届威尼斯电影节开幕红毯，共同观看开幕影片《鸟人》。

8月29日，龚宇出席威尼斯电影市场开幕酒会并发表演讲，并连续会晤威尼斯双年展主席威尼斯电影主席，共同探讨磋商爱奇艺与威尼斯电影节未来的合作前景。

9月2日，爱奇艺影业总裁李岩松在“中国电影市场”论坛上与参会嘉宾共议中国电影机遇与挑战，他表示爱奇艺将以最大的诚意和努力与国际电影行业展开合作，推动中国及欧洲艺术电影走向全球。

9月3日，爱奇艺高级副总裁杨向华出席由意大利电影协会主办的“遇见中国”主题活动，向海内外电影同仁介绍中国视频行业发展为国际电影带来的变革与机遇。

9月3日晚，举办“爱奇艺中国之夜”。

此外，爱奇艺随本届威尼斯电影节同步上线的“在线影展”，6部网络专属影片+20部经典中外佳片再次刷新爱奇艺行业首创的“在线影展”互动模式，掀起网络版电影节大狂欢。

项目评估如下。

(1) 效果综述：活动获意大利双年展主席、电影节主席及电影市场主席、新华社、意大利电影工业协会等称赞，互相建立了良好关系。通过参与主办论坛，外界对爱奇艺品牌有了深刻印象，引起很大关注。通过市场品牌宣传、论坛和中国之夜，让更多原作者和影视公司对爱奇艺平台加深了了解，零散建立了许多关系，筹备未来合作机会。

(2) 现场效果：现场与釜山电影节洽谈成功，得到市场合作，继续在线影展计划。

(3) 受众反应：此次影展及中国之夜的举办得到中外优秀影视公司、影视机构业内人士的夸赞，并表示愿意进行后期合作。

(4) 市场反应：与组委会沟通威尼斯电影节官方在线影展，沟通意大利独立电影节的在线影展。同时有机会向海外推广网络大电影，与德国大版权方、韩国片库以及韩国艺人建立关系，美国的相关方面同大独立版权方建立密切联系。

(5) 媒体统计：中国之夜活动举办，预计200人参加，现场实际到达人数400余人。据电影节活动进展，发布官方新闻，总发布13篇，转发量共320篇。《北京日报》《南方都市报》《厦门日报》《北京商报》《深圳晚报》等多家国内外媒体及知名影评人周黎明推广转发，美国、意大利、俄国、德国、英国、丹麦等多国媒体均有转载 *VARIETY*(美国《综艺》)、*FORBES*(《福布斯》)、*CHANA DAILY*、*GLOBAL TIMES*、*SCREEN* 等国际最知名娱乐文化媒体均主动采访报道。意大利《微观世界》《欧洲侨报》、意大利《新华联合时报》、欧洲侨网、意大利侨网、新华传媒网等10家欧洲华侨媒体对威尼斯电影节进行了报道。后续有影视毒舌、综艺报、中国广播影视传媒内参、大众电影等多家媒体陆续进行深度报道。

资料来源：中国公共关系网编委会．2014年最具公众影响力公共关系案例集[M]．北京：企业管理出版社，2015.

要点总结

公关调研是公共关系工作程序的第一步，是为其他工作展开打基础。

公共关系策划是公关活动的核心，是在公共关系原理的正确指导下，对将开展的公关活动进行创造性的谋划并设计出公关活动方案的脑力劳动过程。

公共关系经过认真策划以后，便可以具体组织计划实施。

通过对公共关系活动效益的评估，可以了解和掌握公共关系计划实施是否达到了预定的目标，从而有利于总结经验教训，进一步提高公共关系实务的价值。

公关调查→公关策划→公关实施→公关评估，是公共关系工作的基本程序。

练习与提高

一、简答题

1. 公共关系工作程序包括哪几个步骤?
2. 公共关系调查的方法有哪些？各有何优缺点?
3. 公共关系策划因素有哪些?
4. 公共关系策划的程序有哪些?
5. 良好的创意在公共关系策划中有何重要作用?
6. 公共关系效果评估的内容是什么?

二、职业技能训练

设计一份学校食堂公关状态调查问卷。要求如下：

(1) 调查目的要明确，问卷和问句的设计要围绕调查主题；

(2) 包括一份完整问卷的四大部分；

(3) 封闭式问题不少于五个。

三、案例探讨

静佳八面女孩秋季社群互动营销

项目背景：

从夏入秋，换季出现的肌肤问题也开始成为众多爱美人士关注的焦点。

活动以秋季换季护肤作为诉求策划点，从消费者需求出发，将皮肤问题带入日常场景中来，以切身体会使用产品让消费者产生共鸣。用这种“精准场景化”的形式把静佳专业的皮肤护理方法传递给消费者，形成深度互动和交流。

项目调研：

《中国女性肌肤调研报告》显示气候和饮食对于皮肤也有很大影响。研究发现，中国南方的城市生活使妇女皮肤斑点多，北方气候使妇女干燥性皮肤发生率高。就全国范围看，30.8%的女性属于干性皮肤，气候和水质是形成干性皮肤的主要原因；25.6%的女性属于油性皮肤，在上海和江南等地区，由于饮食习惯偏甜，油性皮肤比较普遍；36%的女性属于敏感皮肤，在一些嗜好辣味食物的地区如四川省，女性皮肤除了呈油性之外，敏感皮肤的比例高达56%。

秋季肌肤容易出现各种症状，尤其是因为干燥引起的毛孔粗大、泛红、脱皮、痘痘、细纹、水肿、出油等。

项目策划：

为了能够更好地深入贯彻静佳植物护肤理念，同时抓住由夏入秋是肌肤问题多发季节，推出静佳秋季8大护肤解决方案。

静佳同新浪微博达成战略合作，共同发起“8分钱抢购静佳玫瑰天丝面膜”活动，通过微博平台，网友只需8分钱就可以获得一份静佳玫瑰天丝面膜。通过本次活动，吸引新客户的关注，并且增强产品体验。在得到大量新客户之后，推送秋季肌肤常见问题的症状，引起关注，进入高调宣传静佳秋季八面护肤攻略主题营销。

此次活动既是静佳对一直以来关注静佳的网友的回馈，又标志着静佳秋季护肤攻略正式拉开帷幕。

静佳大胆创新，联合新浪微博，通过微博平台直接完成支付的便捷购物体验。

媒介选择以新媒体为主。

项目执行：

2014年9月14日和15日，微博发出抢面膜3套预热海报，并与8大企业官微联合活动。

9月16日12点整，“8分钱抢静佳玫瑰天丝面膜”活动正式开始，配合创意长微博，平均每分钟销售1 666份面膜。

9月17日，发出促销创意海报，并将微博粉丝引流进入静佳官方旗舰店。

9月19日，店铺引流淘宝钻展、站内CRM、微博产品推荐粉丝互动。

9月20日，项目收官期，微博创意态度海报，8大企业微博联合活动喜报发奖。

项目评估：

“八面女孩秋季护肤”话题被1 367.9万人阅读，参与讨论8 820人次。2014年9月15日上午10点成功登录新浪热门微博。新浪微博官方显示，8万份面膜在48分钟内被抢购一空，成功激活百万沉睡粉丝。很多网友纷纷在微博评论：静佳的天丝面膜很好用，这次没有抢到，希望还能够有机会。从数字上看，静佳这一次又成功了，同时此次也成为微博平台销售的一个奇迹。当然，这也得益于静佳一直坚持植物护肤理念和重视用户体验的发展路线。

资料来源：中国公共关系网编委会.2014年最具公众影响力公共关系案例集[M].北京：企业管理出版社，2015.

问题：

1. 本次活动的受众是谁？他们的利益诉求是什么？
2. 本次公共关系活动成功的因素包括哪些？

四、拓展实训

某市有一家豪华公寓，周围景色迷人，服务优质，价钱合理。因交通不便，很多人担心购物困难，缺乏娱乐，故房屋多空闲，降价后也没有起色。公司决定通过公关推动销售。请你设计一个具体的公共关系策划方案，帮助该公司完成公关销售。

五、拓展阅读

公关策划的定义

公关策划的目标是指组织通过公共关系策划和实施达到理想的形象状态和标准。

公关策划即“公共关系策划”，是公共关系人员根据组织形象的现状和目标要求，分析现有条件，谋划并设计公关战略、专题活动和具体公关活动最佳行动方案的过程。

公关策划的核心就是解决以下三个问题：一是如何寻求传播沟通的内容和公众易于接受的方式；二是如何提高传播沟通的效能；三是如何完备公关工作体系。

1. 公关策划的原则

(1) 求实原则。实事求是，是公关策划的一条基本原则。公关策划必须建立在对事实的真实把握的基础上，以诚恳的态度向公众如实传递信息，并根据实事的变化来不断调整策划的策略和时机等。

(2) 系统原则。在公关策划中，应将公关活动作为一个系统工程来认识，按照系统的观点和方法予以谋划统筹。

(3) 创新原则。公关策划必须打破传统、刻意求新、别出心裁，使公关活动生动有趣，从而给公众留下深刻而美好的印象。

(4) 弹性原则。公关活动涉及的不可控因素很多，任何人都难以把握，留有余地才可进退自如。

(5) 道德原则。道德准则的核心内容是组织公关活动及其策划与从业人员行为的道德要求日趋加强。

(6) 心理原则。要运用心理学的一般原理及其在公关中的应用，正确把握公众心理，按公众的心理活动规律，因势利导。

(7) 效益原则。要以较少的公关费用，去取得更佳的公关效果，达到企业的公关目标。

2. 公关策划的程序

(1) 分析公共关系现状。应做好以下三项工作：审核已收集的公关资料，分析公关现状；明确公共关系存在的主要问题及原因；了解企业形象的选择和规划。

(2) 确定公共关系目标。公关目标分成以下几类：全新塑造目标；形象矫正目标；形象优化目标，以及问题解决与危机公关。

(3) 选择和分析目标公众。

(4) 制订公关行动方案。主要涉及以下四个基本问题：做些什么、怎么做、谁来做，以及什么时候做。

第一个问题提出了明确公关活动项目的要求；第二个问题提出了明确活动策略的要求；第三个问题提出了明确活动主体的要求；第四个问题提出了明确活动时机的要求。尤其要注意公关时机选择、重视细节、策动传播、选好公关模式等。

(5) 编制公关预算。公关预算主要分两类：一是基本费用，如人工、办公经费、器材费等；二是活动费用，如招待费、庆典活动、广告、交际应酬等。

3. 公关策划的技巧

(1) 要有鲜明的目的性。因为，大型活动要耗费很多资金，耗费很多人力、物力。这种情况下，我们为什么还要组织这样的活动呢？当然是为了企业的形象宣传需要，为了更好地吸引更多的股民去购买他的股票，这是它的目标。如果没有目的而耗费资金做活动，是不值得的。

(2) 有广泛的社会传播性。公关的大型活动，或者说大型活动本身就是一个传播媒体，一旦这个活动开展起来，它要跟媒介，尤其是大众媒介发生必然的联系。但是，由于活动本身就吸引了媒介的参与，吸引了公众参与，而通过媒介或者是通过公众把它传播出去，这个是我们在策划大型活动的过程中必须要考虑到的一个很重要的特点。只有这样才能保证我们把大型活动的信息传播出去，真正发挥它的作用。

(3) 严密的操作性。在组织大型活动的过程中，给我们成功的机会只有一次。在现实中，如果管理不善，大型活动很容易出危险、出问题。有这样的案例，某活动由于管理不善造成死人的事故。

模块五

公共关系的专题活动

>>> 经典语录

我对他们发表演讲，我被他们所激动。

——[美]史蒂夫·鲍尔默

>>> 知识目标

1. 了解公共关系专题活动的概念和特征。
2. 明确开展专题活动对组织的影响。
3. 掌握公共关系专题活动中具体实施的方法。

>>> 技能目标

1. 能有效策划和实施赞助活动。
2. 能组织一般性展览会。
3. 能开展庆典活动。

>>> 情景写实

和辉煌公关公司一直有着愉快合作的一家餐饮企业迎来了十周年庆，小刘的团队准备帮助他们策划一个特别的庆典活动，我们都来帮忙出出主意吧。

任务一　新闻发布会

新闻发布会又称记者招待会，是具有传播性质的一种特殊会议。它以某一社会组织的名义邀请新闻机构的有关记者参加，由组织的有关负责人宣布重要信息并接受记者采访。通过举行记者招待会，可以实现社会组织和新闻媒介的沟通，实现社会组织和广大公众之间的沟通，从而树立良好的组织形象，加强公众对组织的认可。

公关实践

资生堂世博会赞助活动新闻发布会

资生堂为了支持2010年上海世博的成功举行，于2009年6月30日在资生堂(中国)投资有限公司举办了世博活动新闻发布会。现场共有近50家中外媒体共同见证了此次活动，世博局的朱咏雷副局长、日本总领事横井先生也前来致辞，表达了对资生堂赞助世博活动的大力支持。资生堂的社名源于中国古典著作《易经》中的“至哉坤元，万物滋生”，新闻发布会以中国元素为主要线索，表达主办方对中国的感恩之情，并有效地告之公众，资生堂将成为上海世博会的项目赞助商。为了纪念上海世博会的开幕，感受上海的味道，提升上海城市的形象。新闻发布会上展示了资生堂专门为上海世博设计的限定版香水，此款香水取名为 SHANGHAI BOUQUET——上海花漪，其瓶身设计的灵感来自上海市花白玉兰优雅的白色花瓣，香味也是以白玉兰的花香为基调，香味有两个款式，一个是清灵香水，另一个是郁怡香水。此款香水可以供来上海旅游的游客观光留念，或作为馈赠亲友的礼品，预计从6月中旬开始在上海以观光点和酒店为主的10多个定点销售点进行销售。新闻发布会上，资生堂还启动了“世博城市之星”活动，以寻找“世博城市之星”为核心内容，号召广大市民从日常的节能环保做起，培养积极健康的生活方式，从而实现上海世博会的宣传理念。资生堂给广大消费者传达美容文化和美容理念，将以诚待客的理念传播给了大家，使世博的工作人员对美有了新的认识，提升了大家工作的热情，以更加饱满的工作热情投入忙碌的世博准备工作中。

想一想： 资生堂公司可以直接介入一系列的赞助活动，为什么还要召开新闻发布会告之公众，意义何在？新闻发布会的主要内容是什么，是围绕什么展开的？

一、新闻发布会的特点

1. 正规隆重

形式正规，档次较高，地点精心安排，邀请记者、新闻界(媒体)负责人、行业部门主管、各协作单位代表及政府官员。

2. 沟通活跃

双向互动，先发布新闻，后请记者提问回答。

3. 方式优越

新闻传播面广、报刊、电视、广播、网站，集中发布(时间集中，人员集中，媒体集中)，迅速扩散到公众。

二、新闻发布会的程序

1. 确定被邀请记者的范围

需要邀请哪些记者要根据公布事件发生的范围、影响来决定。

2. 确定时间和场所

确定日期，一是要及时；二是应当避开重大会议、社会活动。记者招待会在何处举行，要根据会议的主题来确定。

3. 确定主持人和发言人

记者招待会一般由公关部门负责人或办公室主任、秘书长等主持。

4. 准备发言材料和布置会场

资料包括会议程序、领导人的发言材料，送给记者的有关资料、单位对问题的理解、认识和感受等方面的文字资料。

会议要选择交通便利、安静而无噪声、有电话等通信设备的场所。

会议桌可以选择圆形或长方形的桌子，并分别标明“记者席”“主持人席”“工作人员席”，主持人和工作人员应佩戴写明姓名的胸牌。

主持人、发言人还应设置标明职务的姓名牌，以便记者识别。

准备好录音、录像设备、文具用品、饮料茶水等。

▶ 5. 制作经费预算

费用应根据所举行新闻发布会的规格和规模做出可行的经费预算。一般有场地费、印刷费、会场布置费、茶点费、礼品费、文具费、邮费、电话费、交通费等。

▶ 6. 组织会议

主持人的职责是把握会议的主题，保证不要离题太远，并要引导记者踊跃提问，遇到冷场时，可用轻松、幽默的语言活跃气氛，提高记者提问的兴趣和勇气。新闻发布会的时间一般控制在两小时之内。

▶ 7. 参观活动安排

可以配合新闻发布会主题组织记者进行参观活动，如观看设施、实物、成果展览、模型、图片等给记者创造实地采访、摄影、录像的机会，增加记者对会议主题的感性认识。

▶ 8. 小型宴请安排

在新闻发布会或参观活动后，邀请记者午餐或晚餐，以便进一步进行沟通。

▶ 9. 收集有关新闻报道

秘书要注意搜集到会记者采写、刊发的各类新闻稿件，分门别类地登记、分析，以便检验会议的效果。

公关实践

“舒肤佳”宣传推广医疗卫生理念

为了在山东省宣传推广医疗卫生理念，“舒肤佳”通过山东省爱卫会和山东健康教育所组织了“健康卫生三步曲（常常洗手、天天洗澡、处处打扫）”的理念宣传活动。借助新闻发布会和群众推广宣传活动达到了预期的效果。

新闻发布会由来自山东全省34家主要媒体的50余名记者参加，在新闻发布会上，安排了济南市少年宫的合唱团现场表演了为活动特别创作的《健康卫生三步曲》歌曲。为新闻发布会增添许多情趣，将会议的气氛推向了高潮。

群众推广活动于新闻发布会开始后的一个半小时后在济南市展开，在整个活动中，不仅有医学专家做现场咨询，济南市儿童合唱团和济南舞蹈队还分别进行了体现“健康卫生三步曲”的表演。活动时间是每天上午9：30～12：30，共举行了两天，估计有2 000人参加。1万个印有“健康卫生三步曲”标识的气球被派发给群众。

在活动中，由两个真人装扮的吉祥物出现在现场，在舞台上表演洗手、洗澡、打扫卫生等舞蹈动作，充分地向活动现场的观众传送了“健康卫生三步曲”的信息。这两个吉祥物的外形以舒肤佳香皂为原型，分别为粉红色和绿色，它们身上都有“健康卫生三步曲”字样的标识。

在活动的现场还布置了专家咨询台，有来自中华医学会和山东省的15名著名医师为现场的观众解答有关卫生习惯、肝炎、细菌性肠道传染病等方面的预防措施及早期治疗方法。

在活动的舞台前还设置了一条长12米、宽1.5米的“健康卫生三步曲——百万人签名”条幅供现场参加者签名。签名现场非常踊跃，许多人都争先恐后地以签名来表示对活动的支持。

想一想：

1. 试分析此次活动为“舒肤佳”树立健康卫生的专业形象起到了哪些作用？
2. 如何将新闻报道扩大到各行各业及各个领域？

三、新闻发布会的注意事项

召开新闻发布会要注意以下事项。

(1) 确定新闻主题，选择发布良机。

(2) 挑选媒介单位，落实宴请范围。

(3) 确定会议主持人，精选发言人。

(4) 处理好应回避的问题，制订各种应变措施。

公关实践

《泰坦尼克号》跨国打击盗版

《泰坦尼克号》这部世界电影史中堪称票房之最的商业电影，以其耗资巨大的专业制作和感人至深的爱情故事，赢得了来自不同国家和不同年龄的人们的广泛喜爱。《泰坦尼克号》在中国的放映同样获得了巨大成功，成为当年票房收入最高的进口影片，而电影的成功却被别有用心的人利用，盗版 VCD 猖獗。在影片播出一年之后，特别是在盗版 VCD 充斥市场之时，宣传公司成功地组织策划了正版《泰坦尼克号》VCD 上市的公关宣传活动。

为了给到场的来宾一个真实的体验，宣传公司安排了一个小型的时装表演，模特展示的正是当年杰克和露丝上船第一天穿着的服装。这个巧妙的安排使新闻发布会进入高潮并为摄影记者提供了绝佳的拍照机会。新闻专访在会后举行，客户发言人及其中方合作伙伴就打击盗版市场与记者举行了广泛的探讨。在正式上市活动的前一天，宣传公司又把国际和国内记者聚集在浦东香格里拉饭店，请《泰坦尼克号》电影的制片人约翰·兰度先生介绍电影制作背后的花絮。中国媒介与好莱坞的距离被缩短了。正式活动的当天下午，由二十世纪福克斯公司的发言人向中外记者介绍了当天晚会的精彩节目，积极地调动了媒介的兴奋度。晚上 6 时，主办方迎来了 270 位来宾，包括政府官员、新闻媒体、行业代表和企业赞助商。晚会的一切都是为了使来宾体验 1912 年杰克和露丝共进晚餐的那一夜。会场用仿古家具布置，如老式电话、照相机、皮箱、水晶吊灯等，还有现场小乐队演奏，无一不令来宾感到仿佛置身于当年的《泰坦尼克号》上。当红明星瞿颖和邵兵身着露丝和杰克出席最后的晚餐时的服装出现在来宾面前时，由张光北扮演的爱德华船长摇响了开船的汽笛，将香槟喷洒在来宾的酒杯中，晚会在欢呼声中开始了。来宾被引入宴会厅，立刻被立在大厅的巨型《泰坦尼克号》船头的模型所吸引。整个晚餐是按照《泰坦尼克号》上的菜单定制的，共 12 道菜。在晚宴的间歇，主办方安排了丰富的娱乐性节目，节目均取材于原剧，忠实于历史。瞿颖和邵兵走上船头，即兴表演了剧中的精彩片段，歌手一曲感人至深的《我心依旧》，使来宾重温了泰剧的浪漫主题。现场还安排了一场小型的时装表演，表演的舞台就在巨型船模上。模特们身着按原剧制作的戏服及其他欧式的怀旧礼服，将来宾带回了1870年。

正当来宾沉浸在浪漫的遐想中时，宴会厅的大门打开了。爱尔兰民族音乐响起，一群身着民族服装的舞蹈演员踏着欢快的步子舞进了大厅，再现了当年杰克带着露丝去三等舱跳舞的情景。来宾纷纷走上舞台，跳起了爱尔兰民族舞蹈。当约翰·兰度手捧奥斯卡金像奖走上舞台时，全场的观众雀跃了。大家争相与这位好莱坞大制片人合影留念。晚会在人们的欢笑声中结束。来宾带着美好的回忆，带着随柬奉送的正版《泰坦尼克号》VCD离开了会场。

《泰坦尼克号》正版VCD的上市发行与其电影的放映造成了同样的轰动，成为百姓议论的话题。第一批到货的正版VCD在上市活动举行后的24小时内全部售罄，并打破了以往任何VCD在中国的销售纪录。宣传公司在活动结束后的几周内还不断接到来自媒介和消费者的电话，询问去何处购买正版VCD。

《泰坦尼克号》跨国打击盗版之所以能获得如此大的成果，关键是宣传公司抓住了中国公众对电影所营造的浓郁的爱尔兰文化风情及浪漫爱情故事的深深热爱。宣传公司没有将宣传的重点放在理性的角度，而是偏重于传达正版VCD带给人们的情感价值，如电影所宣扬的真爱等情感因素，来调动消费者拥有正版VCD的购买意愿。为了重建人们对“泰坦尼克号”的兴趣，宣传公司设计了大型的产品上市活动。活动的主旨是原汁原味，即无论你看到的、听到的还是吃到的，都与你在电影中看到的一样。这一活动主旨鲜明地向消费者传达了正版VCD所含有的附加价值，并在真情、真爱与正版VCD之间架起了一座无形的桥梁。

想一想：这个案例给我们的启示是什么？

采用模拟法，要求按照新闻发布会的组织、召开程序进行模拟演练。

任务二 展览会

展览会是社会组织通过综合运用各种手段推广产品，宣传组织形象，搞好公共关系的一种专题活动。

公关实践

求新求异结硕果

美国实业界巨子华诺密克参加了在芝加哥举行的美国商品展览会，遗憾的是，他被分配在一个极偏僻的角落，这个角落是很少有游客光顾的。因此，为他设计摊位布置的装饰工程师萨孟逊劝他索性放弃这个摊位，等待明年再来参加商品展览会。华诺密克却回答说："萨孟逊先生，机会要靠自己去创造，不会从天而降。"华诺密克随即向他的公关部求援。公关人员明白了他的处境和要求之后，召开会议，集思广益，最后得出一条妙计：设计一个美观而富有东方色彩的摊位。萨孟逊不负所托，果然为他设计了一个古阿拉伯宫殿摊位，那摊位前面的大路，变成了一个人工做成的大沙漠，人们走到摊位前面时，就仿佛置身于阿拉伯一样。华诺密克对这个设计很满意，他让两百多名男女职员全部穿上阿拉伯的服装，并且特地派人去阿拉伯买回6只双峰骆驼来运输货物。他还派人去订做了一大批气球，准备在展览会开始时使用。这一切都是秘密进行的，在展览会开幕之前，不许任何人说出去。

这个阿拉伯式的摊位设计，引起了参加展览会的商人们的兴趣，不少报纸、电台的记者都报道了这个新奇的设计。这些报道引起了市民们的注意。展览会开幕那天，有很多人都怀着好奇心前来参观。这时，展厅内升起无数个彩色气球，升空不久，便自动爆破，落下来一片片印着一行很美观的小字的胶片，上面写着："当你拾到这小小的胶片时，亲爱的女士或先生，你的好运气就开始了，我们衷心祝贺你。请你拿着这胶片到华诺密克的阿拉伯摊位去，换取一件阿拉伯的纪念品。谢谢!"这消息马上传开了，人们纷纷挤到华诺密克偏僻的摊位，而冷落了那些开设在黄金地段的摊位。第二天，芝加哥城里又升起许多华诺密克的气球，引起了更多市民的到来。45天后，展览会结束了。华诺密克做成了2 000多笔生意，其中有500多笔是超过100万美元的大交易，他的摊位成为展览会中顾客最多的摊位。

资料来源：吕杰，张波，袁浩川．传播学导论[M]. 北京：科学出版社，2007.

想一想：这个案例给我们的启示是什么？

一、展览会的特点和类型

1. 展览会的特点

展览会的特点如下。

(1) 展览会是一种直观、形象和生动的传播方式。

(2) 展览会可以为某一组织提供与公众直接进行双向沟通的机会。

(3) 展览会是一种高度集中和高效率的沟通方式。

(4) 展览会是一种综合性的大型活动。

2. 展览会的类型

展览会的分类标准、类型、内涵和特点如表5-1所示。

表5-1　展览会的分类标准、类型、内涵和特点

分类标准	类　　型	内　　涵	特　　点
按展览会性质	贸易展览会	主要通过产品、实物的展示，来直接促成交易，展览和贸易同步进行，既展又销	面向目标客源，重点吸引的对象是展览会举办地的消费者公众
	宣传展览会	对组织及其产品和服务的宣传，配以图片、资料、实物等，达到与公众沟通的目的	不直接发生贸易活动

续表

分类标准	类　型	内　涵	特　点
按照展览会内容	综合展览会	全面介绍一个地区的情况，综合概括性强，能让参观者留下全面深刻的印象	这类展览会产品或服务品种繁多，规模庞大，组织工作复杂
	专题展览会	因某一特殊专题而举行的展览活动	与综合展览活动相比，其内容较少，规模较小，但主题鲜明，内容集中且有深度
按展览会地点的不同	室内展览会	在大厅或展览馆举行	不受气候影响，并可精心布置，展览效果较好，但展台租金较贵，且受空间限制
	露天展览会	一般在室外的广场、操场等空旷地带举行	不受空间限制，且投资较少，但受气候影响较大，因而展览时间不宜过长
按展览会规模的不同	大型展览会	一般由行业主管部门发起和组织	参展单位多，展品丰富，影响比较大，如国际旅游展览会等
	小型展览会	通常由若干社会组织或某个社会组织主办	参展单位少，规模比较小
	微型展览会	又称袖珍展览会，如橱窗展览、流动车展览等	这类展览看似简单，其实技巧性要求较高，举办得当，也能扩大社会组织的影响
按展览会时间的不同	固定展览会	一般在室外或某一固定空间举办，它又可进一步分为长期性展览会和周期性展览会	长期性展览会往往长期稳定不变，周期性展览会则是定期更换内容，而地点和名称不变
	流动展览会	也被称为一次性展览会	没有固定的举办地点，而是在展品的实际运用过程中宣传社会组织及其产品或服务的形象

二、展览会的组织与实施

▶ 1. 确定活动的主题

明确展览会的主题和目的、展览会的传播方式和沟通方式，确定整个展览会的领导者、策划者、执行者和工作人员。

▶ 2. 明确参观者的类型

使展览会的策划者和讲解人有针对性地准备材料。

▶ 3. 选择活动的地点

在选择地点上要考虑：方便参观者，展览会地点的周围建筑是否与展览会主题相得益彰，辅助设施是否容易配备和安置等。

▶ 4. 准备各种资料

展览会需要的资料包括录音、录像带、光碟、幻灯片、各种小册子、展览会目录表、招贴画等。

▶ 5. 构思活动的结构

公关人员要提前拟定出活动的整体结构，包括设计会标、主题画、整体布局、撰写前言及结束语等。

▶ 6. 成立新闻发布机构

新闻发布机构负责与新闻界联系的一切事宜，并制订信息发布的计划，如确定发布的内容、时机、形式等，公关人员应发掘展览会上有新闻价值的东西，以扩大展览会的影响。

▶ 7. 培训展览会的工作人员、布置展厅

展览会的成功与否关键取决于展览会工作人员的素质，因此，必须对所有展览会的工作人员进行培训。培训的内容包括专业知识展览技巧、接待礼仪等。布置展览厅时，要突出展品的特点，显出个性，扩大影响。还要考虑在展厅的入口处设立咨询台和签到处，并贴出展览会的平面图，方便参观者参观。

▶ 8. 进行经济预算

具体列出展览会的各项费用，加以核算，有计划地分配展览会的各项经费，防止超支和浪费。

▶ 9. 进行活动效果测定

展览会举办效果的评估是对实施展览工作所带来的社会效益的测量和评估。它主要体现在参观者对展品的反映，对组织的认识和对整个展览会举办形式和效果的看法等方面。

课内实训

为自己所在的学校周年校庆活动拟写一份领导的欢迎词。

任务三 赞助活动

社会赞助活动是指社会组织(主要是经济组织)通过对某一社会事业、事件无偿地给予资金及物质上的捐助或赞助，扩大组织的知名度和美誉度，使组织获得一定的形象传播效益的社会活动。

公关实践

兴发集团精心策划的公关“三部曲”

兴发集团健康食品公司地处内蒙古赤峰市，为了扩大在社会上的影响力，提高企业知

名度，先后策划了三个有影响力的公关活动。

一、健康食品公司举行“六一”免费赠筐活动

6 月 1 日上午 10 点左右，在公司直销门市部前开始赠筐活动。这项活动引起了电视台记者的兴趣，得筐的百名消费者成为义务宣传员，极大提高了公司在赤峰市的形象。

二、真情慰问赤峰市环保工人

7 月 15 日上午 9 点多钟，兴发集团健康食品公司的慰问车载着他们的产品和全体员工的慰问驶进环保局园内，受到热烈欢迎，环保工人激动不已，这项活动通过媒体传向社会公众，为公司塑造了良好的社会形象。

三、情满人间路，捐款资助大学生

赤峰市西露天矿的王海涛父母早逝，就剩兄妹三人，老大今年高考以元宝山区文科第一的优异成绩考入重点，但难以承担上大学的费用。当兴发集团得知这一消息后，在 8 月的一天，由团支部、办公室发起组织了一次“为王海涛同学献爱心活动”，广大职工纷纷捐款，筹资 17 000 元，引起社会各界的强烈反响。

想一想：

1. 策划公关专题活动的目的是什么？
2. 如何策划公关专题活动才能达到预期的效果？

一、赞助活动的目的和作用

▶ 1. 有利于树立企业关心社会公益事业的良好形象

企业通过对某些社会福利事业、社会慈善事业、社会公益活动进行赞助，可以在社会公众心目中留下关心社会、致力于公益事业的良好印象，受到社会舆论的好评，从而为企业赢得良好声誉。

▶ 2. 有利于提高企业的社会效益

开展赞助活动之后，企业赢得了广大社会公众的普遍好感，提高了企业知名度和美誉度，企业的整体形象也好了，虽然这些不能直接取得经济效益，但却为企业的生存、发展创造了一个良好的外部环境，提高了企业的社会效益。

▶ 3. 有利于扩大企业及其产品的社会影响，增强公关促销活动

企业在对公益事业，尤其是对体育比赛、文娱活动的赞助过程中，企业名称和产品商标等都会频繁出现在新闻媒介的广泛报道之中，进而形成一种广告攻势，使本企业的知名度大大提高，社会影响也进一步扩大。

公关实践

四通集团向未来投资

1992 年 9 月 12 日，中央电视台在新闻联播里报道了当天在人民大会堂举行的四通公司资助中国学科奥林匹克代表队颁奖的活动。

第二天，首都各大报纸纷纷报道了这一消息。从这项活动的内容、参加者的层次，以及公众对这一活动的关注来看，它在中国学科奥林匹克史上是空前的。由于四通公司独家

发起并迅速圆满地完成了这次活动，“四通”的名字又一次给广大公众留下了深刻印象。

这项活动的具体发端是在1991年。当时公关部参加了当年的学科奥林匹克归国汇报会，在领略到少年英雄艰难攀登的同时，也看到了选手们的好成绩是根植于孕育和培养这些未来科学巨星的那片土壤的。对这些智力健儿应该奖励，而且应该重奖，不仅如此，对站在这些少年背后的那些培育者也应该奖励。但是我们国家对此项活动的投入相对较少，选手、教练以及各代表队的经济状况是很窘迫的。那么我们四通公司能不能为此尽一点绵薄之力呢？四通公司公关部动起了心思。

1992年，又一度学科奥林匹克竞赛结束了。中国选手又取得了“大满贯”的绝好成绩。不久，体育奥林匹克大红大火起来。当舆论界把两个奥林匹克一冷一热的情况对比议论的时候，四通公司敏感地发现了社会对教育科技的忽略。这一情况促使四通公司公关部提议独家发起并完成这次集资捐助学科奥赛的公关活动。

四通公司公关部把这一提议向公司领导汇报，当时公司领导正在香港处理其他业务，接到公关部传真后，立即讨论并拍板决定，同意公关部的这项提议。公关部接到这一决定以后积极行动起来，于9月1日下午举行通报会，把这一决定通报给各界。参加会议的有国家科委、国家教委、中国科协，以及数学、物理、化学、信息学会的专家和领导，参与学科奥林匹克竞赛的各代表队的领队和教练员。

9月1日，四通公司成立了“为学科奥林匹克智力竞赛捐资委员会”，主席由集团公司执行副总裁李文俊担任，委员有公司副总裁张进、公关部部长李小列、办公室主任彭建伟。

捐资委员会9月4日以《四通人》快讯的方式向集团的全体同仁发出了自愿捐资的号召。此通告发出之后，得到全体同仁的热情支持，48小时以后，就收到集团所属企业和个人价值30余万元的捐款。

四通公司这次捐款的分配方式采用了一个被社会各界称为“非常恰当”的方式，即：

——为4个学科代表队所有的19位选手筹措读大学的助学金，每人每月200元，直到他们大学毕业。

——为每个队提供1万元资金以奖励教练员。

——为每个队提供2万元培训费，并把4套四通386微机及打印机赠送给信息代表队，为培养新的选手提供设备支持。

1992年9月12日，在人民大会堂云南厅隆重举行了四通公司资助中国学科奥林匹克代表队颁奖大会。

面对这样的义举，四通公司总裁段永基并没有丝毫捐助者的得意之色，反而诚恳地向接受捐助者说了一句：“拜托了!”他说：“高科技企业在国内外市场取得成功，需要源源不断的掌握最高技术的人才。人才哪里来，来自教育。企业界应向教育界说一声‘拜托了!’”他认为，未来的社会发展主要靠科学技术，而科学技术的后劲在中小学。在一代少年身上，他看到了四通公司未来发展的宏伟前景。段永基先生的这些话，说出了所有四通公司决策者毅然做出这个决定的动机。

首先，四通公司是一个高科技企业，它的创业及发展绝对离不开掌握高科技、新知识的人才。四通公司把公益投资向基础教育倾斜，事实上是为自己本身的长远后劲投资。其次，四通公司不可能脱离中国的时空，而成为超然的“地球村民”，它的根基扎在中国。如果中国没有一个重教育、重科技的气氛，四通公司自身的发展也是很艰难的，在这方面四通公司要带头营造这样的环境。最后，在巴塞罗那奥运会轰轰烈烈的对比下，四通公司也确实有一种鸣不平之感，这种感觉不仅是四通人独有的。四通公司的举动无疑或多或少地为公众争来了一种新的平衡。

从深远一点的背景来看，对教育的资助也是四通公司一贯的行为——近几年来，四通公司每年向一所中学提供办学资金25万元，以改善学校的办学条件；四通公司是首家向国家科委和团中央主办的“希望工程”捐款突破100万元的企业。

还有北京市连年举办的中小学生计算机程序设计大奖赛，以及每年9月的教师节，四通公司都投入了自己的奉献。

1992年，四通集团又向中国的基础教育投入了更高的热情，四通公司已不满足于集资助教，而是要和教育界一道，把教学成果转化为商品，转化为生产力，把“输血”变为提高本身的造血机能，成立了一个企、教联营的经济实体——四通教育科技公司。

集资捐助学科奥林匹克赛之举，使四通公司再次赢得了良好声誉。国务委员、国家科委主任宋健说：“四通集团以促进科技教育发展为出发点的赞助活动具有远见卓识，我代表国家科委感谢四通公司的首创精神和善意。”国家科委副主任朱丽兰说：“四通公司给不太直接相关的事业进行投资表明四通是最有希望的企业。”北京市市长助理、市教育局局长陶西平说：“四通公司是有远见的，着眼于21世纪的未来，所以才扶持这样一个事业。”清华大学计算机系教授、信息代表队领队兼教练吴文虎说：“中国有像四通这样的有识之士，高科技的未来就有希望了。”中国科协、北京市委、市政府、市教育局、市高新技术产业实验区，以及全国教育界、科技界的领导和著名学者也纷纷盛赞四通公司的义举。

资料来源：张岩松，王艳洁，郭兆平．公共关系案例精选精析[M]．2版．北京：经济管理出版社，2003.

想一想：

1. 四通为什么要选择学科奥林匹克赛作为赞助对象？
2. 企业开展赞助活动应坚持哪些原则？

二、赞助活动的类型

赞助活动包括以下几种类型。

(1) 赞助各类体育活动和文化活动。

公关实践

农夫山泉的“一分钱”活动

“再小的力量也是一种支持。从现在起，你买一瓶农夫山泉，你就为申奥捐出一分钱。”从2001年1月1日至7月31日，每销售一瓶农夫山泉都提取一分钱，以代表消费者来支持北京申奥事业，这就是农夫山泉的全民支持申奥的“一分钱”活动。

企业不以个体的名义而是代表消费者群体的利益来支持北京申奥，这个策划在所有支持北京申奥的企业行为中是一个创举。在商界，农夫山泉的举措无疑是英明的。事实上，农夫山泉自诞生以来，便与体育事业特别是中国奥运有着非同寻常的渊源。从1998年法国世界杯足球赛、中国乒乓球队历次国际大赛、悉尼奥运会，直到这次全民支持北京申办2008年奥运会主办权的“一分钱”活动，农夫山泉牵手中国体育事业的脉络清晰可见。

2001年1—5月，农夫山泉销量已完成2000年全年销量的90%，一份来自国内贸易局商业信息中心对全国38个城市近2 000家超市、商场的权威监测报表显示，农夫山泉天然水在瓶装饮用水城市市场占有率已跃居第一位。在奥运场外的夺金战中，农夫山泉的品牌含金量又多了一分。

想一想：

1. 策划活动中如何抓住体育精神与企业文化的同质性？
2. 如何以企业行为带动社会行为，使品牌得到更大范围的传播和认同？

公关实践

品牌建设，无限精彩

美国安利公司纽崔莱保健品自1998年进入中国市场以来，对产品推广和品牌建设进行了大量的探索与创新，成功将纽崔莱“自然的精华，科学的精粹”的产品理念植根于中国消费者心中。三届奥运跳水冠军伏明霞和奥运跳水冠军田亮相继代言的纽崔莱品牌形象广告，以朝气蓬勃的精神面貌和对理想事业的不懈追求，令纽崔莱“有健康，才有将来”的品牌理念深获认同并在神州大地广为传播，有力地带动了产品的销售。而多项融运动、营养、健康于一体的文娱康体活动的举办和体育盛事的赞助，包括举办安利纽崔莱首届10公里健康跑、赞助第21届亚洲男子篮球锦标赛、2001—2002国际泳联世界杯游泳赛等，令纽崔莱“营养、运动、健康”的现代生活理念深入人心，品牌知名度和美誉度不断提升。

想一想：从这个案例中你得到哪些启示？

（2）赞助教育事业。

公关实践

可口可乐的“中国情结”

2002年8月8日，全球品牌管理咨询公司与美国《商业周刊》合作，公布了全球100个最有价值的品牌。可口可乐战胜微软和IBM，又一次登上榜首，成为名副其实的全球第一品牌。在中国，可口可乐公司系列产品在软饮料市场的占有率达33%，81%的中国消费者知道可口可乐品牌。在整个中国地区，可口可乐雇用了大约1.5万名员工，从董事长到工人都是中国人。

2003年2月18日，可口可乐(中国)饮料公司对外界宣布：正式更换包装、启用新标识。这是可口可乐公司自1979年进入中国市场以来首次改用中文新标识，目的是使它更贴近中国消费者的生活。

可口可乐非常重视对社会的回馈，在教育方面做了很多捐赠。到目前为止，可口可乐在中国各地兴建了50所希望小学，为贫困地区的100所农村小学捐赠了一套希望书库。

1998 年洪灾，可口可乐还捐赠了帐篷。1998 年 3 月，可口可乐公司前董事长格拉斯·艾华士访华，宣布向“希望工程”捐赠人民币 500 万元，专门用于资助失学儿童。1999 年，在中国青年基金会的发起下，可口可乐(中国)饮料有限公司设立了“可口可乐第一代乡村大学生奖学金”，资助包括北京大学、清华大学等 55 所大学在内的近 700 名大学生完成学业。这些大学生都来自偏僻的乡村，并且是第一代在村里考取大学的青年，奖学金金额为 8 000 元，分 4 年提供。

想一想：

1. 这种类型的公关活动模式有何特点？
2. 开展这种活动时应注意什么问题？

(3) 赞助社会慈善和福利事业。

(4) 赞助社会公益事业。

公关实践

以儿童的名义……

最近，联合国粮农组织发表了一些触目惊心的数字：全世界有 8.4 亿人吃不饱饭，每天有 2.5 亿人直接或间接死于饥饿，其中 2/3 是儿童。联合国儿童基金会最新的一份报告也显示，经济合作与发展组织成员国中，1/6 即 4 700 万名儿童生活在贫困中。但对于联合国而言，资金短缺、项目无法运作是现实问题，联合国急需寻求赞助。为此，联合国秘书长安南在 2002 年 5 月就呼吁各国私营企业更多参与联合国帮助儿童的活动。

麦当劳作为一个长期致力于支持全球儿童公益事业的企业，在得到联合国秘书长安南的呼吁后，觉得是一个“回报社会，提升形象”的好机会，便做出积极响应。从 2002 年起，麦当劳成为联合国“世界儿童日”主题活动在全球的主要执行者和推动者，带动国际社会对需要帮助的儿童做出更多更实际的贡献。

2002 年 11 月 20 日，麦当劳公司与联合国儿童基金会举办了首届“麦当劳世界儿童日”活动，主旨是改善儿童健康，唤起人们对儿童事业的关心。这一活动在澳大利亚、巴西、中国、法国、日本、美国等全球 121 个国家近 3 万家麦当劳餐厅同时举行，规模浩大，形式多样，取得了良好的公关效果。

想一想：从这个案例中你得到哪些启示？

(5) 赞助各类研究活动、学术理论活动。

(6) 赞助宣传用品的制作。

(7) 赞助某职业奖励基金。

(8) 赞助专业竞赛活动。

公关实践

美国航空公司的 AYP 计划

美国航空公司为给未来的顾客——青年人留下一个良好的形象，每年都举办音乐大赛，提供优胜者奖金，并辅助高中学校的音乐教育。每年5月，该公司在纽约市卡内基纪念馆举办音乐大赛的颁奖典礼，并邀请世界著名的首席指挥为受奖人指挥。此外，还将音乐大赛的门票收入作为高中学校基金。这项活动在全美影响很大，由此更加深了美国航空公司在青年人心目中的"光辉形象"。

想一想：试分析如何将企业良好的形象信息渗透给未来的消费者？

公关实践

"蒙牛—超女"轰动效应

2005年中国的演出市场上，最为引人注目的现象就是湖南卫视的"第二届超级女声大赛"了。然而湖南卫视举办的第一届超级女声虽然产生了一定的影响力，但并没有引起太大的关注，可这一次却达到了轰动全国的效应。除了早期的春节联欢晚会，估计还没有哪一个电视节目会像"超级女声"这样，让那么多的中国家庭的电视机同时集中到一个电视台，让那么多媒体跟踪报道，成为全国城乡那么多百姓街头巷尾议论的话题。两届超级女声大赛为什么会有如此大的差异呢？关键就是在第二次大赛的背后，出现了一个中国商界的巨人——蒙牛乳业集团。

想一想：从"超级女声"的疯狂到蒙牛酸酸乳的相伴成功，我们能够学到什么东西呢？

三、实施赞助活动的程序

▶ 1. 确定赞助类型

确定赞助活动的类型要从赞助的目的出发。

▶ 2. 制订赞助计划

赞助活动计划是赞助目标的具体化，通常包括赞助范围、赞助对象、赞助形式、赞助费用预算、赞助实施步骤等内容。

▶ 3. 赞助活动的组织实施

为了扩大影响，赞助活动应举办一定规模的签字仪式，邀请上级领导、新闻记者、各界朋友参加，并在签字仪式上宣布赞助金额、展示实物。

▶ 4. 赞助项目的效果测定

在每次赞助活动中，社会组织公关人员都应注意赞助效果的检查测定。

四、赞助活动应注意的事项

▶ 1. 赞助对象要有较高的赞助价值

要优先选择各种慈善和福利部门、公共设施及教育事业。这样既能表明企业对社会的责任和义务，又比较容易获得社会各界的认同。

▶ 2. 严格控制赞助预算

赞助活动在财务方面要严格管理，以免资金被挪作他用，或被私人非法侵吞。社会组织还要考虑赞助额是否合理、适当，本组织能否承担，避免做力不从心的事情。

▶ 3. 淡化商业意识

赞助活动应设计新颖的赞助形式，淡化“商业意识”，要与做广告区别开来，即使要做广告也要以公关广告的形式出现，以免引起公众的反感。

课内实训

假设你是某汽车公司公关部的经理，请拟定一份赞助一位车手无后援自驾车30日环游中国大陆的计划书，要点包括项目的缘起、赞助的意义、赞助内容、车手的义务、相关公关宣传报道计划、其他内容等。

任务四 庆典活动

庆典是隆重地庆祝典礼。典礼是郑重举行的仪式。庆典活动的主要形式有奠基、落成、开幕、节庆、纪念、开业仪式等。

公关实践

全聚德135周年店庆大型活动

1. 公关目标

发扬“全而无缺，聚而不散，仁德至上”的企业精神，弘扬全聚德民族品牌，树立全聚德老字号的崭新形象，以店庆造市场，以文化兴市场，强化全聚德烤鸭美食精品意识，丰富全聚德企业文化内涵，激励全聚德集团的全体员工以百倍的信心迎接21世纪的挑战。

2. 公关策略

为了达到这一目标，准备举办“全聚德杯”有奖征集对联、全聚德烤鸭美食文化节、全聚德品牌战略研讨三项大的活动。这些公关活动的媒体选择上主要以报纸为主，兼有电视台、电台，并辅以本公司宣传刊物。

3. 具体计划

全年系列公关活动分为三个阶段，从序曲到高潮。

第一阶段：在含有元旦、寒假、春节、元宵节等节假日的第一季度与《北京晚报》、北京楹联研究会联合举办“全聚德杯”新春有奖征集对联活动；面向全社会开展《我与全聚德》征文、征集店史文物活动；着手整理资料，编辑、出版《全聚德今昔》一书。

第二阶段：在农历六月初六，即全聚德创建日的7月18日举办“全聚德建店135周年店庆暨首届全聚德烤鸭美食文化节开幕式”。

第三阶段：在金秋的10月份，借新中国五十华诞举办全聚德品牌战略研讨会。

资料来源：曾琳智．新编公关案例教程[M]．上海：复旦大学出版社，2006.

想一想： 策划具体的公关专题活动应注意哪些事项？把握哪些原则？

一、庆典活动的作用

▶ 1. 引力效应

引力效应是指组织通过庆典活动吸引社会舆论与公众的注意力。

▶ 2. 实力效应

实力效应主要是通过大型活动的举办，来彰显主办方的实力，让社会公众对企业品牌树立信心和信任感。

▶ 3. 合力效应

合力效应主要是通过活动庆典来对内凝聚企业员工或者是上层股东之间的向心力。

课内实训

为自己所在的学校庆典设计、制作一份贺卡。

二、庆典活动的组织

▶ 1. 拟定出席庆典仪式的宾客名单

嘉宾的确定直接关系到庆典的规模、层次和宣传效果。

▶ 2. 发放请柬

公关人员按照宾客名单写出请柬，并将请柬提前送到嘉宾手中。

▶ 3. 确定主持人和邀请致贺词的来宾并准备好答词

贺词和答词要热情洋溢，言简意赅，切忌冗长。

▶ 4. 拟定程序和接待事宜

如何选择恰当的形式和程序，是活动能否成功的关键。

▶ 5. 确定剪彩人员

参加剪彩的除单位负责人外，还应邀请来宾中地位较高、有一定声望的知名人士共同剪彩。

▶ 6. 安排助兴节目

安排助兴节目如锣鼓、歌舞等，以营造热烈欢快的气氛。

▶ 7. 组织参观

庆典程序结束后，可以组织宾客参观本单位的工作现场、服务条件、生产设施、商品陈列等。

▶ 8. 征求意见和建议

通过座谈会、留言簿的形式广泛征求意见与建议。

三、举办庆典活动应注意的事项

▶ 1. 活动要隆重

对于客户和消费者来说，一个活动的好与坏不是有没有内涵，因为很少有人去思考活动的内涵，多数人还是注重活动外在的表现，那么活动是否隆重对于客户和消费者来说就是一个很直观的感受，所以要想成功，要保证活动要隆重。

▶ 2. 举办要适时

活动的举办不是随意的，而是要选择好的时机，有利的时机能很好地促进活动的进行，提升活动的效果，比如举办节庆活动，就必须要在节庆期间举办活动，否则就失去了节庆活动的意义，获得的关注会大大降低，所以要注意适时举办。

▶ 3. 节俭举办活动

当下，全国上下都在提倡节俭办活动，尤其是大型的活动，这是中华的传统美德，也是我们的内在要求，节俭不是简单、不是应付，而是恰到好处，该省去的可以省去，不该省去的一定不能少，把握好活动的度。

▶ 4. 举办活动要适度

活动适度就是不能总是举办活动，比如商场如果是经常举办活动，给人感觉企业撑不下去了，只能靠活动促销生存，而举办活动需要成本，对于企业的发展也是不利的，所以要注意适度。

四、剪彩仪式

▶ 1. 剪彩准备

首先，剪彩的准备必须一丝不苟，包括场地的布置、环境的卫生、灯光与音响的准备、媒体的邀请、人员的培训等。在准备这些方面时，必须认真细致、精益求精。

除此之外，尤其对剪彩仪式上所需使用的某些特殊用具，如红色缎带、新剪刀、白色薄纱手套、托盘及红色地毯，仔细地进行选择与准备。

▶ 2. 剪彩人员

剪彩的人员必须审慎选定。在剪彩仪式上，最为活跃的当然是人，而不是物。因此，对剪彩人员必须认真进行选择，并且事先进行必要的培训。

▶ 3. 剪彩程序

1）嘉宾入场

剪彩仪式开始的前 5 分钟，嘉宾便应在礼仪小姐的引领下集体入场。一般来说，嘉宾中的剪彩者应前排就座，座位上应事先放好席卡。

2）仪式开始

由企业主要负责人宣布仪式开始，奏乐，然后介绍到场的嘉宾并对他们的到来表示感谢。

3）宾主讲话

由主办单位代表、上级部门主管部门代表、合作单位代表及社会知名人士先后发言。讲话的内容应具备介绍性、鼓动性、祝贺性，做到短小精悍、言简意赅。

4）进行剪彩

礼仪小姐在欢乐的乐曲声中登场，引领剪彩者按主办单位的安排站立在确定的位置，礼仪小姐的数量及站位都需要经过彩排。这时，拉彩者拉起红绸及彩球，在剪彩者剪断红绸、彩球落盘时，全体人员热烈的鼓掌。

5）后续活动

剪彩过程结束，主办单位可安排一些文艺、参观、联谊、座谈、签名、题词、就餐或继续参观等后继活动，具体做法可因剪彩内容而定，最后可以向来宾赠送一些纪念品，热情欢送他们离去。

公关实践

香港新展厅开业典礼

香港美时集团在我国是最早代理进口名牌办公家具的公司之一，业务范围包括全线办公家具系列、建材及家具生产。美时集团目前拥有近50个经销商遍布全国，在广东东莞还投资近3亿元建立了全国最大的占地10万平方米的大型生产基地。随着中国入世，美时以新展厅的开幕为契机，不断推出新产品，全面推进美时在全球的发展战略，为积极拓展中国及亚太区市场，创造了有利条件。

20××年9月20日，香港美时集团在招商局大厦举行了美时新展厅开幕仪式。开幕式在友好、祥和的气氛中进行。此次活动邀请了某电视台著名主持人时雨作为此次活动的主持，前中国足协主席年维泗等领导为开幕式作了简短致辞。美时集团的代表同嘉宾进行了现场剪彩、香槟祝酒。

为了营造现场热烈气氛，美时集团施放礼花庆祝此次开幕式的举办成功。TACTICS现场组装屏风演示让来宾耳目一新，体积庞大却轻松流畅的组装让与会人员从传统的观念中解放出来，流行与时尚是此次开幕式传达的一道别样风景。

与会的各界嘉宾同美时集团的代表进行了相互的沟通，就现代办公家具的发展方向及前景进行了深入的探讨。

想一想：

1. 开业典礼如何策划才能达到聚焦的作用？
2. 香港美时集团开业典礼的可取之处在哪里？

五、签字仪式

▶ 1. 签字仪式的准备

1）布置签字厅

由于签字的种类不同，各国的风俗习惯不同，因此签字仪式的安排和签字厅的布置也不尽相同。签字厅有常设专用的，也有临时以会议厅、会客室来代替的，但一般要选择较有影响的、结构庄严的、宽敞明亮的且适宜于签字的大厅。

2）确定参加人员

出席签字仪式的人员应基本上是参加会谈或谈判的全体人员。如一方要求让某些未参加会谈或谈判的人员出席签字仪式，应事先取得对方的同意，另一方应予以认可。但应注意双方人数最好大体相等。不少国家与企业为了表示对签字仪式的重视，往往由更高级别或更多的领导人出席签字仪式。

3）安排座次

我国的惯例是东道主签字人座位位于签字桌左侧，客方签字人的座位位于签字桌的右侧。

4）预备待签文本

负责为签字仪式提供待签的合同文本的主方，应会同有关各方一道指定专人，共同负责合同的定稿、校对、印刷、装订、盖火漆印工作。按常规，应为在合同上正式签字的有关各方，均提供一份待签的合同文本。必要时，还可再向各方提供一份副本。

▶ 2. 签字仪式的程序

1）正式开始

各国签字仪式的程序大同小异，以我国为例：双方参加签字仪式的人员步入签字厅，签字人入座，双方的助签人员分别站立于签字人员的外侧，协助翻揭文本及指明签字处；其他人员分主方、客方按身份顺序站立于后排，客方人员按身份由高到低、从中向右边排，主方人员按身份高低由中向左边排。当一行站不完时，可以按照以上顺序并遵照“前高后低”的惯例，排成两行、三行或四行。

2）签署文本

签署文本时通常是先签署己方保存的合同文本，再接着签署他方保存的合同文本。每个签字人在由己方保留的合同文本上签字时，按惯例应当名列首位。因此，每个签字人均应首先签署己方保存的合同文本，然后再交由他方签字人签字(由助签人交换)，其含义是在位次排列上，轮流使有关各方有机会居于首位一次，以显示机会均等、各方平等。

3）交换文本

此时，各方签字人应热烈握手，互致祝贺，并可相互交换各自方才使用过的签字笔，以示纪念。全场人员应鼓掌，表示祝贺。

4）举杯庆贺

交换已签的合同文本后，有关人员，尤其是签字人当场干上一杯香槟酒，是国际上通行的用以增添喜庆色彩的做法。在一般情况下，商务合同在正式签署后，应提交有关方面进行公证，才正式生效。

课内实训

请以小组为单位为学校附近的购物中心策划节庆专题活动方案。

任务五 联谊活动

联谊活动是指社会组织为了达到内部管理人员与员工之间、社会组织成员与社会公众之间，或者社会组织与社会组织之间联络感情、增进友谊的目的而组织的公关专题活动。

一、联谊活动的概述

▶ 1. 联谊活动的类型

1）企业联谊

企业联谊可以是同行企业之间的联谊，也可是不同性质企业之间的联谊。

2）社区联谊

社区联谊即邀请企业所在社会的政府、工商、税务、物价、公安、街道、居民等进行联谊。

3）顾客联谊

顾客联谊即邀请企业的顾客、用户代表参加联谊。

4）职工联谊

通过这种联谊活动，对职工的贡献及职工家属给予企业的支持，表示奖励和感谢。

▶ 2. 联谊活动的层次

1）感情型

感情型联谊活动如利用节假日、周年庆典出席对方的庆祝活动，互赠纪念品。

2）信息型

信息型联谊活动如各行业组织成员俱乐部或联谊组织，定期聚会，互通信息。

3）合作型

合作型联谊活动主要是通过项目合作，促进双方共同提高经济效益。

▶ 3. 联谊活动的举办

举办联谊活动要准备以下内容。

（1）明确主题。

（2）安排活动程序。

（3）确定时间、地点、场所。

（4）确定应邀对象。

（5）购买物资。

（6）布置场地。

（7）安排礼仪人员。

（8）派专人摄像。

（9）准备好讲话稿。

（10）准备好需要穿插的节目。

▶ 4. 联谊活动的注意事项

联谊活动的注意事项如下。

（1）选择适宜的联谊对象。

（2）采用恰当的联谊形式。

（3）突出人性化联谊创意。

（4）应用娴熟的联谊技巧。

二、参观活动

▶ 1. 开放参观活动的作用

开放参观活动的作用如下。

（1）扩大组织知名度。

（2）促进业务。

（3）为组织与公众直接沟通提供机会。

（4）形成一种压力，促使组织总体素质的提高。

(5) 消除公众对组织的误解或疑惑。

▶ 2. 开放参观活动的组织策划

1) 参观前的准备工作

参观前的准备工作如下。

(1) 确定开放参观的实践，注意合理性。

(2) 准备好宣传资料，主要是小册子、说明书、幻灯片、录像片和电影资料等。

(3) 准备好展览用的实物和模型，可以起到引导参观的作用。

(4) 准备好辅助设施和纪念品，如停车场地、休息场所、会议厅等。

(5) 挑选和训练工作人员，主要是接待人员、陪同人员和讲解员。

2) 参观过程中的接待工作

参观过程中的接待工作如下。

(1) 先给参观者分发资料，并请组织负责人讲话。

(2) 引导并陪同参观者沿着预定路线参观，同时做必要的介绍，回答提问。

(3) 如果参观时间较长，中间要安排休息。

(4) 参观结束后，可以安排座谈，最后分发纪念品。

▶ 3. 开放参观活动的注意事项

开放参观活动的注意事项如下。

(1) 开放参观活动需要平衡活动的主题与目标公众的需求，寻找最佳结合点。

(2) 在保守组织机密的前提下尽可能使参观者对组织有更加深入的了解。

(3) 妥善安排好开放参观活动的每一个细节，防止出现不必要的失误。

(4) 虚心听取公众意见，使开放参观活动收到更加积极的效果。

(5) 成立专门机构如筹备委员会负责统筹活动的开展。

课内实训

气象台预报天气时有偏差，老百姓的不信任感越来越强，请以小组为单位为气象台制订一个“开放日”活动计划，争取获得社会公众的理解。

三、文艺演出

▶ 1. 专场晚会演出的组织

组织专场晚会演出要注意以下几点。

(1) 明确目的。

(2) 邀请来宾。

(3) 安排座次。

(4) 分工明确。

▶ 2. 参加晚会的注意事项

参加晚会的注意事项如下。

(1) 注意仪容和服饰。

(2) 提前入场。

(3) 遵守公共秩序。

(4) 尊重演员。

四、联欢活动

1. 联欢会的前期准备工作及注意事项

联欢会的前期准备工作及注意事项如下。

(1) 确定形式和主题。

(2) 确定时间和场地。

(3) 选定节目和主持人。

(4) 彩排。

(5) 及时发出通知和邀请。

2. 主持人

选择主持人时应注意以下几点。

(1) 基础素质。

(2) 人格魅力。

(3) 语言表达技巧。

(4) 感情投入，富有激情。

(5) 主持人的协调与合作能力。

3. 联欢会的注意事项

举行联欢会的注意事项如下。

(1) 安排座次。

(2) 适时鼓掌。

(3) 献花。

(4) 印制节目单和观众须知。

要点总结

公共关系专题活动是社会组织为了达到预期的公关目标，以一个明确的主题为中心，采用特定的专门形式，有计划开展的各种社会活动，其形式多样、种类繁多。

新闻发布会是比较正规和隆重的公共关系专题活动。

展览会是社会组织通过综合运用各种媒介、手段推广产品，宣传组织形象，搞好公共关系的一种专题活动。

公共关系的赞助活动对社会组织发展具有特别重要的意义。

搞好庆典活动是组织与其内外公众广结善缘，振奋组织成员的士气，扩大组织的社会影响的好机会。

练习与提高

一、简答题

1. 召开新闻发布会应做哪些准备？
2. 如何组织与实施展览会？
3. 赞助活动有什么意义？
4. 如何组织庆典活动？
5. 如何成功地举办联谊活动？

二、职业技能训练

在正确理解赞助活动的公益性与功利性的基础上，制订一个参加赞助活动的公关计划。

三、案例探讨

2013 年，农夫山泉被《京华时报》连续报道水标准问题，极大地影响了其品牌声誉。

2013 年 5 月 6 日，农夫山泉举行了长达 3 个小时的北京新闻发布会，发布会由三个部分组成，第一部分由农夫山泉的董事长、总裁钟睒睒就标准问题全面阐述农夫山泉的观点。第二部分对“农夫山泉水标准不如自来水”事件过程进行回顾。第三部分是答记者问环节。

这次发布会不仅为农夫山泉做了辩护，而且对整个饮用水行业标准产生了影响。

问题：新闻发布会的优势何在？

四、拓展实训

训练项目：某公司开业庆典活动策划。

训练目的：掌握开业庆典互动的策划程序；学会开业庆典活动策划方案的编制；熟悉开业庆典活动的一般过程与内容。

训练内容：虚拟公司的背景材料，编制庆典活动策划方案。方案完成之后，通过角色扮演完成庆典活动的模拟。

训练组织：分组讨论，提出庆典活动的初步策划思路，形成文案提纲；分工起草公关策划文案草案；小组成员扮演相应角色，完成活动中的模拟。

五、拓展阅读

李国威：新闻稿是公关的痛

当人们不断谈论世界上最大的出租车公司 Uber 没有一辆车，世界上最大的酒店预订网络 Airbnb 不拥有一间房，公关这个以创意创新为核心的产业，早该革命了。

我参加了一个公关论坛，大家讲到创新、颠覆，说完了传播多元、渠道变革这些大话题后，有人提出，以后做活动，能不能不发新闻稿，革命吧。

叫好声一片，感觉不是出于对革命的激情期待，而是觉得写新闻稿这事太难太累，不如甩掉算了。

过了一段时间，我问那些当时特别激动的人："你们做活动还发新闻稿吗?"大家都无奈地说："还发呢。"

其实，我们还是提了很多想法，比如主旨信息用图片来表示、通过发言人来宣布、拍成视频传播，但是说到底，没有人觉得做公关、做活动可以没有主旨信息。

我承认，新闻稿占据了我们太多的时间和精力，这里不讲那些常年做产品发布，新闻稿已成套路，公关公司照模板码出"全新推出""秉承传统""全球领先""卓尔不群"等关键词的那种新闻稿，说的是我们对每一次活动、每一个新主张而反复斟酌纠结的新闻稿标题、导语、主旨信息和行文结构。

做公关的都说媒体老师难伺候，为了一个报道，给他打电话通报、见面沟通、安排行程、反复更改航班、应对食宿交通投诉等，把自己逼疯。其实，深入公关行业，把你逼疯的不是事儿多的媒体老师，而是看起来简单，整天为了省事儿要被革命掉的新闻稿。

我们承认所有行业都在革命，做一个没有新闻稿的活动，是不是可以比作"开一家不提供餐具的餐厅"？那么客人用什么吃饭？食物通过管道或者空气直接送进客人嘴里，或者客人自带餐具？对于公关活动，你可以不把主旨信息写出来，找别的方法灌输给媒体，可是，记者的传播行为，怎么能离开表达精准的文字？

你还可以说，互联网时代的传播，不需要媒体了，不用请媒体老师了，好的内容，自己会传播，自媒体会传播。是啊，不过，这就像童话故事看多了，觉得自己就是王子公主，看别人热闹的社交媒体传播，觉得自己的内容全世界都会关注一样不切实际。

童话看多了，还是要回到现实；案例看多了，还是要回到本职工作。我们固然有理想把每一次传播都变成经典，但是经典不是一蹴而就，人家用多少力气，花多少钱，用多长时间，做成一个有实效能获奖的案例，你拍拍脑袋就想做出来？

最近看到彭博社的一个视频采访，亿万富翁、对冲基金经理保罗·图德·琼斯建议商界人士都要向新闻专业学生学习。他认为，在时间就是金钱的社会里，管理决策者能够在读完前几段就弄清面临的问题极为重要，这意味着最宝贵的效率。

希望有更多的保罗·琼斯站出来替我们说话，希望写好新闻稿这件事不仅是公关躲不开的基本功，更是我们建立有效领导力的核心要素。

新闻稿又重要又难，第一难在是否能够抓住企业与公众的利益相交点；第二难在公关人认定的传播角度是否能得到企业老板的认可；第三难在标题、导语和内文的表述是否观点鲜明，文字清新，流畅不落俗套。

所以公关公司现在还能为一篇新闻稿收那么多钱，所以公关公司为什么痛恨企业采购部——写一篇新闻稿，码 1 500 字，你凭什么收 1 000 美元？

我从来不觉得创意可以用字数来衡量，好文一字千金，俗字一钱不值。收费的事让采购部去谈，我们要做的是把新闻稿这门手艺磨炼得更精，为企业、读者、媒体老师带来更大的价值。

对新闻稿，别想着长痛不如短痛，它就是长痛。

模 块 六

公共关系的危机管理

>>> 经典语录

要善于处世，不过，可别成为处世的专家。

——[英]佛兰西斯·昆尔斯

>>> 知识目标

1. 了解公关危机的类型、特征以及危机产生的原因。
2. 掌握危机发生不同阶段的处理策略与方法步骤。
3. 掌握危机处理的原则与技巧。

>>> 技能目标

1. 能够制订危机应急预案。
2. 具备化解各种危机的技巧，能应对各种危机。

>>> 情景写实

和辉煌公关公司一直有着合作的一家餐饮企业最近遇到一点麻烦，顾客在餐厅里不慎滑倒，双方各执一词，事情没有得到很好的解决，对餐饮企业的名誉影响很大，那么辉煌公关公司怎么帮助他们度过这次危机呢？让我们拭目以待吧。

任务一　公共关系危机的基本概念

所谓公共关系危机，是指组织在生存发展过程中，由于主观或客观的原因，企业与公众的关系处于极度紧张的状态，企业面临十分困难的处境。

公关实践

KFC 秒杀门

2010 年 4 月 6 日，肯德基中国公司推出“超值星期二”三轮秒杀活动，64 元的外带全家桶只要 32 元，于是在全国引爆热情。但消费者从网上辛苦秒杀回来的半价优惠券，却突然被肯德基单方面宣布无效。与此同时，中国肯德基发表声明称，由于部分优惠券是假的，所以取消优惠兑现。不过，消费者并不买账，认为是肯德基“忽悠”了大家，网友称肯德基这次陷入了“秒杀门”。

资料来源：林景新，唐嘉仪．2010 年十大企业危机公关实践盘点分析．博锐管理在线．

一、公关危机的类型

▶ 1. 引起危机的事件类型

引起危机的事件是指突然发生的危及公众生命财产安全，对企业形象造成严重损害的恶性事件，主要有以下几类。

(1) 不可抗拒的灾难。

(2) 重大伤亡事故和严重的生产事故。

(3) 规模较大的纠纷事件。

(4) 因企业决策失误、管理不善，或质量等因素引起的信誉危机及谣言流传或失实的新闻报道引起的危机。

▶ 2. 公共关系危机的类型

1) 按造成危机的原因分类

按造成危机的原因分类，可分为两类：主观原因造成的危机，如决策失误、行为不当及沟通不力等；客观原因造成危机，如公众误解、谣言传播等。

2) 按危机的严重程度分类

按危机的严重程度分类，可分为一般危机和严重危机。

3) 按危机的来源分类

按危机的来源分类，可分为内部危机和外部危机。

公关实践

巨能钙“有毒事件”，公关不当尝苦果

2004 年 11 月 16 日下午，《河南商报》告知巨能河南办事处，将有一篇关于巨能钙的批评报道于第二日见报。巨能河南办事处负责人即前往该报社进行沟通，表示只要该报不出该报道，一切都可以商量。11 月 17 日，《河南商报》以“消费者当心，巨能钙有毒”为题，披露巨能公司所销售的巨能钙含有致癌的工业用双氧水，引起舆论喧哗，国内各大媒体和网络纷纷于当日进行了转载，不少药店也将巨能钙撤下柜台，危机从河南迅速扩散到全国。11 月 18 日，巨能公司发布声明，承认巨能钙含有微量双氧水，但不会对人体有危害。11 月 19 日，巨能公司在北京召开新闻发布会，强调虽含有微量双氧水，但属于安全范围之内，要求国家权威部门就巨能钙“有毒无毒”进行评判，同时指出事件缘起于恶意攻击，并将追究《河南商报》混淆视听、不实报道之责。11 月 19 日下午，巨能集团发布致全国媒体和消费者的一封公开信。当晚，《河南商报》予以坚决回应，称销售受损是巨能公司咎由自取。在巨能与《河南商报》就巨能钙安全性进行争辩时，巨能钙在全国的销售则几乎限于停顿状态。12 月 3 日，卫生部的检测报告称“巨能钙过氧化氢含量在安全范围内”，巨能钙立即通过各地媒体通告了卫生部的评判意见及再致消费者的公开信。

在卫生部检测结果公布后，巨能实业副总裁则认为整个事件是北京某竞争对手策划的，而《河南商报》代总编辑则驳斥此种说法纯属造谣。

想一想： 运用公共关系相关知识对这一案例进行分析点评。

二、公共关系危机的特征

▶ 1. 潜伏性

危机的潜伏性是指企业的危机在一定的时期和环境之下不易为人察觉。

▶ 2. 突发性

危机的突发性是指公关危机在意想不到、没有准备的情况下突然爆发。

▶ 3. 危害性

危机的危害性是指危机不仅给组织造成财物的损失，而且会严重损坏组织形象，使组织陷入困境。

▶ 4. 关注性

危机的关注性是指危机一旦爆发即造成巨大影响，使组织成为社会舆论关注的焦点和热点。

课内实训

假定学校准备在12月9日当天晚上在足球场举行爱国主题晚会，但由于恶劣的天气，致使活动不能如期开展，请拟定一个应急方案，以消除或减少不利影响。

任务二 公共关系危机的成因

组织公共关系危机产生的原因很多，有企业内部原因和企业外部原因。了解公共关系危机产生的原因，对于采取正确的预防和处理对策有着十分重要的意义。

一、组织内部环境原因

内因是变化的根据。引起公共关系危机产生的内部环境原因主要是管理缺乏规范性、决策缺乏科学性、沟通缺乏主动性。

公关实践

金龙鱼“虚假广告事件”

2004年8月26日，媒体刊发了金龙鱼以中国粮油学会油脂专业分会副会长李志伟的名义和观点发表的文章《您的炒菜油是否健康?》，强调金龙鱼1∶1∶1调和油是最健康、最营养的一种食用油。文章同时指出，花生油黄曲霉毒素b1的中国国家标准高于欧美标准20倍，过量摄入容易形成肝中毒、肝昏迷、肝死亡，从而引起消费者的较大震动。9月6日，中国粮油学会曾就该文发表郑重声明：个别单位在媒体上盗用中国粮油学会油脂专业分会副会长李志伟的名义来宣传1∶1∶1调和油。声明同时指出，目前国内外市场上没有任何单一食用油或者食用调和油的成分能达到1∶1∶1的均衡营养比例。声明直指金龙鱼。9月10日，因金龙鱼1∶1∶1调和油里3种脂肪酸的真实比例为0.27∶1∶1，北京市工商局广告处以其涉嫌虚假宣传为名召集中央电视台和北京电视台广告部负责人，要求金龙鱼更改广告内容之后，再重新播放。9月13日，国内7家粮油名企联名向国家工商总局和北京市工商局递交“紧急致函”，要求工商部门叫停金龙鱼广告。

7家企业认为，这会引起消费者的恐慌，要求工商部门勒令停止一切与1∶1∶1有关的产品包装、标签及广告宣传。而在整个食用油大战中，鲁花、金龙鱼、公关公司均为了自身的利益参与进来，而置基本事实、国家标准及行业发展于不顾。

想一想：

1. 造成危机的根本原因是什么？
2. 对这次事故你将采取何种处理对策？

二、组织外部环境原因

外因是变化的条件。引起公共关系危机产生的外部原因主要是自然环境的突变、企业间的恶性竞争以及公众的误解。

公关实践

奔驰公司对“砸奔事件”的处理

某年12月19日，武汉森林野生动物园花89万元在北京宾士汽车销售中心购买了一台德国原装进口的SLK230型奔驰车。次年3月初，发现该车出现方向机漏油、汽车动力不足和汽车电脑程序紊乱等问题。经过奔驰公司5次修理，问题依旧没有得到解决。12月26日上午，他们用两把大铁锤砸毁了这辆奔驰车。发生这一事件后，奔驰公司的反应是：“我们对有关人士在这件事上所采取的极端的、没有必要的行为深表遗憾。”非但没有表现出处理这一事件的诚意，而且还推卸责任般地指出：问题的原因已被查明是由于客户使用非指定的燃油所致。一时间，“砸奔事件”在全国引起了轩然大波。从北京、武汉、山西等地纷纷传来了针对奔驰汽车的投诉，接下来奔驰公司便疲于应付来自各地的质量投诉和铺天盖地的媒体压力。

奔驰公司对“砸奔事件”的处理可以说是一个完全失败的危机公关案例。

想一想：

1. 出现危机时如何才能抓住第一时间立即采取有效措施，缓解危机，减少损失？
2. 技术、律师能否替代公关，奔驰公关败笔最根本的原因是什么？

三、公众的心理原因

▶ 1. 晕轮效应

所谓“晕轮效应”是指从对象的某些特征推及对象的总体特征，从而产生对对象美化或丑化印象的一种心理定式。

▶ 2. 近因效应

近因效应是人的一种知觉现象，指最近或最后印象的强烈影响。

▶ 3. 防卫心理

在防卫心理影响下，公众容易产生消极的思维判断。

▶ 4. 从众心理

从众心理是指在社会团体的压力下，个人不愿意因为与众不同而感到孤立，从而放弃自己的意见，采取与大多数人一致的行为，以获得安全感、认同感和归属感。

课内实训

通过网络、报刊等媒体，收集整理一个公关危机的案例，并完成以下操作练习：

1. 列出该公共关系危机产生的原因，要求 3 条以上。

2. 如果你是该事件中的公共关系主管，你将如何处理？请列出你的处理方案，要求 5 条以上措施。

任务三 公共关系处理危机的原则与技巧

处理危机的最优化原则就是做好预防和准备工作，居安思危，防患于未然。当然，如果危机已经发生，那么就要掌握主动，操纵局势，精心策划，化解危机。

一、公关危机处理的原则

公关危机处理的原则主要有以下几项。

(1) 态度积极，处理及时。

公关实践

一次，一名叫基泰丝的美国记者来到日本东京的奥达克余百货公司，她买了一台“索尼”牌的唱机，准备作为见面礼送给住在东京的婆婆。售货员彬彬有礼，特地为她挑了一台包装未启封的机子。

回到住所，基泰丝开机试用时，却发现该机没有装内件，因而根本没法使用。她不由得火冒三丈，准备第二天一早就去奥达克余交涉，并迅速写好了一篇新闻稿，题目是《笑脸背后的真面目》。

第二天一早，基泰丝在动身之前，忽然收到奥达克余打来的道歉电话。50 分钟后，一辆汽车赶到她的住处。从车上跳下奥达克余的副经理和提着大皮箱的职员。两人一进客厅便俯首鞠躬，表示特来请罪。除了送来一台新的合格的唱机外，又加送蛋糕一盒、毛巾一套和著名唱片一张。接着，副经理又打开纪事簿，宣读了一份备忘录，上面记载着公司通宵达旦地纠正这一失误的全部经过。

原来，昨天下午 4 点 30 分清点商品时，售货员发现错将一个空心货样卖给了顾客。

她立即报告公司警卫迅速寻找，但为时已迟。此事非同小可，经理接到报告后，马上召集有关人员商议。当时只有两条线索可寻，即顾客的名字和她留下的一张“美国快递公司”的名片。据此，奥达克余公司连夜开始了一连串无异于大海捞针的行动：向东京各大宾馆查询，没有结果。再打电话问“美国快递公司”总部，深夜接到回电，得知顾客在美国父母的电话号码。最后，终于弄清了这位顾客在东京期间的住址和电话，这期间的紧急电话，合计35次。

这一切使基泰丝深受感动，她立即重写了新闻稿，题目叫作《35次紧急电话》。

资料来源：赵宏中. 公共关系学[M]. 3版. 武汉：武汉理工大学出版社，2005.

(2) 诚恳坦率，真实传播。

(3) 勇担责任，万勿推卸。

二、公关危机处理技巧

公关危机的处理技巧如下。

(1) 镇定忌慌张。

(2) 谨慎忌犹疑。

(3) 尊重忌傲慢。

(4) 主动忌被动。

(5) 统一口径，多方出击。

课内实训

某高校连续几天陆续有同学因腹泻到校医务室输液，当地媒体闻讯到该校采访，因沟通不畅，导致媒体报道夸大其词，造成不良影响。学生对学校意见很大，家长与学校的上级相关管理部门纷纷致电询问。针对此情景，请每个小组为该校设计一份处理公共关系危机的计划，澄清事实，重塑形象。

任务四　公共关系危机发展的不同阶段及处理

危机发生以后，首先应该动用足够的人员和有效的调查手段，迅速查明情况，判断危机的性质、现状、可能后果及影响，制订应急措施。

一、公关危机发展的四个阶段

公关危机分为潜伏、爆发、蔓延、平息四个阶段。潜伏阶段是指组织的产品、管理、人员素质、政策环境等本身确实有问题或矛盾存在，但并未引起重视的阶段。爆发阶段是指不利于组织的事件刚刚爆发，已引起关注，但未造成不良后果的阶段。蔓延阶段是指危机事件已被相关公众知晓，危机如多米诺骨牌连串出现的阶段。平息阶段是指危机告一段落，企业要么土崩瓦解，要么重塑形象。

公关实践

“酸梅汤”事件

20××年7月26日，一家晚报刊登了这样一则新闻稿：以生产酸梅汤而闻名京城的某老字号饮料厂，因食品不卫生被市卫生防疫站处以1 700元罚款。

某公司不久前购进1 000瓶该厂生产的山楂蜜果汁，几名职工饮后出现恶心、腹泻等症状。市防疫站接到消息后，派监督人员前去检查，发现灌装车间苍蝇多，原料红果片中存在飞虫杂质，桂花酱桶盖上有虫；无成品库，墙角乱堆杂物，房屋破损不堪，消毒池里无消毒液等，当即通知禁止该批成品出厂销售，并处相应罚款。

该稿发出后，引起用户强烈反应，没几天，要求撤销的合同金额达60余万元。面对新闻媒介的监督与批评，该厂领导显得十分不冷静，他们没有认真检查自己的原因，反而以晚报报道严重失实为由，向区人民法院提出控告，指责报道多处失实，是市防疫站监督人员挟私报复。

区人民法院接到起诉后，经过认真的调查研究，确认了晚报的批评报道基本属实，饮料厂控告不能成立，原告败诉。

想一想：

1. 北京某饮料厂应如何面对媒体的批评报道？

2. 北京某饮料厂今后应如何做才能挽回影响，使企业进一步发展？请制订方案，写出措施及实施步骤。

二、公关危机不同阶段的处理策略及方法

▶ 1. 潜伏阶段

潜伏阶段要注重积极预防，防患于未然。

(1) 成立危机管理委员会。

(2) 进行危机预测分析。

(3) 撰写危机管理预警方案，制订公关危机处理程序。

(4) 对内进行应付危机的宣传。

(5) 对外建立处理危机的关系网。

▶ 2. 爆发及蔓延阶段

爆发及蔓延阶段，要注意迅速妥善处理。

1) 进入危机反应阶段

企业公关危机一旦出现，企业就应对其做出反应，具体的工作内容如下。

(1) 成立临时专门机构。

(2) 迅速控制现场。

2) 进入危机处理阶段

在这一阶段关键是要遵循正确的工作程序，确保有效地处理危机。

(1) 查明情况，形成报告。

(2) 确定对策，迅速落实。

① 首先，在企业内部应统一认识，搞好稳定工作，主要对策有协同行动；搞好救护和善后；挽回影响，追查原因。

② 其次，对受害者应妥善对待，主要对策有了解情况，承担责任；冷静地倾听受害者的意见和他们提出的赔偿要求；提供善后服务；尽快实施物质补偿；稳定工作人员。

③ 再次，要与新闻界积极配合，主要对策有统一发言口径；成立临时记者接待机构；谨慎传播；表示出与新闻界合作的态度；从公众的立场和观点出发，注意引导新闻界以公众的立场和观点来进行报道，不断提供公众所关心的消息；及时采取新闻补救措施。

④ 另外，要加强与上级主管部门的沟通，主要对策有及时准确进行汇报；定期和及时联系；总结报告。

⑤ 不能忽视业务往来单位在今后与本组织的关系，所以在危机事件中也要加强同他们的联系，求得理解，主要对策是传递信息；当面解释；书面表示歉意。

⑥ 还有一个比较重要的是消费者及其团体在危机事件中的作用，这一点也应高度重视，主要对策是疏通零售点渠道；疏通报纸广告渠道；热情接待消费者团体及其代表。

⑦ 最后，对企业所在社区居民也要表达歉意，力求创造良好的社区环境，主要对策是企业组织出面登门道歉；发表道歉广告；赔偿损失。

3) 进入重塑企业形象阶段

组织要想彻底转“危”为“安”，必须有效重塑企业的良好形象，消除危机带来的负面影响，再度赢得社会公众的理解、支持与合作。

公关实践

肯德基“苏丹红”事件

2005年3月15日，肯德基旗下的新奥尔良烤翅和新奥尔良烤鸡腿堡被检测出含有“苏丹红1号”。16日上午，肯德基要求所有门店停止销售新奥尔良烤翅和新奥尔良烤鸡腿堡。当天17：00，肯德基连锁店的管理公司百胜餐饮集团向消费者公开道歉，集团总裁苏敬轼明确表示，将会追查相关供应商的责任。

3月17日，《南方都市报》《广州日报》等媒体在头版头条，大篇幅刊登了关于肯德基致歉的相关报道。其他许多媒体也对肯德基勇于认错的态度表示赞赏。19日，肯德基连续向媒体发布了4篇声明，介绍“涉红”产品的检查及处理情况。

3月23日，肯德基在全国恢复了被停产品的销售。苏敬轼说：“中国百胜餐饮集团现在负责任地向全国消费者保证：肯德基所有产品都不含苏丹红成分，完全可以安心使用。”28日，百胜餐饮集团召开新闻发布会，苏敬轼现场品尝肯德基食品。百胜集团表示决定采取中国餐饮行业史无前例的措施确保食品安全。

4月2日，肯德基开始对四款“涉红”产品进行促销活动，最高降价幅度达到3折，肯德基销售逐渐恢复元气。6日，肯德基主动配合中央电视台《新闻调查》和《每周质量报告》等栏目的采访，记者的关注焦点已由肯德基“涉红”转变为对原料和生产链的全方位追踪。

至此，肯德基顺利度过"苏丹红"危机。

想一想：

1. 企业如何应付突发的危机事件，将危机的损失降到最低？
2. 如何使企业在危机过后树立起更优秀的形象？

▶ 3. 平息阶段。

平息阶段要分析原因，改进工作。

要点总结

企业在发展的过程中可能会遇到各种问题，危机常给企业带来巨大的损失，但机遇往往与危机同在。只要我们处理好有关问题，掌握危机处理的原则、策略与技巧，就能转危为安，重塑企业形象。

公关危机发生的阶段有四个：潜伏、爆发、蔓延、平息。公关危机事件发生前，要注意积极预防；发生中，要注意迅速妥善处理；发生后，要注意分析原因，改进工作。在危机发生中，组织的行为也要分为三个阶段，即反应阶段、处理阶段、重塑形象阶段。

练习与提高

一、简答题

1. 公关危机处理的策略和措施是什么？
2. 公关危机处理的原则是什么？
3. 如何进行危机的预控？
4. 危机处理的要点是什么？

二、职业技能训练

访问本地一家企业，与其消费者服务部门进行交流沟通，了解近年该企业接受的消费者投诉事件，学习处理该类事件的方法和技巧。

三、案例探讨

某律师在消费当地一家颇有影响的食品企业所生产的食品时，发现产品存在严重的质量问题。

于是，他与企业进行了交涉。企业接待人员研究后给其一个答复，但此后便没了下文。无奈，律师将有质量问题的食品拿到当地一家颇有影响力的报社，将情况反映给记者。该报社遂派记者到企业进行现场采访。记者们在企业拍摄到了很多违反国家食品生产规定的现场画面。企业领导发现后强行索要记者所拍资料，不成后，将记者扣留。在当地公安人员的解救下，记者们在被困1个多小时后得以安全返回。事后，该报以系列报导的形式将消费者反映的有关该企业的问题，以及记者在企业中所拍摄的材料、经历公之于众，企业经营一时陷入困境。

问题：该企业经营陷入困境的原因是什么？如果你是该企业的负责人，你如何处理此事？

四、拓展实训

实训项目：危机公关处理。

实训内容：通过角色扮演，模拟危机公关处理的各个环节。

实训目的：通过公关危机事件处理方案的演练，培养学生组织管理能力、应变能力、处理公关危机事件的能力。

实训步骤：

(1) 情境设定，自行收集或设定公关危机的情境和案例。

(2) 方案设计，制订危机处理方案。

(3) 场景布置，包括总经理办公室、公关部办公室、公司会议室等。

(4) 小组讨论，危机小组应该如何分工合作？

(5) 角色演练，危机处理模拟实战。

(6) 总结归纳。

实训要求：

1. 总经理模拟

(1) 弄清事故发生的原因。

(2) 讲清此事造成了多大的损失包括人身伤害，财产损失，工时损失等。

(3) 报纸、杂志、电视、广播等新闻媒体影响面。

(4) 企业内部情况分析。

(5) 听取与会者意见。

(6) 部署危机公关开展工作和其他相应部门的工作。

2. 公关部会议

(1) 贯彻落实总经理办公会议内容。

(2) 分析事件给企业带来的公关负面影响，挽回公众印象，重塑企业形象。

(3) 提出危机公关处理方案。

(4) 落实危机公关工作步骤，全面开展危机公关工作。

3. 应对策略

(1) 对内部公众。

(2) 对事故受害者。

(3) 对新闻传播媒介。

(4) 对上级领导部门。

(5) 对企业所在社区。

五、拓展阅读

向王石学习危机公关

当遭遇突发危机事件，很多企业和个人都本能地趋利避害，选择逃避的“鸵鸟战术”。

鸵鸟以为把头扎进沙子里，就不会再受到伤害，殊不知其裸露在外的整个腹背都会受到攻击。

简单粗暴的“围追堵截”式公关，只能让矛盾更加激化，积压更强大的对抗情绪。

王石是如何进行危机公关的？虽然故事发生在十年前，但对于如今的我们，依然有借鉴意义和学习价值。下面是王石的讲述。

2001 年 4 月，万科与武汉市东湖区政府签订协议，拿到四季花城地块。地块附近还有一个垃圾场，规划最近距离 800 米，最远为 1 100 米。协议明确规定：垃圾场会在万科买下地之后 2～3 年内关闭，随后进行覆盖、绿化。

项目施工阶段，苍蝇和臭味就已经在困扰工人们。但武汉万科认为，垃圾场在红线 2 000米之外，苍蝇和味道又只有夏天才有；加上这个垃圾场早已存在，武汉市民都知道，既然是都知道的，就是默认接受，问题不大。再说，反正入住以后垃圾场很快就会被关闭，熬也熬得过去。

2002 年年初，项目销售。6 月，部分业主开始关注垃圾场问题并在“万科论坛”上公开讨论。2003 年夏天，项目交付。此时，垃圾场违规扩建，加上夏季吹东南风，焚烧垃圾的气味严重影响已入住业主的生活。万科员工反复解释：政府已经承诺要关闭垃圾场。业主抗议一阵之后就不闹了，他们也觉得搬迁垃圾场是有希望的。

2004 年 4 月，业主间流传出一个消息：现在政府找不到新的垃圾填埋场地址，如果关了这个填埋场，政府没有其他地方可选择。另外，政府想利用这块地建一个垃圾中转站，把武汉的生活垃圾运到这儿来压缩，再装车运到更远的地方去。而垃圾中转站的使用寿命是 30 年。

于是，大规模群诉爆发了。

一、撤走保安

就在此时，我要去武汉大学演讲。业主得知消息后，要来演讲现场“找王石要说法”。武汉公司很紧张，建议我回避。我回答：“为什么要回避？到了武大演讲现场，我还能回避吗？”

赶去演讲途中，车被四季花城业主拦住了。我表示，武大演讲结束后，会专门去跟大家见面。业主表示不为难万科董事长演讲，但演讲一结束，抗议将立刻开始，并且要求必须到四季花城对话。

武汉万科总经理陪我前往武大。临近会场，看到站着一些穿蓝裤子白衬衫的小伙子。我问：“这是万科社区的保安员吗？”武汉万科总经理回答：“不知道。”

我说：“真不知道就好，但如果这些小伙子是咱们的保安员，那你犯了两个错误。第一个错误是派保安员，道理很简单，业主们是想制造压力，而不是来揍我的。维持秩序的保安员一旦与业主发生肢体冲突，反而是在制造负面新闻。第二个错误，你还撒了谎。”

几分钟后，我看到小伙子们撤走了。

讲演中我有些忐忑不安，就连同学们半途去上厕所回来，我都以为是业主进来了。我做好了业主冲击现场的准备，但是他们没有这么做，这令我感动。我决定改变行程，第二天去四季花城主动见投诉业主。

二、亲临垃圾场

见面地点在社区活动中心二楼。业主代表有四五十人，有打着白旗的，有头上扎白布条的。我一到，他们就高喊打倒武汉万科总经理。

我有点纳闷，应该打倒王石才对，怎么是打倒武汉万科总经理呢？业主七嘴八舌开始投诉，我明白了，武汉没有处理群诉的经验，一直在回避。

武汉公司作为新公司，面对经营压力和周边环境的不利因素，本能地选择趋利避害，自觉不自觉地回避垃圾场信息，怀有侥幸心理，一方面认为属于红线外问题，相信政府会履行承诺按期关闭；另一方面由于客户入住率不高，投诉声音不是很大，对垃圾场事件发展趋势没有充分估计到。

投诉出现后，销售现场还没有明示垃圾场的任何相关信息，销售人员对垃圾场问题也没有主动告知——这也成为后期客户就垃圾场事实知情权问题群诉的焦点之一。新垃圾场选址的工作也一直未成定论，垃圾场的扩容更增加了客户的担忧和不满。随着一期业主入住增多，二期A区业主办理交付，投诉量在一段时间内开始增多。

在这种情况下，武汉公司对潜在的危机认识不足，对政府部门的扩建行为及垃圾场运行过程中给业主居住造成的影响没有进行监测、评估和分析。在与业主的沟通中，公司仍被动地应对投诉，没有主动建立良好的沟通平台，客户对政府的不信任和对武汉公司的积怨由此产生。

沟通中，有位怀孕女士的发言让我震惊。她说，小区不仅可以闻到垃圾场的臭味，拾荒者烧一些废铜线的线皮，这会产生致癌二噁英，她要求休会，让我亲身体验一下。

换位业主的角度，我感到心情沉重，于是下决心，即使承受很大代价也要解决垃圾场对业主的困扰。

再同业主会面，我表态："对此事万科有责任，我们应该与业主共同面对，必要时给予赔偿。但今天不会有结果，请业主信任我，我一个月后再来跟大家见面，评估万科的行动能否见效，如何?"业主们同意万科董事长离开，离开前，热情邀请我合影。

三、开放透明

垃圾场事件如何解决？确实棘手。同万科的团队讨论解决方案时，我亮了一个极端方案：实在不行，允许业主退房。按照此方案，预计损失至少7 000万元，最多可能上升到1.3亿元，不确定的是如何补偿业主的装修部分。

团队明白了董事长不惜一切代价解决此事的底线，反而放下了心理包袱，多方寻找解决方案。

2004年5月，分管客户关系的解冻代表总部抵达武汉，负责前线指挥，落实：免费为业主安装纱窗、提供空气清洁器；协助政府积极寻找新的垃圾填埋场；与当地媒体充分沟通，以开放心态增加透明度。

在武汉的第一个星期，解冻代表瘦了10斤。

一个月后，我再次来到武汉，拜会市长，谈及垃圾场搬迁事宜。坐下来，还没来得及张口，李市长先吐槽了："武汉作为一个特大型城市，现在苦于为殡仪馆找地方，每天这个城市死多少人啊？殡仪馆不够用。但是把殡仪馆建在哪里，哪里都反对。"市长把我要谈的话给挡了回来。

如何见业主呢？武汉万科副总经理张旭拉上客户关系中心的段世忠，跑到垃圾场蹲点。没想到，这一蹲，竟看出点端倪来。

这个垃圾场是由世界卫生组织资助的，当初的设计标准很好，有详细的操作规范：倒一车垃圾，立马覆盖一层泥土。覆土不仅能把臭味压住，还造出一种无氧的环境，就不会发臭了。

可现状是什么呢？为了节省成本，垃圾倒完不覆盖，敞开一天，甚至几天都不覆盖。垃圾在武汉的高温炎热下腐败，招来蚊蝇，加重了污染。

因为垃圾场敞着，进而有许多拾荒者进来翻捡，垃圾与空气充分接触，臭味更加浓烈地散发。拾荒者捡电线的收入最高，捡到电线后在垃圾场外烧电线皮，燃烧产生二噁英，连同垃圾的气味一起飘散。

可行的方案是：万科接管垃圾场，我们买泥土，负责现场覆盖。同时，给予拾荒者一定补偿。

几个月来，第一次看到解决问题的曙光。

万科做通拾荒者领头者的工作，要求他帮我们管住下面的人。有一次，这个领头者的哥哥非要去捡垃圾，哥俩打了一架，从此以后，再没有人去翻捡垃圾，问题解决了。

这个事件后，万科客服系统总结出一句话："待在空调房里不可能找到解决问题的方法，到现场去才能。"段世忠在垃圾场蹲点了一个夏天。

据说，司机大哥都不愿意靠近垃圾场，去一次车里一个星期都有臭味；每去一次现场，衣服能臭一个星期，所以离开后必须赶紧换洗。但是，段世忠在这里足足待了几个月。

年龄偏大、学历不高的段世忠，现在已经成为武汉万科客户关系中心的负责人。他不仅能吃苦，还肯动脑筋，自己琢磨发明了一套维修工作法，"段世忠维修工作法"是万科集团至今为止唯一一个以人名命名的工作流程。

四、履约会见

垃圾场问题尘埃落定，客户却没有停止行动："王石答应我们的5台空调和5台空气清新机呢？王石不是还要再来见我们一次吗？"

公司的颜雪明律师起草了一封信，大意是："作为上市公司的董事长，我既要照顾业主的利益，也不能违背股东的利益。"意思是，现在问题解决了，就不用再补偿空调和空气清新机了。同事们也不同意我再去见业主，但我想既然答应过要见，他们也还惦记着，那当然要见。

飞到武汉天河机场，是中午时分，座谈会下午3点开，中间有一段午饭时间。武汉公司的车载着我在街上转了好半天，来到常青花园小区里的一个餐馆。餐馆很"特别"，大门背对着马路，朝着小区里开。

坐下来后，我问："王石是不是已经不能在武汉大街上吃饭了？"同事们一愣。

第一，王石没做什么不对的事情；第二，万科没有做什么见不得人的事。一个项目发展过程中碰到问题，我们必须和客户共同面对，共同寻找解决办法，怎么至于连吃饭都要找一个门朝里开的地方？

“还是换个地方吃饭吧！”

下午3点，准时与客户座谈。接近会议结束时间，一位同事提醒：“各位业主，王总马上还有另外的安排，我们会议就到此……”

我立刻插话说：“我专门赶过来听取大家意见，大家表达的意见我都已经听清楚了，并指派解冻代表代表我全权处理这些事情。如果你们除了刚才所谈的之外，还有其他要补充的，尽管说出来。我晚上确实还有安排，但如果你们觉得还没说清楚，还需要我留下来继续说的，我也可以留下来。”

业主没有再说什么。“现在，我可以去吃晚饭了吗？”

第二年，政府为垃圾场找到了新址，四季花城旁的金口垃圾场也就此关闭了。那年6月30日，四季花城二、三期交付的当天，场内所有垃圾全部覆盖完毕。

武汉万科同事和约70名业主在上面种植了5亩“万科林”。现在那里已经面貌一新，垃圾场的记忆渐渐被人们淡忘。

武汉垃圾场事件给万科带来了一个全新的文化和制度——红线外不利因素提示：在销售产品时，必须向客户提示项目范围内所有不利因素，以及项目红线外1 000米内所有不利因素。今天，走在万科每一个销售现场，都能清晰地看到这份文字提示，销售人员也会口头知会客户这些信息。

在一个组织中，正是深植于每个成员的文化意识构成了企业发展的内在动力。我们1%的失误，对于客户而言，就是100%的损失，衡量我们成功与否的最重要的标准，就是我们让客户满意的程度。这一点，我坚信不疑。

模 块 七

公共关系的礼仪

>>> 经典语录

端庄的仪表与整洁的服饰就是最好的推荐信。

——原一平

>>> 知识目标

1. 了解公共关系礼仪包含的内容。
2. 掌握公共关系礼仪的基本做法。

>>> 技能目标

1. 能够规范设计个人形象。
2. 能够得体地使用公共关系礼仪。

>>> 情景写实

今天，小刘接到一直合作的餐饮企业老总的电话，老总跟他抱怨说，来帮他们处理顾客摔倒事件的那位小伙子，每天穿着西装，打着领带，却穿着一双球鞋，说是方便跑得快，老总觉得他在顾客心里的形象掉分了。小刘此时也意识到问题的严重性，准备给员工进行公共关系礼仪方面的培训。那培训内容应该包括哪些呢？

任务一 仪表礼仪

仪表，即人的外表，包括容貌、表情、举止、姿态、风度等，是人们精神面貌的外在表现。仪表礼仪由静态礼仪和动态礼仪构成。静态礼仪指人们静止状态下所展现的整体外观礼仪，主要包括容貌、衣着和装饰等方面。动态礼仪指人们的举止和表情礼仪。

公关实践

曾经的松下幸之助

日本的著名企业家松下幸之助从前不修边幅，企业也不注重形象，因此企业发展缓慢。一天，理发时，理发师不客气地批评他不注重仪表，说："你是公司的代表，却这样不注重衣冠，别人会怎么想，连人都这样邋遢，他的公司会好吗？"从此松下幸之助一改过去的习惯，开始注意自己在公众面前的仪表仪态，生意也随之兴旺起来，现在，松下电器的种类产品享誉天下，与松下幸之助长期率先垂范，要求员工懂礼貌、讲礼节是分不开的。

资料来源：吴良亚．公关礼仪对塑造组织形象的作用[J]．财会月刊，2001(5)．

想一想： 为什么注重仪表会带来企业的成功呢？

一、仪容礼仪

仪容，通常是指人的外观、外貌，其中的重点则是指人的容貌。在人际交往中，每个人的仪容都会引起交往对象的特别关注，并将影响到对方对自己的整体评价。在个人的仪表问题之中，仪容是重点之中的重点。

▶ 1. 仪容礼仪的原则

1）美化原则

美丽端庄、刚毅优雅的仪容总是能让人在最短的时间内赢得别人的好感。因此，公共关系人员要特别关注和美化自己的仪容，这是形成良好社交形象的基本要素之一。

2）自然原则

自然是美化仪容的最高境界，失去自然的效果，那就是假，假的东西就无生命力，也没有美感。公共关系人员的仪容修饰就是要调动适当的修饰手段，显露出自然天资，掩盖不利缺陷，使自然美获得提升。

3）协调原则

协调是指一个人的仪容修饰应该与自身年龄、服饰、职业和出席的场合等相吻合，表现出一种和谐，这种和谐能给人以美感。比如化妆品色彩要与肤色协调，发型应与脸型、身材气质协调等。

4）礼貌原则

礼貌是要求仪容的修饰应相互愉悦，礼敬于人。因此，仪容修饰切忌以下几点。

(1) 忌在公共场合修饰容貌，在交易场所、办公室、宴会间及公众面前化妆都是一种失礼的行为。

(2) 忌非议他人的容貌修饰，因为文化素养、生活方式、审美观的不同，个人对容貌的修饰方式也会不同，不要依据自己的审美标准去评价别人的容貌修饰，这也是一种失礼的行为。

(3) 忌借用他人化妆品，化妆品属于私人用品，除非主人心甘情愿为你提供方便，否则不要借用他人化妆品，这是不礼貌的，也是不卫生的。

▶ 2. 仪容修饰的技巧

1）清洁是基础

清洁卫生是仪容美的基础，是礼仪的基本要求。不管长相多好看，服饰多华贵，若满脸污垢，浑身异味，那必然破坏一个人的美感。因此，公共关系人员必须养成良好的卫生习惯，做到入睡起床洗脸、洗脚，早晚、饭后勤刷牙，经常洗头洗澡，讲究梳理勤更衣。切忌在人前“打扫个人卫生”，如剔牙齿、掏鼻孔、挖耳屎、修指甲、搓泥垢等，这些行为都应该避开他人进行，否则不仅不雅观，也不尊重他人。

公关实践

泡汤的投资承诺

20 世纪 90 年代初，我国北方某省一位县长亲自出面接待一位想到当地考察投资建立制药厂的外商。途中两人谈话投机，外商深深为县长的口才所倾倒。通过初步考察了解，这位外商决定在该县投资。但是，当外商在参观即将被改造的该县原制药厂时，那位县长忽然一口浓痰涌上喉咙，再也憋不住了，“吧嗒”一声吐在了厂门口。这一行径，立即引起外商的厌恶，他马上反悔，提出收回投资承诺。事后，外商给县长写了一封语重心长的信：“您作为一县之长都这样没有修养，很难想象您的‘臣民’会是什么样子？建药厂是为了治病救人，而不讲卫生，则可能造成谋财害命的结果……”

资料来源：阿芳．一口痰的代价[J]．科技文萃，1994(4).

想一想：如果你是这位外商，你会怎么做？为什么？

2）面部化妆是重点

面部化妆是生活中的一门艺术，适度而得体的化妆，可以体现女性端庄美丽、温柔大方的独特气质，也可以突显男性刚毅有力、轮廓分明的性格魅力，能够达到振奋精神和尊重他人的目的。

对于公共关系人员而言，比较适合职业妆，要求与服饰及办公环境的气氛融为一体，色彩切忌过浓过艳。妆容应讲究精细，以淡雅的色彩为主。既要适合对内外人士近距离的接触与交流，也要能够表达你的品位。粗糙的妆容会影响自己的职场形象，也会因妆容不得体而和他人产生距离感。

职业妆的具体包括底妆(应选择有保湿效果的粉底，色彩为健康肤色和小麦色)、眼妆(适宜黑色眼线和珠光银色眼影)、睫毛(最好为黑色)、颊妆(色彩柔和为宜，不能浓于唇彩)、唇妆(应选择与自己唇色接近或略深的色泽，且有透明感的唇彩)、指甲(应修剪整齐，涂抹透明指甲油或营养油)。

公关实践

应聘空姐

某航空公司要面向社会招一批空姐，前来报名的人络绎不绝，其中有几个女孩，心想空姐是多么时髦的职业，找的都是那些漂亮的女孩，于是，几个姑娘就到美容院将自己浓妆艳抹地打扮一番。她们高高兴兴地来到报名地点，谁知工作人员连报名的机会都不给她们，就让她们走，看着别的姑娘一个个都报上了名，她们几个很纳闷：“这是为什么呢？”

想一想：

1. 工作人员为什么不给这几个姑娘报名？
2. 如果你要去应聘，应该怎么打扮自己呢？

3）发型是关键

任何一个人都可以通过某人的发型准确地判断出其职业、身份、所受教育程度、生活状况及卫生习惯，更可以感受出其身心健康状况和对生活事业的态度，因此对于公共关系人员而言，打造一个适合的发型，也是为自身仪容加分的关键环节。

(1) 各人的发质不一，不同的发质适合不同的发型。如自然卷曲的头发，留长发才能显示出其自然的卷曲美；服帖的头发最好将头发剪短，才能显示出发根的线条美；细少的头发应该留长发，将其梳成发髻；直硬的头发则尽量避免复杂的花样，应选择比较简单而且高雅大方的发型。

(2) 脸型不同，发型也适宜选择不同的发型。如椭圆形的脸，选择中分、左右均衡的发型，更能体现娴静、端庄的美感，若留一袭黑色直发披在肩头，更有飘逸之感；而三角形脸的特征是上窄下宽，选应选择波浪形发卷增加上部分的分量，也可用头发掩饰较为丰满的下部。不宜将额发向上梳，以免暴露额头太窄的缺陷，耳旁以下的发式不应再加重分量，也不宜选择双颊两侧贴紧的发型。

(3) 服装不同，相应发型也会不同。如着西装，适宜选择直发，就算是烫发也不能过于蓬松；着礼服，可将头发绾在颈后结低发髻，显得庄重、高雅；着皮制服装，可选披肩发、盘发、辫子等。

4) 香水是点缀

香水是美容的化妆品之一，也是居室中常备的物品。香水不仅能除臭、添香、止痒、消炎、防止蚊叮虫咬等，而且还能刺激大脑，使人兴奋，消除疲劳。

公共关系人员在使用香水时应注意以下几点。

(1) 香水洒在手腕、颈部，耳后、太阳穴、臂弯里、喉咙两旁、膝头等不完全暴露的部位，这样香味就会随着脉搏跳动、肢体转动而飘溢散发。

(2) 香水不宜洒得太多、太集中，最好在离身体20厘米处喷射，如果在3米以外还可以嗅到身上的香水味，则表明用得太多。

(3) 搽用香水后，不宜晒太阳，因阳光的紫外线会使搽过香水的部位发生化学反应，严重的会引起皮肤红肿或刺痛，甚至诱发皮炎。

(4) 不要同时将不同牌子的香水混用，也不要和身体其他部位(尤其是面部和头部)的香味相混合，因为那样会使香水变味或无效。

(5) 夏日出汗后不宜再用香水，否则汗味和香味混杂在一起，给人留下污浊、不清新的感觉。多脂多汗处忌洒香水，以免怪味刺鼻。

二、服饰礼仪

服饰是一种文化，它反映着一个民族的文化水平和物质文明发展的程度。服饰礼仪是人们在交往过程中为了相互表示尊重与友好，达到交往的和谐而体现在服饰上的一种行为规范。良好的服饰礼仪规范，能让和谐、得体的穿着展示公共关系人员的才华和美学修养，以获得更高的社交地位。

▶ 1. 服饰礼仪的原则

1) 整洁原则

整洁原则是指整齐干净的原则，它不要求服饰时髦和高档，只要保持服饰的干净合体、全身整齐有致即可，这是服饰打扮的一个最基本的原则。穿着整洁的公共关系人员总能给人以积极向上的感觉，并且也表示出对交往对方的尊重和对社交活动的重视。

2) 个性原则

个性原则是指社交场合树立个人形象的要求。不同的人由于年龄、性格、职业、文化素养等各方面的不同，自然就会形成各自不同的气质。公共关系人员在选择服装进行服饰打扮时，不仅要符合个人的气质，还要突现出自己美好气质的一面，为此，必须深入了解自我，正确认识自我，选择自己合适的服饰。首先不要盲目追赶时髦，因为最时髦的东西往往是最没有生命力的；其次要穿出自己的个性，不要盲目模仿别人；最后对于自己的服饰着装要自信，这样才能尽显风采。

3）和谐原则

所谓和谐原则，指协调得体原则。即选择服装时不仅要与自身体形相协调，还要与着装着的年龄、肤色相配。服饰本是一种艺术，能掩盖体形的某些不足。公共关系人员要借助于服饰，创造出一种美妙身材的错觉。不论是高矮胖瘦、年轻的还是年长的，只要根据自己的特点，用心地去选择适合自己的服饰，总能创造出服饰的神韵。

4）着装的 T. P. O 原则

T. P. O 分别是英语 Time、Place、Occasion 三个词的缩写字头，即着装的时间、地点、场合的原则。一件被认为美的漂亮服饰不一定适合所有的场合、时间、地点。时代不同、四季不同、早晚不同，服饰应有不同；办公场所、宴会会场、运动休闲场所不同，服饰应有不同；访友、拜会客户、接待嘉宾场合不同，服饰也应不同。

服饰的 T. P. O. 原则的三要素是相互贯通、相辅相成的。公共关系人员在社交活动与工作中，总是会处于一个特定的时间、场合和地点中，因此在着装时应慎重考虑，这是公共关系取得成功的一个开端。

课内实训

图中的着装分别适合什么时间、地点、场合？

5）着装的配色原则

服饰的美是款式美、质料美和色彩美三者完美统一的体现，形、质、色三者相互衬托、相互依存，构成了服饰美统一的整体。而在生活中，色彩美是最先引人注目的，因为色彩对人的视觉刺激最敏感、最快速，会给他人留下很深的印象。

服饰色彩的相配应遵循一般的美学常识。服装与服装、服装与饰物、饰物与饰物之间的色彩应色调和谐，层次分明。饰物只能起到“画龙点睛”的作用，而不应喧宾夺主。服饰色彩在统一的基础上应寻求变化，肤与服、服与饰、饰与饰之间在变化的基础上应寻求平衡，一般可选用同色搭配、相似色搭配和主色搭配三种方式进行色彩搭配。

▶ 2. 服饰规范

公共关系人员在工作中，男性主要着西装，女性主要着职业装，因此这里主要探讨西装和女性职业装的服饰规范。

1）西装的服饰规范

就目前来说，西装是一种国际性服装，是世界公认的男士正统服装。男士在所有社交场合都可以身着西装。因此，经常出入社交场合的男士应自备合体的西装。

(1) 西装的选择与穿着。西装的款式现可分为欧式、英式、美式和日式四大流派，其主要的区别在于领口、纽扣和开叉。在选择西装时，要充分考虑到自己的身高、体形，选择合适的款式。另外，还要注意选择合适的面料与颜色，西装的面料应该挺括、垂感好，一般宜选择全毛料制作。在颜色上宜选用黑色、深蓝色、深灰色等深色调，这样可适用任何正式场合。

选择西装时应注意不要太大，应合身。西装的长度应以其下摆垂到手的虎口处，袖口应垂下来到手腕。西裤腰围的大小应以裤子扣好后腰中能塞进一只手为宜，长度是以垂下来正好到皮鞋，两条裤缝笔直。系西裤的皮带应以黑色、庄重、典雅的牛皮皮带为好。

西装在穿着时要注意：单排扣西装在非正式场合可以不扣，以示飘逸的风度，在正式场合中可以扣上面的一粒或两粒扣，以示端庄。而双排扣在穿着时要全部扣上，而在坐下时可以解开下面的口子，以免坐久了衣服会弄皱，但站起来时不要忘记扣好下面的扣子。

(2) 衬衣的选择与穿着。衬衫是西装的一个点缀，具有美化西装的功能。一般而言，衬衫以淡颜色居多，最常用的是白衬衫，可以配所有的西服。而花衬衣、条纹衬衣可以配单色西装，单色衬衣可以配条纹或方格西装。在选择衬衣时，其大小以领口的大小为准。一般衬衣穿好后，扣好扣子，领子的大小以能塞进一个手指头为宜，这样，等系好领带后，可显得不松不紧。衬衣领子以小方领为多，领头要硬挺。

衬衣穿好后其衬衣领子应高出西装领子大约1厘米左右，衬衣袖子应长出西装袖口约1.5～2.5厘米为宜。穿西装时，衬衣应塞进裤腰内，衬衣内如要穿棉毛衫的话，最好要看不出痕迹，但最好不要穿棉毛衫。穿衬衣打领带时，衬衣最上面的一粒扣子应扣紧，包括袖口上的扣子都要扣好。如不系领带，衬衫的最上面的扣子应不扣。如衬衣单穿不系领带时，则袖子可以卷起，领子可以松开。

(3) 领带的选择与系法。领带是西装的装饰品，也是西装的灵魂。在正式场合下，如不系领带而穿着高级西装就显得苍白无力。领带的面料有毛织、丝质、化纤等，花色图案更多，领带的选色应与衬衫和西装相配。一般而言，男子的浑身服饰的色彩以不超过三色为原则，如藏青色西装可以配雪青色衬衫和天青色的领带，当然领带上可以有一些红或白的其他花纹图案，则可以起到“万绿丛中一点红”的效果，使着装者显得更精神。

领带的系法有讲究，一般先扣好衬衣领后，将领带套在衣领外，然后将宽的一片稍稍压在领下，抽拉另一端，领带就自然夹在衣领中间了，而不必把领子翻立起来。领带系好后两端应自然下垂，宽的一片盖住窄的一片，而且宽的一片的领带尖刚好与裤腰平起为宜，切忌领带压住或垂至裤腰下。如同时穿西装马甲或V形领羊毛衫，则领带应放置在背心或羊毛衫内。

领带的最重要部位是领结，不同的系法可以获得不同形状大小的领结。

领带的四种基本打法

1. 平结

平结是最常用的领带打法，也可以说是最经典的领带打法。风格简约，非常方便，领结呈斜三角形，适合窄领衬衫。

2. 半温莎结

半温莎结是一种比较浪漫的领带打法，近似正三角形的领形比四手结打出的斜三角形更庄重，结形比四手结稍微宽一些，适用于任何场合。在众多衬衫领形中，与标准领是最完美的搭配。如果是休闲的场合，用粗厚的材质系半温莎结，能凸显出一股随意与不羁。半温莎结可以让男性看起来更有风度、更有自信。

3. 温莎结

温莎结非常漂亮，属于典型的英式风格，其步骤在几种最常用的领带打法中也算是最复杂的了。一般用于商务、政治等特定场合。

4. 普瑞特结

与其他基本打法比较，普瑞特结的特点是开始打结时领带的背面朝外，这样做有一个好处，可以减少一个缠绕的步骤，领结形状似温莎结的端正，却又比温莎结体积要小，十分美观。

(4) 西装的帕饰。西装手帕也是西装的有机组成部分，装饰性手帕一般以白色居多，因为衬衣一般都为浅色，但也可以是与衬衣相近的其他颜色，以起到里外呼应的效果。如深色西装、浅咖啡衬衣可以配浅咖啡手帕；米色衬衣可以配米色手帕，显得别具一格。

(5) 皮鞋和袜子。皮鞋和袜子虽然穿在脚上不是十分引人注意，但还是男子穿西装时必须与衬衣、领带同等看待的重要配件。对于男士而言，深色西装最好配双黑色皮鞋，最规范的应是黑色的系带皮鞋。男子的皮鞋后跟不要太高，也不要打钉，否则走起路来“咯咯”响是很刺耳的。袜子最好是与西裤的颜色相同或与皮鞋的颜色相同，切忌选配浅色袜子。而且选袜子的时候，最好选袜筒长一点的，否则，坐下来露出一截皮肤是不雅观的。穿西装最忌讳的就是配穿旅游鞋、套鞋或布鞋。

(6) 领带夹与别针。穿单排扣的西装，由于不扣纽扣的时间比较多，人在做动作的时候容易使领带飘起来，因此，穿单排扣的西装应夹领带夹。领带夹应夹在衬衣纽扣数下来第 4～5 颗处，而别针可夹在西装左衣领上，约与衬衣第三颗纽扣齐平。如要领带夹与别针一起用，那领带夹和别针应是同款同色为好。

(7) 穿西装的程序。西装穿着具有一定的程序，正常的程序是梳理头发、更换衬衣、更换西裤、穿着皮鞋、系领带、穿上装。西装穿着程序也可以说是一种礼仪规范，不要等穿戴完毕后再照镜子梳头，容易把头皮屑、脱落的头发全梳在了西装上，走出去是极不雅观的。

2）女性职业装的服饰规范

职业装是指上班族上班时穿的服装，根据工作性质可把职业装分成两大类，即办公服和工作服。这里主要是指办公服。女性办公服在款式上宜选用套装、套裙为好。

(1) 套裙选择规范。西服套裙分为两种基本类型，一种是用女式西装上衣随意搭配一条裙子，称之为随意型；另一种是女式西装上衣和与之同时穿着的裙子为成套设计、制作而成，称之为标准型。标准型套裙一般用于正式、隆重的会议、迎宾接待的公务场合。

在选择套裙时，一要选择质地，上衣与裙子采用同一质地、同一色彩的面料，风格要合时，但不要过于时髦。上衣注重平整、挺括、贴身。裙子以窄裙为主，裙长及膝或过膝为宜；二要选颜色，西服套裙色彩，不仅要兼顾着装者的身份、年龄、性格、体形等，更要与着装者从事公务活动的具体环境协调一致。一般套裙色彩以冷色调为主，应当清新、雅气而凝重，以体现着装者的典雅、端庄和稳重。藏青、炭黑、茶褐、土黄、紫红等稍冷一些的色彩都可以，不要选鲜亮抢眼的。

(2) 套裙穿着规范。套裙的穿着有三个讲究：一是穿着到位，在常规正式场合穿套裙时，上衣的衣扣全部系上，不允许将其部分或全部解开，上衣的领子要完全翻好，衣袋的盖子要拉出来盖住衣袋，不能将上衣披在身上或者搭在身上，裙子要穿得整整齐齐；二是区分场合，职业装一般是在办公场合穿着，如出席宴会、音乐会时，酌情选择与场面相协调的礼服或时装，不适合在旅游购物或健身时穿着；三是整体和谐，要求从头到脚的整体和谐美，因此需要经常在服装上寻求变化，懂得如何巧妙地装饰、点缀，以免过于死板。

(3) 衬衫的穿着规范。与套裙配套的衬衫，面料上要求轻薄而柔软的自然面料为主，如真丝、麻纱和涤棉等，色彩上要求雅致而端庄，并且不失为女性的妩媚，除了作为基本色的白色外，其他各种各样的色彩，包括流行色在内，只要与所穿的套裙色彩相和谐，均可作为衬衣的色彩，但最好以单色为最佳。衬衫穿着时，下摆必须掖入裙腰之内，不得任其悬垂于外，或是在腰间打结。衬衫的纽扣要一一系好，除最上端的一粒纽扣按惯例允许不系外，其他纽扣均不得随意解开。

(4) 鞋袜搭配规范。工作场合穿的鞋，鞋跟不要太高太尖，中跟为好。细高跟适合晚礼服时穿着。鞋的颜色要和服装的颜色相配，总原则是鞋子的颜色必须深于衣服颜色，如黑色、深棕褐色、暗灰蓝色等最能方便地搭配正式服装、半正式服装的颜色，如果比服装颜色浅，那么必须和其他装饰品颜色相配。露脚趾的凉鞋是不允许在正式场合穿着的，否则会被认为缺乏教养，没有礼貌。

袜子被人称为"足上风光"。正式场合一定穿长筒袜或连裤袜。袜子颜色尽量与腿部颜色相近似。也可穿比自己肤色略深的颜色，这样腿部看上去会苗条些。腿部较粗的女士，最好不要穿黑色丝袜，否则会使腿部细的地方更细，粗的地方更粗，反而起不到扬长避短的作用。好丝袜要能看见肌肤，看不见肌肤会被人称为"老鼠腿"，而彩色、花色或带网眼的丝袜则禁止在职业场所中出现。

(5) 内衣和手袋规范。内衣是贴在女性身上的一层美丽。看一个女人的内衣，就可以了解她的生活方式和精神状态。内衣最好是同一色系同一款式，穿上内衣后，身体感觉舒适而隐在套装内，不会一目了然地展现在外面。注意内衣一定不准外露，内衣一定不准外穿。穿套裙时，尤其是穿丝、棉、麻等薄面料或浅色面料的套裙时，应当穿衬裙。

手袋是女性拎在手上的时尚。时尚品位感主要体现在外形、质地、包带、佩件和图案等。不同质地的手袋有不同的形象立体感，表面的纹理和光泽还会强化手袋立体形象感，因此有远看其形，近看其面的说法。手袋还要与身材相和谐。小巧玲珑的身材应选择精致小巧的手袋，而身材高大的女士适合款式大方、体积偏大的手袋。

课内实训

请说明公共关系人员着装要求，并设计自己的职业形象，要求课堂展示并说明。

三、举止礼仪

举止是一种不说话的“语言”，能在很大程度上反映一个人的素质、受教育的程度，以及能够被别人信任的程度。在社会交往中，公共关系人员的表情、行为、动作都会反映出自身的性格、心理、感情、素养和气质，同时又能表现出他与别人交往是否有诚意，更关系到个人和组织形象的塑造。因此，我们在交往中应该使自己成为举止优美的人。

▶ 1. 微笑——世界通行的货币

微笑是公共关系礼仪中最富有吸引力和价值的面部表情，微笑是表现自己友善、谦虚、渴望友谊的美好的感情因素，是向他人发出理解、信任、宽容的信号，所以微笑也就成为了“交际世界语”。公共关系人员在与公众打交道时通常被要求面带微笑，标准的职业微笑一般要求露出六颗牙齿。

公关实践

微笑胜过黄金

英国商人哈顿，一天到晚都在琢磨如何才能赚更多的钱，但是很遗憾，人们并不喜欢把钱花在他身上，这使他终日愁眉不展。而和他做同样生意的比利，却干得很轻松，钱包也越来越鼓。哈顿心中很纳闷，便前去求救，比利告诉他，很简单，你要对所有的顾客微笑，哈顿不以为然，但却试着做了，果然生意红火起来。

有一天，比利问他：“黄金万两和微笑，你要哪个？”哈顿说：“要微笑，因为黄金万两总有花完的一天，而微笑将永远给我带来财富。”

想一想： 这个案例带给我们什么启示？

练一练： 请你微笑，并让你邻座的同学做评判。

▶ 2. 目光——显示真诚的窗口

在人际交往中，目光是表达思想和情感的重要方式。在许多场合，眼睛比嘴巴更真诚，可以给人以更强烈的信息。如明澈的目光是坦诚和善的表现，用这种目光与人交流更容易获得别人的信任；麻木呆滞的目光代表冷漠或无能为力，用这种目光与人交流，会使人感到缺乏自信和热情。

▶ 3. 站姿——体态特征的有力表现

最容易表现体态特征的是人处于站立时的姿势。社交场合中的站姿，要求做到“站有站相”，注意站姿的优美和典雅。女性应是亭亭玉立，文静优雅；男性应是刚劲挺拔，稳健大方。正确的站立姿势应是腰部挺直，挺胸收腹，双腿并拢，两肩平直，头部端正，双目平视，两手自然下垂，贴于两腿间，或背于身后，或搭于腹前。站立时的人，从正面看去，应以鼻为点与地面作垂直状，切忌两腿弯曲或分得太开，更不能搔头抓痒，摆弄衣带、发辫、咬指甲等。

▶ 4. 坐姿——稳重优雅的体现

坐姿是人际交往中最重要的人体姿态，它反映的信息非常丰富。优美的坐姿是端正、优雅、自然、大方。入座时，要走到座位前面再转身，然后右脚向后退半步，再轻稳地坐下，收右脚。入座后，上体自然坐直，双肩平正放松，立腰、挺胸，两手放在双膝上或两手交叉半握拳放在腿上，亦可两臂微屈，掌心向下，放在桌上。两腿自然弯曲，双脚平落地上，男士双膝稍稍分开，女士双膝必须靠紧，两脚平行，臀部坐在椅子的中央(男士可坐满椅子，背轻靠椅背)。双目平视，嘴唇微闭，微收下颌，面带笑容。起立时，右脚向后退半步，而后直立站起，收右脚。切忌在正式场合跷二郎腿和摇腿。

▶ 5. 走姿——精神风貌的展示

行走是人生活中的主要动作。从一个人的走姿就可以看出其精神是奋发进取或失意懒散，以及是否受人欢迎等，它最能体现出一个人的精神面貌。标准的走姿要求行走时上身挺直，双肩平稳，目光平视，下颌微收，面带微笑；手臂伸直放松，手指自然弯曲，摆动时，以肩关节为轴，上臂带动前臂，向前、后自然摆动；身体稍向前倾，提髋屈大腿，带动小腿向前迈。切忌弯腰驼背，歪肩晃膀，也不适宜急忙奔跑，若有急事应尽量放轻脚步，如果周围人多，必须向周围的人说“对不起”，侧身从人群穿过。

▶ 6. 蹲姿——别忘了优雅

蹲姿一般以下列两种为宜。

1）交叉式蹲姿

下蹲时，右脚在前，左脚在后，右小腿基本垂直于地面，全脚着地，左腿在后与右腿交叉重叠，左膝由后面伸向右侧，左脚跟抬起，脚掌着地，两腿前后靠紧，合力支撑身体。臀部向下，上身稍前倾。

2）高低式蹲姿

下蹲时左脚在前，右脚稍后，两腿靠紧往下蹲。左脚全脚着地，小腿基本垂直于地面，右脚脚跟提起，脚掌着地。右膝低于左膝，右膝内侧靠于左小腿内侧，形成左膝高右膝低的姿势，臀部向下，基本上靠一只腿支撑身体。

下蹲时一定要注意不要有弯腰、臀部向后撅起的动作；切忌两腿叉开，两腿展开平衡下蹲，以及下蹲时，露出内衣裤等不雅的动作，以免影响姿态美。

请练习正确的站姿、坐姿、走姿和蹲姿。

任务二 交往礼仪

交往礼仪泛指人们在社会交往活动过程中形成的应共同遵守的行为规范和准则。具体表现为礼节、礼貌、仪式、仪表等。运用好交往礼仪，养成好的习惯，有助于提升公共关系人员的社交魅力。

一、介绍礼仪

介绍是交往过程中相互了解的基本方式，可分为自我介绍和为他人介绍两种形式。无论哪种形式，都需要遵循一定的礼仪规范。

▶ 1. 自我介绍

正确得体地介绍自己，不仅能树立自己的良好形象，还能扩大自己的交际范围，是以后能否进一步接触的关键。在自我介绍过程中，公共关系人员需要注意以下几个问题。

1）态度

自我介绍是个精短的过程，在态度上要尽量做到自然、友善、亲切、随和。要给人一种落落大方、笑容可掬的感觉，既不能过于谦卑，又不能虚张声势，轻浮夸张，要追求真实，表达出自己渴望认识对方的真诚情感。切记不可流露出畏怯和紧张，容易被他人所轻视。

2）时机

在要去自我介绍之前一定要看好时机，要尽量选在对方比较空闲、情绪也比较好的情况下去进行，这样既不会打扰到对方，又容易让对方记住你。

3）时间

自我介绍应尽可能地节省时间，以半分钟左右为佳。不宜超过一分钟，而且愈短愈好。话说得多了，不仅显得啰唆，而且交往对象也未必记得住。为了节省时间，进行自我介绍时，还可利用名片、介绍信加以辅助。

4）方法

进行自我介绍，应先向对方点头致意，得到回应后再向对方介绍自己。如果有介绍人在场，自我介绍则被视为是不礼貌的。应善于用眼神表达自己的友善，表达关心及沟通的渴望。如果你想认识某人，最好预先获得一些有关对方的资料，如性格、特长及兴趣爱好等。这样在自我介绍后，便很容易融洽交谈。在获得对方的姓名之后，不妨口头加重语气重复一次，因为每个人最乐意听到自己的名字。

5）内容

自我介绍的内容包括三项基本要素：本人的姓名、工作的单位和具体部门，以及担任的职务和所从事的具体工作。这三项要素，在自我介绍时，应一气呵成，这样既有助于给人以完整的印象，又可以节省时间，不说废话。

▶ 2. 为他人介绍

为他人介绍是经第三者为彼此不相识的双方引荐、介绍的一种介绍方式。在社交场合，公共关系人员往往有为不相识者彼此引荐一下的义务，这便是为他人做介绍。为他人做介绍，有三点注意事项。

1）介绍人的身份应合乎礼仪

在公务交往中，介绍人应由公关礼仪人员、秘书担任；在社交场合，介绍人则应由女主人或与被介绍的双方均有一定交情者担任。

2）被介绍者的先后顺序应合乎礼仪

尊者有权先了解情况，因此男士应被介绍给女士、晚辈应被介绍给长辈、下级应被介绍给上级、客人应被介绍给主人、迟到者应被介绍给先到者。熟悉的人介绍给不熟悉的人，把未婚者介绍给已婚者，把家人介绍给同事、朋友。

3）介绍的内容应合乎礼仪

他人介绍的内容，大体与自我介绍的内容相仿，可酌情在三项要素的基础上进行增减。作为第三者介绍他人相识时，要先向双方打一声招呼，让被介绍的双方都有所准备。

公关实践

大剧院里的碰面

王峰在大学读书时学习非常刻苦，成绩也非常优秀，几乎年年都拿特等奖学金，为此，同学们给他起了一个绰号“超人”。大学毕业后，王峰顺利地获得了在美国攻读硕士学位的机会，毕业后又顺利地进入了美国公司工作。一晃8年过去了，王锋已成为公司的部门经理。

今年国庆节，王峰带着妻子女儿回国探亲。一天，在大剧院观看音乐剧，刚刚落座，就发现有3个人向他们走来。其中一个边走边伸出手大声地叫：“喂！这不是‘超人’吗？你怎么回来了?”这时，王峰才认出说话的人正是他的高中同学贾征。贾征没考上大学，自己到南方去做生意，赚了些钱，如今回到上海注册公司当起老板。今天正好陪着两位从香港来的生意伙伴一起来看音乐剧。这对生意伙伴是他交往多年、比他年长的香港夫妇。

此时，王峰和贾征彼此既高兴又激动。贾征大声寒暄之后，才想起王峰身边还站着一位女士，就问王峰身边的女士是谁。王峰这才向贾征介绍自己的妻子。待王峰介绍完毕，贾征高兴地走上去，给了王峰妻子一个拥抱礼。这时，贾征想起了该向老同学介绍他的生意伙伴。大家相互介绍、握手、交换名片和简单的交谈后，就各自回到自己的座位上观看音乐剧。

想一想：这个案例中见面礼仪有无不符合礼仪的地方，为什么？

练一练：请同学们分别模拟案例中的角色，然后进行正确的介绍过程。

二、握手礼仪

在国内外，目前握手都是最常见的会面礼节，公关人员在对外交往时，往往需要与别人握手为礼。公共关系人员行握手礼应注意以下几个方面。

▶1. 握手时伸手的先后顺序

握手时伸手的先后顺序是很重要的，一般做法是地位高者首先伸手。男士和女士握手，女士先伸手；长辈和晚辈握手，长辈要先伸手；上级和下级握手，上级先伸手。

宾主握手有点特殊。宾主握手的一般做法是：客人到来时主人先伸手，主人先伸手表示欢迎。客人走的时候，客人先伸手，客人先伸手的意思是等于告诉主人，到此为止，请你留步。此时如果主人先伸手，则有逐客的嫌疑。

▶2. 表现要专心致志

握手时要专心致志。专心致志一般有以下具体要求。

(1) 要面含微笑地注视对方。

(2) 要寒暄几句，如欢迎光临、很高兴认识你、我们又见面了等。

(3) 握手时要稍微用力，并握住对方的手掌，千万不要握人家指尖，握手的时候要稍微停留一下，停留应该在3～5秒钟左右，上下晃动晃动，并且稍许用力。

(4) 第一次见面的客人或者异性客人，切勿与其双手相握，双手相握叫手套式握手，有套近乎之嫌。

(5) 握手忌用左手，除非没有右手。

(6) 忌戴手套、墨镜与帽子握手，握手时手套、墨镜与帽子统统要摘下来，否则不礼貌。

(7) 忌交叉握手，特别是到西方国家去跟别人握手，则要避免交叉握手。

三、名片礼仪

在日常交往中，尤其当交际圈比较大的时候，名片是不可缺少的交际工具。名片的使用是否正确，也已成为影响人际交往成功与否的一个因素。对于公共关系工作人员而言，必须学会使用名片。

▶1. 名片的制作

公共关系人员名片的制作应该注意以下几个细节。

(1) 使用的材料不需要华而不实，名片只是信息的载体，只要需要字迹清晰，不容易丢失、磨损、折叠就可以。

(2) 名片的尺寸一般是5.4cm×9cm的规格，因为名片包、名片夹都是统一规格，名片太大放不进去，太小的话也不合适。

(3) 名片的色彩总体上要控制在三种颜色之内，包括标记、图案、公司、徽记，颜色多于二种在一个空间之内，会给别人杂乱无章的感觉。

(4) 名片内容不要画蛇添足，如名言警句、个性签名之类的，没有必要。

(5) 名片不提供私宅电话、不能随意涂改，随意涂改会显得持有者做事非常随意、轻浮。

▶2. 递送名片

递送名片时应将名片正面面向对方，双手奉上。眼睛应注视对方，面带微笑，并大方地说："这是我的名片，请多多关照。"名片递送应在介绍之后，不能在弄清对方身份前递送名片，更不能把名片视同传单随意分发。与多人交换名片时，应依照职位高低或由近及远的顺序进行，切勿跳跃式进行，以免使人有厚此薄彼之感。

▶ 3. 接受名片

公共关系人员接受名片时应起身，面带微笑注视对方，并说“谢谢”，然后微笑阅读名片，并回敬一张本人的名片，若身上未带名片，应向对方表示歉意。在对方离去之前或话题尚未结束，不必急于将对方的名片收藏起来。

▶ 4. 存放名片

公共关系人员接过别人的名片后，切忌随意摆弄或扔在桌子上，也不要随便塞进口袋或丢进包里，应放在西服左胸内衣带或名片夹里，以示尊重。

课内实训

请练习正确名片递送、接受、存放的方法。

四、电话礼仪

电话是被现代人公认为便利的通信工具，在日常工作中，公共关系人员能否礼貌地接打电话和使用电话，会直接影响着一个公司的声誉。因而，掌握正确的、礼貌待人的打电话方法是非常必要的。

▶ 1. 重要的第一声

当打电话给某单位，若一接通，就能听到对方亲切、优美的招呼声，心里一定会很愉快，使双方对话能顺利展开，并对该单位有较好的印象。因此，公共关系人员在接打电话时，应有“代表单位形象”的意识，必须注意声音清晰、悦耳、吐字清脆，给对方留下好的印象，对方对其所在单位也会有好印象。

▶ 2. 要有喜悦的心情

打电话时如果保持一种良好的心情，对方即使看不见你，也能被你欢快的语调所感染，对你留下极佳的印象。因此，公共关系人员在接打电话时必须要抱着“对方看着”的心态去应对。

▶ 3. 专心致志

公共关系人员在接打电话过程中要专心致志，绝对不能吸烟、喝茶、吃零食，即使是懒散的姿势对方也能够“听”得出来。因此打电话时，即使看不见对方，也要当作对方就在眼前，尽可能注意自己的姿势。

▶ 4. 迅速准确地接听

现代工作人员业务繁忙，桌上往往会有两三部电话，听到电话铃声，应准确迅速地拿起听筒，最好在三声之内接听。电话铃声响一声大约 3 秒钟，若长时间无人接电话，或让对方久等是很不礼貌的，对方在等待时心里会十分急躁，会对这个单位留下不好的印象。

▶ 5. 认真清楚地记录

对于重要的电话内容一定要做好记录。电话记录既要简洁又要完备，要注意 5W1H 技巧。所谓 5W1H，是指 When 何时、Who 何人、Where 何地、What 何事、Why 为什么，以及 How 如何进行。

▶ 6. 了解来电话的目的

接电话首先应了解对方来电的目的，如自己无法处理，也应认真记录下来，委婉地探求对方来电目的，这样既不会误事，又会赢得对方的好感。切忌对方要找的人不在，只说“不在”就把电话挂了。

▶ 7. 挂电话前的礼貌

结束电话交谈时，一般应当由打电话的一方提出，然后彼此客气地道别，说一声“再见”，再挂电话，不可只管自己讲完就挂断电话。

五、馈赠礼仪

馈赠是社交活动的重要手段，作为一种非语言的交际方式，馈赠以物的形式出现，以物表情，礼载于物，得体的馈赠能起到寄情言意之“无声胜有声”的作用。得体的馈赠恰似无声的使者，给交际活动锦上添花。在公共关系交际中，人们的馈赠是以公共关系礼品作为载体的。

▶ 1. 公共关系礼品定位

公共关系礼品与其他礼品用途是有区别的，它是向交往对象推介组织，以及向对方表示尊重和友善之意的一种载体。所以在公共关系礼品赠送中，首先强调的是宣传性，然后是纪念性、独特性，最后是便携性。

▶ 2. 公共关系礼品的选择

根据公共关系礼品的定位，公共关系人员在选择礼品时一般适宜选择的有：标志性产品，如代表性产品、高新技术含量较多的产品或微缩模型；具有地方特色、民族特色的物品，如陶瓷器皿、油纸伞等。

▶ 3. 公共关系礼品禁忌

作为公共关系人员，有五类东西是不能送的。

(1) 现金和有价证券，有行贿嫌疑。

(2) 民族、宗教和个人禁忌物品，有侮辱对方的嫌疑。

(3) 药品和营养品，有教养的人是不跟别人讨论健康问题的。

(4) 有违社会公德的物品，如烟酒、盗版光碟等，有害人嫌疑。

(5) 带有明显广告标志或宣传用语的物品，有拿钱为别人打广告之嫌。

▶ 4. 公共关系礼品的接送

1) 送礼礼仪

送礼过程中，公共关系人员一定要注意以下几个方面。

(1) 礼品一定要包装，精美的包装不仅使礼品外观更具艺术性，同时也显示出赠礼人的文化艺术品位。

(2) 注意送礼的场合，一般只有象征着精神方面的礼品，如锦旗、牌匾、花篮等才可在众人面前赠送。

(3) 赠送礼品时，态度要平和友善、动作落落大方并伴有礼节性的语言，才容易让受礼者接收礼品。

(4) 一般赠礼应选择在相见、道别或相应的仪式上。

(5) 处理好有关单据，礼品上写有价钱和标签一定要清除干净。

2) 受礼礼仪

公共关系人员在接受礼物时要注意以下几点。

(1) 一般情况下，不应当拒绝受礼，如果觉得送礼者别有所图，应向他明示自己拒收的理由，态度可坚决但方式要委婉。

(2) 接受礼物时，不管礼品是否符合自己的心意，都应表示对礼物的重视，若是西方人送的礼物，应当面打开欣赏，并赞美一番。

(3) 接受了他人的馈赠，如有可能应予以回礼，通过回礼可以更进一步拉近双方的距离，增加合作的机会。

向外国人送花禁忌

1. 在国外，给中年人送花不要送小朵，意味着他们不成熟。不要给年轻人送大朵大朵的鲜花。

2. 在印度和欧洲国家，玫瑰和白色百合花是送给死者的虔诚悼念品。

3. 日本人讨厌莲花，认为莲花是人死后的那个世界用的花。送菊花给日本人的话，只能送品种只有15片花瓣的。

4. 在拉丁美洲，千万不能送菊花，人们将菊花看作一种“妖花”，只有人死了才会送菊花。

5. 在巴西，绛紫的花主要是用于葬礼，看望病人时，不要送有浓烈香气的花。

6. 墨古哥人和法国人忌讳黄色的花。

7. 与德国、瑞士人交往：送朋友妻子或普通异性朋友，不要送红玫瑰给他们，因为红玫瑰代表爱情，会使他们误会。

8. 德国人视郁金香为“无情之花”，送此花给他们代表绝交。

9. 意大利、西班牙、德国、法国、比利时等国，菊花象征着悲哀和痛苦，绝不能作为礼物相送。

10. 俄罗斯、南斯拉夫等国家，一定要送单数，因双数被视为不吉祥。

11. 在法国，黄色的花表示不忠诚。

12. 罗马尼亚人什么颜色的花都喜欢，但一般送花时，送单不送双，过生日时则例外，如果您参加亲朋的生日酒会，将两枝鲜花放在餐桌上，那是最受欢迎的。

13. 百合花在英国人和加拿大人眼中代表着死亡，绝不能送。

14. 在国际交际场合忌将菊花、杜鹃花、石竹花及各种黄色的花献给客人，已成为惯例。因此，需要特别注意，以免引起不良后果。

任务三　接待礼仪

接待礼仪通常是指现场接待客人的具体细则。在公共关系工作中，接待往往必不可少，热情友善的接待是最基本的礼仪，也是增强组织与公众之间亲密度的必要措施。

一、接待礼仪的原则

▶ 1. 平衡

在实际的工作和交往中，公共关系人员经常会在同一时间、同一地点、同一场所接待来自不同单位、不同部门、不同地方的客人，接待中既要注意礼仪次序，又注意平衡的问题。如两位来宾都是总经理，那么接待的待遇就应该一致，而不能去按所属公司的大小、名气去排序。

▶ 2. 对等

对等是指对客人接待标准的制订通常是按照我方人员到对方单位访问时，对方对我方接待的标准来确定的。

▶ 3. 惯例

所谓惯例，即约定俗成的习惯做法。在公共关系接待中也会遇到很多的“第一次”，那么“第一次”应该如何处理才不会失礼呢，这时我们通常就采用惯例。如接待一位从未接待过的客人，按照惯例有两种选择：一可以选择按照对等原则处理；二可以选择国内或区域范围内其他同行单位接待的做法。

二、迎客礼仪

在接待工作开展中，如果接待的是事先有约的远方客人，就需要根据客人的地位、身份、背景等确定相应的接待规格和开展相应的迎客工作。

▶ 1. 事前准备工作

在迎客工作开展前，先要对客人的情况做初步的了解，以便准备合适的聊天话题。如果是素未谋面的客人，还应该准备写有“欢迎××同志光临××公司!”或“××同志，欢迎您!”的小牌子，一是方便接到客人，二是能让客人感到亲切。然后要事先安排好乘坐的交通工具，不能“临时抱佛脚”。最后还要安排好客人入住的酒店，要了解酒店的基本情况，如餐厅位置、娱乐设施、洗衣服务等，以方便向客人讲解。此外，对于上级、贵宾或外单位团队来访，还需准备相应规模的欢迎仪式。

▶ 2. 到站点迎客

在接待工作中，无论客人是坐飞机、轮船还是火车到站，公共关系人员都应提前15分钟到达站点迎接客人，绝不能让客人等待，这会给客人留下被怠慢的不良影响。接到客人后可以说“一路辛苦了!”如果客人是外国人则可以说“Welcome to ××(地名)!”并做自我介绍：“我是××，您叫我小刘就好了。”寒暄之后，应主动帮客人提取装卸行李，但不要主动去拿客人的公文包或手提包，因为里边通常会放有贵重物品和隐私物品。

▶ 3. 回程陪同

接到客人后，在客人回酒店的途中，接待人员要陪同。陪同过程中应首先把计划日程表送到客人手上，一是帮助客人了解访问安排，二是方便客人计划自己的私人活动。之后可以向客人介绍当地风俗、民情、气候、特产、物价等情况，并可询问客人在逗留期间有无私人活动需要代为安排。

▶ 4. 快速离去

到达酒店后，接待人员不宜久留，应该让客人能够及时整理和休息，消除疲劳。但是

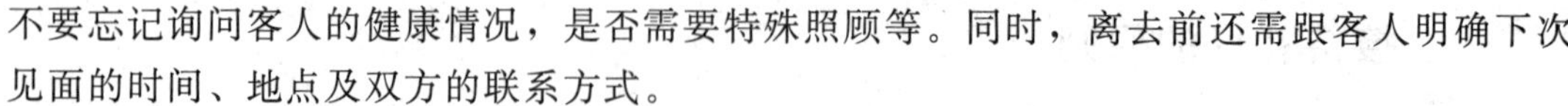

不要忘记询问客人的健康情况，是否需要特殊照顾等。同时，离去前还需跟客人明确下次见面的时间、地点及双方的联系方式。

三、引领礼仪

▶ 1. 客人的先后顺序

当接待工作同时面对的是多方客人时，就应按照惯例排列多方客人的先后顺序，一般有四种做法。

(1) 按行政职务的高低排列。

(2) 按照客人所在单位或者所在国家的字母顺序排列。

(3) 按照报名的先后顺序排列。

(4) 按照先来后到的到场顺序排列。

▶ 2. 走廊引领

当引领客人走过走廊时，接引人员在客人两三步之前，配合步调，让客人走在内侧。走路时，接引人员不能闷头走自己的路，而应讲一些比较得体的话，活跃一下气氛。

▶ 3. 楼梯引领

上下楼梯时，接引人员应该注意客人的安全。当引导客人上楼时，应该让客人走在前面，接引人员走在后面，若是下楼时，应该由接引人员走在前面，客人在后面，要有礼貌地说声“请这边走”，并回头用手示意。

▶ 4. 电梯引领

出入无人控制的电梯时，引导者须先入后出，以操纵电梯。出入有人控制的电梯时，引导者则应后入先出，以表示对客人的谦让礼貌。

▶ 5. 引入房间

当把客人引导到目的地时，要对客人说：“这里就是。”然后敲一下门，如果房间里有人，要等房间有回应再推开门。这里应当注意，如房门向里开时，要自己先进去，按住门，然后请客人进来；如房门往外开时，应拉开并按住门，请客人先进去。

▶ 6. 轿车引领

如果主宾要乘车出行，引导者与客人不同车时，引导者座车在前，客人座车居后；引导者与客人同车时，引导者后登车、先下车，客人先登车、后下车。

四、待客礼仪

▶ 1. 体贴待客

客人到场前，应整理、布置好接待场所，接待室的环境应该明亮、安静、整洁、幽雅，配置沙发、茶几、衣架、电话，以备接待客人、进行谈话和通信联络之用。室内应适当点缀一些花卉盆景、字画，增加雅致的气氛。还可放置几份报刊和有关本单位的宣传材料，供客人翻阅。另外，还需准备茶水或水果，盛夏可准备冷饮，以便客人饮用。

▶ 2. 热情待客

当面对客人时，神态要热情、友善而专注，要目视对方，注意与对方眼神交流，不看对方、斜视对方、上下扫视对方都是失礼的行为，语言要亲切、有礼貌，公共关系基本礼貌用语包括问候语“你好”、请求语“请”字、感谢语“谢谢”、抱歉语“对不起”及道别语“再见”，这些应该是每个公共关系员在实际接待过程中必须熟记和经常使用的。

五、送客礼仪

客人告辞时，要婉言挽留，不要客人一说要走，马上站起相送，或者起身相留，这都有逐客之嫌。如果客人执意要走，也要等客人起身后，主人再起身，温馨提醒客人检查携带的物品是否有遗漏，还有没有其他需要商谈的问题等。送别客人时，应主动与客人握手送别。如只需将客人送至门口，应在客人身影完全消失后再返回；若是贵宾、远客则应送至车站、码头或机场。送至车站、码头时，最好是等车船开动并消失在视线以外后再返回，送至机场应等待客人通过安检处之后再返回。如有特殊原因不得不提前返回，要详细向客户说明理由，请求客人谅解，切忌心神不宁、频频看表，否则会有催客人赶紧离开之嫌。

课内实训

M公司总裁、副总、销售经理、公关经理(女)，H公司总经理、副总(女)、公关经理到我公司洽谈关于联合举办展览会的事宜，请分小组分别进行角色扮演，并演绎接待过程(M公司和H公司均属市内公司，可自行驾车到我公司处)。

任务四 宴会礼仪

所谓宴会，是指以宴请为形式的一种重要的社交应酬，是国际国内社会交往中一种通行的较高层次的礼仪形式。社交需要形式，宴会、舞会、音乐会、家庭聚会都是创造人们交际的形式。通过宴会，可以帮助组织公共关系协调关系、联络感情、消除隔阂、增进友谊、加强团结、求得支持、加强合作等。

一、宴会礼仪原则

一般而言，宴会礼仪主要是主办方应考虑的问题，一般坚持“5M”原则。就是作为主人操办宴会的时候，要兼顾以下五大问题，这五大问题用英文来说第一个字母都是M，所以称为“5M”。

▶ 1. Money

Money即费用。对于宴会的费用要注意两个方面。

(1) 量力而行。不要明明没那个条件还要办豪华宴会，办了宴会之后经济吃紧压力变大，那样就得不偿失了。

(2) 节俭为本。在宴会上，不仅整体费用要量力而行，而且主人点的菜要经济、实用，不仅要好吃，而且要相对来讲价格公道一些。

▶ 2. Meeting

Meeting即会客。作为主人要请客，请谁作陪颇有一些讲究。比如请一个教授吃饭，那个教授在北京大学工作，如果可能的话尽可能地邀请那位教授在北京大学的同事、校友，那样一来，大家吃饭时就有一个聊的话题了。另外，要是宴请外国、少数民族客人的话，把与其有相同民族、宗教信仰、共同语言习惯的人请到一块儿吃饭会比较好。

▶ 3. Media

Media 即环境。有经验的人都知道，请客吃饭其实是“吃环境”。越是高档的宴会，越是如此。在举办宴会时，实际上很大一笔钱花在环境上。尤其是正式的商务宴请，就是公司之间的交往，宴会所选择的地点往往是公司实力的一个表现。

▶ 4. Music

Music 即音乐。吃饭时，讲究气氛，音乐能够营造一种良好的气氛，使大家容易和谐、冷静、专注、融洽地进行交流。主办方在力所能及的范围之内，最好安排专人现场演奏。现场演奏比播放音乐可能效果要好。安排音乐的话，还要考虑具体的曲目，它的气氛应该跟现场吻合，轻松、自然、舒缓。

▶ 5. Menu

Menu 即菜单。宴会安排菜单时主要注意两点，一是客人的饮食禁忌(职业、民族、宗教、健康、个人禁忌等方面)，请客人吃饭首先不要问他爱吃什么，而是问他不吃什么，以体现对客人的尊重；二是主要考虑本国、本地的特色菜品，如果请客人到外面饭店吃饭，则应优先考虑饭店的主打菜品的特色。

二、宴请礼仪

宴请前要注意以下几点。

▶ 1. 明确对象、目的、形式

(1) 宴请前首先要明确宴请的对象，包括主宾的身份、国籍、习俗、爱好等，以便确定宴会的规格、主陪人、餐式等。

(2) 要明确宴请的目的，可以是为表示欢迎、欢送、答谢，也可以是为表示庆贺、纪念等，这样便于安排宴会的范围和形式。

(3) 确定宴请范围，宴请哪些人参加，请多少人参加都应当事先明确，主客双方的身份要对等，主宾如携夫人，主人一般也应以夫妇名义邀请，还有哪些人作陪也应认真考虑，确定后要列出名单，写明职务、称呼等。

(4) 确定宴请的形式，宴会形式要根据规格、对象、目的确定，可确定为正式宴会、冷餐会、酒会、茶会等形式。目前世界各国礼宾工作都在改革，逐步走向简化。

▶ 2. 选择时间、地点

公共关系人员在确定宴会时间，应从主宾双方来考虑，一般不选择在重大节日、假日，也不安排在双方禁忌日。选择宴会日期，要与主宾进行商定，然后再发邀请。

地点的选择，也要根据规格来考虑，规格高的安排在国会大厦、人民大会堂或高级饭店。一般规格的则根据情况安排在适当的饭店、餐厅进行。

▶ 3. 邀请

宴会一般都要用请柬正式发出邀请。这样做一方面出于礼节，另一方面也是请客人备忘。请柬内容应包括活动的主题、形式、时间、地点、主人姓名等。请柬要书写清晰、美观，打印要精美。请柬一般应提前两周发出，太晚了不礼貌。

▶ 4. 安排席位

宴会一般都要事先安排好桌次和座次，以便参加宴会的人都能各就各位，入席时井然有序。席位的安排也体现出对客人的尊重。

宴请时如果有两张以上的餐桌，排列时就要按照一定的次序。主桌应安排在餐厅的重要位置，并以面门、面南为好。其他桌次地位的高低，以距主桌位置的远近而定。以主人的桌为基准，右高、左低，近高，远低。

座次的高低，考虑以下几点。

(1) 以主人的座位为中心，如果女主人参加时，则以主人和女主人为基准，近高远低，右上左下，依次排列。

(2) 把主宾安排在最尊贵的位置，即主人的右手位置，主宾夫人安排在女主人右手位置。

(3) 主人方面的陪客，尽可能与客人相互交叉，便于交谈交流，要避免自己人坐在一起，冷落客人。

(4) 译员安排在主宾右侧。

(5) 席次确定后，座位卡和桌次卡分别放在桌前方和桌中间。

▶ 5. 拟订菜单和用酒

拟订菜单和用酒要考虑以下几点。

(1) 宴请对象的规格身份、宴会范围。

(2) 精致可口、赏心悦目、特色突出。

(3) 尊重客人饮食习惯、禁忌。

(4) 注意冷热、甜咸、色香味搭配。

课内实训

小王打算在家中宴请几位客人，共有7位来宾：一位是他的老师，一位是他的部门经理(顶头上司)，两位是他的同事(其中一位与他的上司曾是中学同学)，还有三位是他的朋友，他们与小王同事的关系都不错。7人中最年长的是他的上司，其次是他的老师，其他人的年龄都比较接近。请你帮小王排列一下就餐时的席位(圆桌且都是同性)，并说明理由。

三、宴请中的接待礼仪

▶ 1. 迎宾

宴会开始前，主人应站在大厅门口迎接客人。对规格高的贵宾，还应组织相关负责人到门口列队欢迎，通称迎宾线。客人来到后，主人应主动上前握手问好。

▶ 2. 引导入席

主人请客人走在自己右侧上手位置，向休息厅或直接向宴会厅走去。休息厅内服务人员帮助来宾脱下外套、接过帽子，在客人坐下后，送上饮料。待主人陪主宾进入宴会厅主桌，接待人员引导其他客人入席后，宴会即可开始。

▶ 3. 致辞、祝酒

正式宴会一般都有致辞和祝酒，但时间不尽相同。西方国家致辞、祝酒习惯安排在热菜之后，甜食之前，至于冷餐会和酒会的致辞则更灵活些。我国习惯是在开宴之前讲话、祝酒、客人致答词。在致辞时，全场人员要停止一切活动，聆听讲话，并响应致辞人的祝酒，在同桌中间互相碰杯，这时宴会正式开始。

▶ 4. 服务顺序

服务人员侍应，要从女主宾开始，没有女主宾的，从男主宾开始，接着是女主人或男主人，由此向顺时针方向进行。规格高的，由两名服务员侍应，一个按顺序进行，另一个从第二主人右侧的第二主宾至男主宾前一位止。

▶ 5. 斟酒

斟酒在客人右侧，上菜在客人左侧。斟酒只需至酒杯 2/3 即可。

▶ 6. 注意活跃气氛

用餐时，主人应努力使宴会进行得气氛融洽，活泼有趣，要不时地找话题进行交谈。还要注意主宾用餐时的喜好，掌握用餐的速度。

▶ 7. 送客

客人用餐完毕，吃完水果后，主宾与主人起立，大家随之，这时宴会即告结束。此时接待服务人员应将主宾等的椅子向后移动，方便主宾等客人离座。当主宾及客人休息片刻准备告辞时，主人应送到门口，热情送别，感谢他的光临。

四、宴请中的赴宴礼仪

宴会是否成功，主人处于主导地位，主人要以客人的需要、习惯、兴趣安排一切。而应邀赴宴的客人的密切配合也是决不可忽视的。

▶ 1. 应邀

接到邀请后，不论能否赴约，都应尽早做出答复。不能应邀的，要婉言谢绝。接受邀请的，不要随意变动，按时出席。确有意外，不能前去的，要提前解释，并深致歉意。作为主宾不能如约的，更应郑重其事，甚至登门解释、致歉。

▶ 2. 掌握到达时间

赴宴不得迟到。迟到是非常失礼的，但也不可去得过早。去早了主人未准备好，难免尴尬，也不得体。一般来讲，提前、延后时间应以 5～10 分钟为限。

▶ 3. 抵达

主人迎来握手，应及时向前响应，并问好、致意。按当地习惯，还可赠送鲜花或花篮。

▶ 4. 入席

在服务人员的引导下入座。注意在自己的座位卡入座，不要随便乱坐，千万不要冒冒失失地坐到主宾的座位上。入座后，自我介绍，与邻座的人打招呼，并进行简单的交谈，不要把自己封闭起来。如果邻座是长者或女士，应主动为他们拉放座椅，协助她们先坐下。

▶ 5. 姿态

在入席落座之后，坐姿自然端正。不要太僵硬，脚要放在自己的座位下，不要伸到别人面前。不要往后倒靠在椅背上。肘不要放在餐桌上，不要托腮，眼光随势而动，不要紧盯菜盘，可以与同桌的人随意交谈，以创造一个和谐融洽的就餐气氛。

▶ 6. 餐巾

当主人拿起餐巾时，自己也可以拿起餐巾。餐巾是用来防止菜汤滴在身上和用来擦拭嘴角的，不可用来擦餐具，更不要用来擦脖子抹脸。就餐前将餐巾打开放在腿上，千万不要别在领口，挂在胸前。

▶ 7. 进餐

当主人举杯示意开始时，表示可以进餐，切不可抢在主人前面。进餐时要文明、从容。闭着嘴细嚼慢咽，不要发出声音，喝汤要轻啜，对热菜热汤不要用嘴去吹。骨头、鱼刺吐到筷子上、叉子上，再放入骨盘。嘴里有食物时不要说话，剔牙时，用手遮住。就餐时，不得解开纽扣，松开领带。

公关实践

用餐细节不能忽视

一位张小姐和一位姓王的男士在一家西餐厅就餐，男士小王点了海鲜大餐，张小姐点了烤牛排，主菜上桌，两人的话匣子也打开了。小王边听张小姐聊起童年往事，边吃着海鲜，心情愉快极了，正在陶醉的当口，他发现有根鱼骨头塞在牙缝中，让他不舒服。小王心想，用手去掏太不雅了，所以就用舌头舔，还发出啧啧喳喳的声音，好不容易将它舔出来了，就随手放在餐巾上，之后他在吃虾时又在餐巾上吐了几口虾壳。张小姐对此不太计较，可这时男士想打喷嚏，拉起餐巾遮嘴，用力打了一声喷嚏，餐巾上的鱼刺、虾壳随势飞出去，其中一些正好飞落在张小姐的烤牛排上，这下张小姐不高兴了，话少了许多，饭也没心思吃了。

想一想：小王的行为失礼吗？失礼的地方有哪些？

▶ 8. 交谈

边吃边谈是宴会的重要形式，应当主动与同桌人交谈，特别注意同主人方面的人交谈，不要总是和自己熟悉的人谈话。话题要轻松、高雅、有趣，不要涉及对方敏感、不快的问题，不要对宴会和饭菜妄加评论。

公关实践

餐桌话题禁忌

在一次宴会上，一位教授和他太太以及学生们在一起吃饭。其中一位学生是美国人，他宴请了教授和他的同学。美国学生坐在教授的对面，而其他学生则是随便。在吃饭过程中，大家都在谈论关于中国和美国局势的话题，这让这位美国学生心里非常不舒服。

想一想：为什么这位美国学生心里会不舒服？

▶ 9. 退席

在正式宴会上，主宾与主人未起立时，客人一般不要先离席。如遇特殊情况需要先走，应向主人说明，向同桌就餐者表示歉意，方可先离席。正常离席时，应起立向主人道谢告辞。

要点总结

公关礼仪是指社会组织的成员在公共关系活动中，为了塑造个人和组织的良好形象，达到建立和发展良好、和谐的人际关系而必须遵循的行为准则和交往规范。

仪表是人们内在心理素质的外在表现，反映着一个人的精神状态和礼仪素养。

日常的见面礼仪包括介绍礼仪、握手礼仪、相互致意的礼仪等。

公关交谈是人与人之间交流的重要手段之一，也是一门交际艺术。

搞好接待工作是组织公共关系工作中一项不可忽视的内容，有助于增强企业与公众的亲切感。

宴会的成功与否，关键在于组织。出席宴会也要注意诸多礼节。

练习与提高

一、简答题

1. 公关礼仪的含义和特征是什么?
2. 公关礼仪的基本原则有哪些?
3. 个人礼仪包括哪些方面?
4. 公务活动的礼仪包括哪些方面?

二、职业技能训练

通过参加你所在学校召开的一些大会，观察开会时的礼仪有哪些?

三、案例探讨

金先生的拜访

风景秀丽的某海滨城市的朝阳大街，高耸着一座宏伟的楼房，楼顶上“远东贸易公司”六个大字格外醒目。某照明器材厂的业务员金先生按原计划，手拿企业新设计的照明器材样品，兴冲冲地登上六楼，脸上的汗珠未来得及擦一下，便直接走进了业务部张经理的办公室，正在处理业务的张经理被吓了一跳。

“对不起，这是我们企业设计的新产品，请您过目。”金先生说。张经理停下手中的工作，接过金先生递过的照明器，随口赞道：“好漂亮啊!”并请金先生坐下，倒上一杯茶递给他，然后拿起照明器仔细研究起来。金先生看到张经理对新产品如此感兴趣，如释重负，便往沙发上一靠，跷起二郎腿，一边吸烟一边悠闲地环视着张经理的办公室。当张经理问他电源开关为什么装在这个位置时，金先生习惯性地用手搔了搔头皮。虽然金先生做了较详尽的解释，张经理还是有点半信半疑。谈到价格时，张经理强调：“这个价格比我们预算高出较多，能否再降低一些?”金先生回答：“我们经理说了，这是最低价格，一分也不能再降了。”张经理沉默了半天没有开口。金先生却有点沉不住气，不由自主地拉松领带，眼睛盯着张经理。张经理皱了皱眉，“这种照明器的性能先进在什么地方?”金先生又搔了搔头皮，反反复复地说：“造型新、寿命长、节电。”张经理托词离开了办公室，只剩下金先生一个人。金先生等了一会儿，感到无聊，便非常随便地抄起办公桌上的电话，同一个朋友闲谈起来。这时，门被推开，进来的却不是张经理，而是办公室秘书。

问题：

1. 请指出金先生的失礼之处，并说明原因。
2. 如果你是金先生，你会怎么做?

四、拓展实训

学生 10 人左右为一组，进行拜访与迎访的角色扮演。每组 10 分钟左右，其他小组进行点评。评分内容包括打招呼、介绍、握手、交换名片、微笑、眼神视线、手势、交谈礼仪、迎送礼仪、礼仪情节结构安排、整体效果等。

五、拓展阅读

现代公关礼仪的类型

公关礼仪是指公关人员在公关活动中应遵循的礼仪要求，并不包括其他场合的礼仪。但是，公关礼仪与其他交际礼仪也有相通之处，只不过目的、对象有所不同。

1. 现代公关礼仪的类型

现代公关礼仪有国内礼仪和涉外礼仪两大种，着重于礼仪服务的对象的国籍内外区别。前者指本国范围内通行的一些礼仪规范和区域特征；后者指参与外事活动应遵循的礼仪规范。

按主体应酬的工作对象可分为内务礼仪、公务礼仪、商务礼仪、个人社交礼仪。

内务礼仪，指在家庭中、亲朋好友之间应酬交往时应遵循的礼仪规范，包括家人间的问候、祝贺、庆贺、赠礼、宴请等。

公务礼仪，指公务活动中应遵循的礼仪规范，包括公务行文礼仪、公务迎来送往的礼仪，公务公见会谈的礼仪、公务宴请招待的礼仪。

商务礼仪，指在商务部门工作应酬中应遵循的礼仪规范，如商务接待、商务谈判、商务庆典等礼仪。

个人礼仪，指个人参加社交活动时应遵循的礼仪规范，包括一些基本的礼节，如握手、介绍、交谈、馈赠等。

2. 企业中的公关礼仪

企业中的公关礼仪包括电话礼仪、空间礼仪、体姿礼仪、舞会礼仪、服饰礼仪等。

3. 企业礼仪的作用

在日常生活和工作中，礼仪能够调节人际关系，从一定意义上说，礼仪是人际关系和谐发展的调节器，人们在交往时按礼仪规范去做，有助于加强人们之间互相尊重，建立友好合作的关系，缓和和避免不必要的矛盾和冲突。一般来说，人们受到尊重、礼遇、赞同和帮助就会产生吸引心理，形成友谊关系；反之会产生敌对、抵触、反感，甚至憎恶的心理。

礼仪的重要功能是对人际关系的调解。在现代生活中，人们的相互关系错综复杂，在平静中会突然发生冲突，甚至采取极端行为。礼仪有利于促使冲突各方保持冷静，缓解已经激化的矛盾。如果人们都能够自觉主动地遵守礼仪规范，按照礼仪规范约束自己，就容易使人际间感情得以沟通，建立起相互尊重、彼此信任、友好合作的关系，进而有利于各种事业的发展。

礼仪是企业形象、文化、员工修养素质的综合体现，我们只有做好应有的礼仪才能将企业在形象塑造、文化表达上提升到一个满意的地位。

4. 公关礼仪的注意事项

一忌强硬社交。这种人和人交往态度冷漠傲慢，不容易获得别人的信任。

二忌赢利社交。就商务合作来说，任何人很难一开始就成了你的客户，总会从准客户向实际客户过渡，所以，应把你所交往的人都当成准客户，以一样的激情、热情、诚意和他交往。

三忌一次社交。具体表现有两种：一种是谈判的时候，为了达到自己的目的，有求必应，达到目的后就无视对方的要求了；另外一种是一次社交目的成功达到后，就不再和对方联系了。这种短期行为，势必给人带来"势利""功利"的感觉，使自己的朋友越来越少。

四忌高层社交。总是寻找对方的最高领导来做"尚方宝剑"，逼迫对方就范，这样做不可能得到对方心悦诚服的、长久的帮助。

五忌江湖社交。把社交信誉押在江湖义气上，以感情取代原则和理性，结果往往让别有心机的人钻了空子，使自己蒙受损失。

六忌媚求社交。社交，并不能通过获得别人的同情而获得交情，任何一个上进的人、有身份的人，都不会和可怜虫、溜须拍马的人进行平等的交往。

公关员职业资格考试模拟题

公关员职业资格考试模拟题(一)

一、名词解释(每小题3分，共15分)

1. 公共关系
2. 组织的自我期望形象
3. 公共关系的基本原则
4. 公共关系活动模式
5. 公共关系文书

二、单项选择题(在每小题的四个备选答案中选出一个正确的答案，并将正确答案的号码写在题干后的括号内。每小题1分，共13分)

1. 公共关系理论研究的核心问题是(　　)。

A. 经济效益　　B. 组织形象　　C. 广告宣传　　D. 广交朋友

2. 公共关系活动的客体是(　　)。

A. 公众　　B. 政府　　C. 新闻媒介　　D. 企业员工

3. 公共关系工作对公共关系人员的最基本要求是(　　)。

A. 身体健康　　B. 能学会说　　C. 埋头苦干　　D. 灵活机智

4. 组织成功应具备的"7S"中的核心要素是(　　)。

A. 组织结构　　B. 组织经营战略

C. 员工共同的价值观　　D. 组织作风

5. 最显著的特征在于有实在行动的公关活动模式是(　　)。

A. 宣传性公共关系　　B. 交际性公共关系　　C. 社会性公共关系　　D. 服务性公共关系

6. 依据各类公众的共同需求制订的目标是(　　)。

A. 长期目标　　B. 近期目标　　C. 一般目标　　D. 特殊目标

7. 新型控制论传播模式的提出者是(　　)。

A. 拉斯韦尔　　B. 韦弗　　C. 施拉姆　　D. 香农

8. 公共关系意识的核心是(　　)。

A. 塑造形象的意识　　B. 沟通交流的意识　　C. 服务公众的意识　　D. 真诚互惠的意识

9. 公共关系工作程序中，最复杂、最多变的关键步骤是(　　)。

A. 调查　　B. 策划　　C. 实施　　D. 评估

10. 调查报告属于(　　)。

A. 有声语言媒介　　B. 无声语言媒介　　C. 有声非语言媒介　　D. 无声非语言媒介

11. 公共关系的发源地是(　　)。

A. 英国　　B. 法国　　C. 日本　　D. 美国

12. 组建公关部是有效开展公关工作的(　　)。

A. 行动保证　　B. 组织保证　　C. 成功保证　　D. 重要保证

13. 公共关系部是(　　)。

A. 服务部门　　B. 领导部门

C. 生产部门　　D. 销售部门

三、多项选择题(在每小题的五个备选答案中，选出所有正确的答案，并将正确答案的号码写在题干后的括号内；错选、多选、漏选均不得分。每小题 2 分，共 12 分)

1. 传播的基本要素包括(　　)。

A. 信道　　B. 媒介　　C. 信息
D. 反馈　　E. 信源和信宿

2. 商业企业的公关工作除了采用与其他社会组织相同的原则和方法外，还要特别注意以下公众关系(　　)。

A. 股东公众　　B. 货源公众　　C. 经销公众
D. 顾客公众　　E. 内部公众

3. 公共关系的含义有多种指代，其中最常见的有(　　)。

A. 公共关系状态　　B. 公共关系理论　　C. 公共关系实务
D. 公共关系活动　　E. 公共关系学科

4. 公关部在组织中充当的角色为(　　)。

A. 组织的信息情报部　　B. 组织的社会情报部
C. 组织的决策参谋部　　D. 组织的社会调查部
E. 组织的宣传外交部

5. 设计一个好的公关活动主题，必须考虑(　　)。

A. 公共计划　　B. 公关目标　　C. 信息特征
D. 公众心理　　E. 组织形象

6. 政府公关的基本目标是树立起感召公众的政府形象，具体是(　　)。

A. 创新　　B. 务实　　C. 高效
D. 民主　　E. 廉洁

四、判断题(认为对的，在题干后的括号内打“√”，认为错的打“×”。每小题 1 分，共 10 分)

1. 伯内斯被称为公共关系学之父。(　　)

2. 不受欢迎的公众是公共关系工作的唯一目标。(　　)

3. 内部公关工作的最终目标是引导和控制内部公众的行为。(　　)

4. 公关状态是无形的，却是主观的，不以社会组织的主观设想为转移。(　　)

5. 满足公众的物质需求目的是以联络组织与公众的感情。(　　)

6. 公关部的组建是由组织自身状况和公众特点以及组织与公众之间联系的状况决定的。(　　)

7. 公关人员活动中的主要方面，就是权衡和处理好特殊公众和其他公众的关系。(　　)

8. 信息在传递过程中，中间环节越多，保真率越高，有时最后一个信息与原来的信息相比已面目全非。(　　)

9. 只有员工个别需求在组织内部得到满足，才能促使他们努力工作。(　　)

10. 学校公关工作的重要任务是争取特殊招生指标，开辟新的专业方向和新的办学方向。(　　)

五、简答题(每小题 5 分，共 25 分)

1. 公共关系从业人员的基本素质包括哪些方面的内容？

2. 公关策划的程序分为哪几个阶段？包括哪些步骤？

3. 如何建设适合中国国情的公共关系？

4. 如何避免发生公关纠纷？

5. 为什么说内部公关是一个社会组织塑造自身良好形象的起点？

六、实训题(10 分)

你到主人家去参加便宴，主人家的小孩特别调皮、好动，要你和他玩，否则他就会在你身上搞恶作剧。试问你该如何应对。

七、案例分析题(15 分)

丰田："问题广告"事件

广告事件缘起于 2003 年年末丰田所做的两则广告，其一是"丰田霸道"广告：一辆霸道汽车停在两只石狮子之前，一只石狮子抬起右爪做敬礼状，另一只石狮子向下俯首，背景为高楼大厦，配图广告语为"霸道，你不得不尊敬"；其二为"丰田陆地巡洋舰"广告：该汽车在雪山高原上以钢索拖拉一辆绿色国产大卡车，拍摄地址在可可西里。为此，众多网友在新浪汽车频道、TOM 及 XCAR 等专业网站发表言论，指出石狮是中国的图腾，有代表中国之意，而绿色卡车则代表中国的军车，因此认为丰田公司的两则广告侮辱了中国人的感情，伤害了国人的自尊，并产生不少过激的言论。在随后的危机过程中，刊登"丰田霸道"广告的《汽车之友》杂志率先在网上公开刊登了一封致读者的致歉信。因两则"问题广告"搞得沸沸扬扬的丰田公司也承认了错误。

危机爆发后，日本丰田汽车公司和一汽丰田汽车销售公司联合约见了十余家媒体，称"这两则广告均属纯粹的商品广告，毫无他意"，并正式通过新闻界向中国消费者表示道歉。在致歉信中，丰田表示，对最近中国国产陆地巡洋舰和霸道的两则广告给读者带来的不愉快表示诚挚的歉意，将停止广告刊发并通过媒体向公众道歉，并已就此事向工商部门递交了书面解释。

试运用公共关系学中的相关知识分析评点这一案例。

公关员职业资格考试模拟题(二)

一、名词解释(每小题 3 分，共 15 分)

1. 知名度、美誉度
2. 公共关系部
3. 组织实际社会形象
4. 公共关系传播效果
5. 公共关系调查

二、单项选择题(在每小题的四个备选答案中选出一个正确的答案，并将正确答案的号码写在题干后的括号内。每小题 1 分，共 13 分)

1.“公众受舆论的时期”指的是(　　)。

A. 古代时期　　B. 巴纳姆时期
C. 艾维·李时期　　D. 伯内斯时期

2. 美国著名的公关专家卡特利普和森特在他们的著作中提出(　　)。

A. 公共关系咨询　　B. 投公众所好
C.“双向对称”的公关模式　　D. 说真话

3. 各类组织有效开展全方位公共关系工作的基础和出发点是(　　)。

A. 内部公共关系　　B. 组织的整体目标
C. 公共关系调查　　D. 公共关系策划

4. 运用大众传播媒介和内部沟通方式开展工作的公关活动模式是(　　)。

A. 社会性公关　　B. 交际性公关　　C. 服务性公关　　D. 宣传性公关

5. 与公共关系主体关系最密切的公众关系是(　　)。

A. 员工关系　　B. 社区关系　　C. 名流关系　　D. 政府关系

6. 把公众分为临时公众、周期公众和稳定公众的标准是(　　)。

A. 公众对组织的态度　　B. 公众对组织的价值
C. 公众对组织的稳定性　　D. 公众对组织的重要性

7. 政府要完成公关工作的首要任务是(　　)。

A. 扩大知名度　　B. 提高政府的美誉度
C. 加强与公众的联系　　D. 不断完善制度

8. 为现代公共关系的产生和发展提供了物质技术保障的是(　　)。

A. 商品经济的出现　　B. 社会政治生活的民主化
C. 交通工具和传播手段的现代化　　D. 经营管理思想的深刻转变

9. 传统的线性传播模式的提出者是(　　)。

A. 查菲　　B. 拉斯韦尔　　C. 施拉姆　　D. 香农

10. 人的表情属于(　　)。

A. 有声语言媒介　　B. 无声语言媒介
C. 有声非语言媒介　　D. 无声非语言媒介

11. 公共关系的状态是无形的，却是客观的，不以社会组织的(　　)设想为转移。

A. 主观　　B. 客观　　C. 自身　　D. 总体

12. (　　)年国际公关协会在英国伦敦正式成立，标志着公关已作为一门世界性的行业而独立存在。

A. 1935　　B. 1947　　C. 1955　　D. 1985

13. 任何一个组织的生存和发展都必须依赖于(　　)。

A. 形象　　B. 环境　　C. 传播　　D. 信誉

三、多项选择题(在每小题的五个备选答案中，选出所有正确的答案，并将正确答案的号码写在题干后的括号内；错选、多选、漏选均不得分。每小题 2 分，共 12 分)

1. 公众的特征包括(　　)。

A. 整体性　　B. 同质性　　C. 多样性

D. 多变性　　E. 相关性

2. 公共关系学研究的内容包括(　　)。

A. 公关案例　　B. 公关理论　　C. 公关技巧

D. 公关史　　E. 公关实务

3. 重要的公关环境包括(　　)。

A. 舆论环境　　B. 市场环境　　C. 信息环境

D. 人际环境　　E. 心理环境

4. 公共关系社团的特征是(　　)。

A. 复杂性　　B. 广泛性　　C. 松散性

D. 服务性　　E. 非营利性

5. 公关目标体系包括不同类型的各种目标，一般分为(　　)。

A. 长期目标　　B. 近期目标　　C. 一般目标

D. 特殊目标　　E. 短期目标

6. 影响公共关系计划实施的因素是众多的，一般主要来自(　　)。

A. 实施本身的目标障碍　　B. 方案本身的计划障碍

C. 实施过程的沟通障碍　　D. 实施过程的创造障碍

E. 突发事件干扰的障碍

四、判断题(认为对的，在题干后的括号内打“√”，认为错的打“×”。每小题 1 分，共 10 分)

1. 自信是对公关人员职业心理素质最基本要求。(　　)

2. 访谈调查是公关调查的唯一方法。(　　)

3. 作为一种职业和一门科学的现代公关，早在人类开始组成家庭、部落和国家时就产生了。(　　)

4. 公共关系 10%靠自己做得好，90%靠宣传。(　　)

5. 公共关系公司通过为社会提供无偿服务，满足客户需要，并取得一定赢利。(　　)

6. 技术人员的劳动直接关系到组织的声誉和形象。(　　)

7. 公众舆论是自发产生的、并处于不断扩大和缩小的动态中，它是公众对组织的一种浮动的表层认识。(　　)

8. 相同的礼节习俗常常造成沟通中的误解，以致使沟通受阻。（　　）

9. 物质鼓励能发挥职工工作能力的40%，60%的潜在能力要靠精神奖励来激发。（　　）

10. 银行、军队、新闻机构属于非营利组织。（　　）

五、简答题(每小题5分，共25分)

1. 饭店业公共关系的任务是什么?
2. 公关思想演变经历了哪几个时期?各时期的特点是什么?
3. 如何理解新闻媒介是传播性质最强的一种关系?
4. 如何激励内部公众的动机(即热爱组织)?
5. 公共关系的特征包括哪些方面?

六、实训题(10分)

请为你所在的组织策划周年庆典活动方案。

七、案例分析题(15分)

孔乙己，字字值千金

孔乙己，这个鲁迅笔下穷酸潦倒的一个书生，生活在绍兴，惨死于绍兴，曾几何时，以一小碟茴香豆为菜，给绍兴人留下了“多乎哉，不多也”的笑谈。近百年后的今天，孔乙己再次轰动绍兴，那就是“孔乙己”商标。注册“孔乙己”商标的是一家经营霉干菜、茴香豆、绍兴老酒的个体小店，店主叫张秀珍。自从1990年注册了“孔乙己”商标后，其营业额从5 000元增至10万多元。对此，请谈谈你的看法。

公关员职业资格考试模拟题(三)

一、名词解释(每小题 3 分，共 15 分)

1. 公众
2. 公共关系公司
3. 组织文化
4. 公共关系实施
5. 大众传播

二、单项选择题(在每小题的四个备选答案中选出一个正确答案，并将正确答案的号码写在题干后的括号内。每小题 1 分，共 13 分)

1. 20 世纪初，美国新闻界以揭露工商业丑闻为主体的运动被称为(　　)。

A. 报刊宣传活动　　B. 扒粪运动　　C. 便士报运动　　D. 说真话运动

2. 有利于解决多数公众的共性问题的传播媒介是(　　)。

A. 个体传播媒介　　B. 群体传播媒介　　C. 大众传播媒介　　D. 实物传播媒介

3. 以采集信息活动为主的公共关系活动模式是(　　)。

A. 交际性公关　　B. 服务性公关　　C. 社会性公关　　D. 征询性公关

4. 提出“5W 模式”的是(　　)。

A. 拉斯韦尔　　B. 森特　　C. 香农　　D. 杰夫金斯

5. 某类企业的一种分散于外部的内部关系是指(　　)。

A. 员工关系　　B. 顾客关系　　C. 社区关系　　D. 股东关系

6. 对公关人员能力的最基本的要求或者说第一要求是(　　)。

A. 良好的组织能力　　B. 较强的灵活应变能力

C. 较强的文字表达能力　　D. 善于与他人交往的能力

7. 我国高校中首先设立公共关系专业的是(　　)。

A. 复旦大学　　B. 深圳大学　　C. 中山大学　　D. 清华大学

8. 作为公共关系主体的是(　　)。

A. 社会组织　　B. 传播　　C. 公众　　D. 公关人员

9. 既具有工具性，又具有对象性的公众关系是(　　)。

A. 员工关系　　B. 媒介关系　　C. 顾客关系　　D. 政府关系

10. 出版了第一部公共关系学经典性著作《舆论的凝结》的作者是(　　)。

A. 卡特利普　　B. 森特　　C. 杰夫金斯　　D. 伯内斯

11. 组织形象地位四象限图中，C 区所表示的是(　　)。

A. 低知名度低美誉度　　B. 低知名度高美誉度

C. 高知名度高美誉度　　D. 高知名度低美誉度

12. 公共关系的研究对象是(　　)。

A. 公关理论　　B. 公关实务

C. 公众　　D. 公关史

13. 公共关系是以一定的(　　)关系为基础。

A. 利益　　B. 血缘　　C. 地域　　D. 人际

三、多项选择题(在每小题的五个备选答案中，选出所有正确的答案，并将正确答案的号码写在题干后的括号内；错选、多选、漏选均不得分。每小题 2 分，共 12 分)

1. 组织形象构成要素主要包括(　　)。

A. 组织的人员和机构　　B. 组织的总体特征与风格

C. 组织的形象定位　　D. 组织的经济活动

E. 知名度和美誉度

2. 按公众自身变化发展阶段公众可划分为(　　)。

A. 非公众　　B. 潜在公众　　C. 获知公众

D. 知晓公众　　E. 行动公众

3. 建立企业信誉的原则是(　　)。

A. 整体性原则　　B. 互惠性原则　　C. 竞争性原则

D. 形象性原则　　E. 长期性原则

4. 公关广告的主题内容有(　　)。

A. 组织的声誉　　B. 公共服务项目　　C. 经济贡献

D. 员工关系　　E. 特殊事项

5. 内部公关沟通的障碍有(　　)。

A. 个体记忆障碍　　B. 主观障碍　　C. 空间距离障碍

D. 客观障碍　　E. 沟通方式障碍

6. 饭店、旅游业类的特点是(　　)。

A. 营利性　　B. 服务性　　C. 复杂性

D. 广泛性　　E. 社会性

四、判断题(认为对的，在题干后的括号内打"√"，认为错的打"×"。每小题 1 分，共 10 分)

1. 不同的组织有相同的公众。　　(　　)

2. 伯内斯先生对公关的发展做出了突出的贡献，被人们誉为"公共关系之父"。　　(　　)

3. 艾维·李时期进入到公共关系的科学化时期，伯内斯时期进入到公共关系职业化时期。　　(　　)

4. 公共关系对提高个人素质，使其适应现代社会发展有着积极的作用。　　(　　)

5. 公关社团具有严格的组织结构，但不具备强制性。　　(　　)

6. 媒介与公众的合一，决定了新闻界是一种传播性质最强、公关操作意义最大的关系。　　(　　)

7. 定期进行公众舆论调查没必要。　　(　　)

8. 公关计划的制订是解决问题的过程，公关计划的实施是研究问题的过程。　　(　　)

9. 正确、明确、具体的计划目标是实施人员行动的依据，也是对计划实施进行控制监督和评估的基础。　　(　　)

10. 研究社会沟通的障碍并排除之，是有效开展公关活动不可缺少的环节。　　(　　)

五、简答题(每小题5分，共25分)

1. 公共关系意识包括哪些内容?

2. 公共关系产生和发展的条件是什么?

3. 组建公关部应遵循哪些原则?

4. 如何设计公关活动方案?

5. 为什么有公关部的企业在开展公关工作中还要与公关公司保持密切联系?

六、实训题(15分)

某市有一家豪华公寓，周围景色迷人，服务优质，价钱合理。因交通不便，很多人担心购物困难，担心缺乏娱乐场所，故房屋多空闲，降价后也没起色。公司决定通过公关推动销售。请你设计一个具体的公关策划方案。

七、案例分析题(10分)

10万美元寻找主人

某公司宣传其新型保险柜的卓越功能，登出一则这样的广告：“10万美元寻找主人!本公司展厅保险柜里存放有10万美元，在不弄响警报器的前提下，各路豪杰可用任何手段拿出享用。”

广告一出，轰动全城。前往一试身手的人形形色色，但都没有人能够得手。各大报纸连续几天都为此事做免费报道，影响极大。这家公司的保险柜的声誉随之大增。

试运用公共关系学中的相关知识分析评点这一案例。

公关员职业资格考试模拟题(四)

一、名词解释(每小题3分，共15分)

1. 传播
2. 社会组织
3. 社会性公关
4. 公共关系评估
5. 公共关系案例

二、单项选择题(在每小题的四个备选答案中选出一个正确答案，并将正确答案的号码写在题干后的括号内。每小题1分，共13分)

1. 公关从业人员应该具备的基本素质的核心是(　　)。

A. 公关的基本理论与实务知识　　B. 公关从业人员的心理素质
C. 公关从业人员的知识与能力结构　　D. 公关意识

2. 引导和控制内部公众行为的一种自主性控制形式是(　　)。

A. 纪律限制　　B. 经济控制　　C. 心理调节　　D. 舆论监督

3. 组织内部最常见、最普遍的一种关系是(　　)。

A. 人际关系　　B. 权利关系　　C. 信息关系　　D. 竞争关系

4. 提出“投公众所好”主张的是(　　)。

A. 卡特利普　　B. 伯内斯　　C. 艾维·李　　D. 巴拉姆

5. 作为一种无声的号召的激励形式是(　　)。

A. 奖励激励　　B. 领导行为激励　　C. 情感激励　　D. 反馈激励

6. “公共关系”这一名词第一次正式使用是(　　)年。

A. 1882　　B. 1897　　C. 1903　　D. 1906

7. 1923年，伯内斯以教授的身份，首次在(　　)讲授了公关课，将公关正式引入大学讲台。

A. 纽约大学　　B. 斯坦福大学　　C. 波士顿大学　　D. 哈佛大学

8. 公共关系是一种以(　　)为支点的全方位关系。

A. 个人　　B. 集体　　C. 组织　　D. 团体

9. “公关咨询”的概念是由(　　)首先提出来的。

A. 卡特利普　　B. 森特　　C. 艾维·李　　D. 伯内斯

10. 在公关工作中首先强调着眼于(　　)。

A. 经济效益　　B. 追求利润　　C. 社会效益　　D. 平时努力

11. 决定工商企业形象的最基本的要素是(　　)。

A. 产品和服务质量　　B. 售后服务
C. 商品包装和装潢　　D. 广告商标

12. 要保证组织的决策正确，最好的办法是(　　)。

A. 调查　　B. 预测　　C. 分析　　D. 研究

13. 大众传播媒介的四大支柱包括报纸、广播、电视和(　　)。

A. 电影　　B. 幻灯　　C. 书籍　　D. 杂志

三、多项选择题(在每小题的五个备选答案中，选出所有正确的答案，并将正确答案的号码写在题干后的括号内；错选、多选、漏选均不得分。每小题 2 分，共 12 分)

1. 根据公众对组织的态度，可将公众区分为(　　)。

A. 独立公众　　B. 临时公众　　C. 顺意公众

D. 次要公众　　E. 逆意公众

2. 组织形象定位总是根据(　　)来实现的。

A. 组织的自身特点　　B. 组织的内在素质　　C. 组织的外显事物

D. 同类组织的情况　　E. 目标公众的情况

3. 公共关系的组织机构分为(　　)。

A. 组织内部的公关部　　B. 社会上的公关公司

C. 信息咨询公司　　D. 各种类型的公关社团

E. 广告设计公司

4. 公关公司的优势是(　　)。

A. 职业水准高　　B. 分析问题客观　　C. 社会关系广泛

D. 建议容易为人们所重视和接受　　E. 机动性强

5. 常见的沟通障碍有(　　)。

A. 语言障碍　　B. 习俗障碍　　C. 观念障碍

D. 心理障碍　　E. 组织障碍

6. 组织形象的内容总体上可划分为(　　)。

A. 产品质量　　B. 服务态度　　C. 建筑与风格

D. 内在形象　　E. 外在形象

四、判断题(认为对的，在题干后的括号内打"√"，认为错的打"×"。每小题 1 分，共 10 分)

1. 媒介关系应摆在对外公关实务工作的最显著的位置。(　　)

2. 20 世纪 50 年代以后，公关的面貌才发生了巨大的变化，才真正走上了科学化和职业道德规范化的发展道路。(　　)

3. 公共关系活动的主体是公众。(　　)

4. 只有树立起良好的组织形象，才能促进组织与社会的共同发展。(　　)

5. 从一种较窄的范围来理解，公关从业人员，就是业余的或兼职的公关人员。(　　)

6. 公关人员面对各类公众的要求，要有所侧重和选择，而不必面面俱到。(　　)

7. 访谈调查法的主要优点在于标准化和成本低。(　　)

8. 部门公关是各类组织有效开展全方位公关工作的基础和出发点。(　　)

9. 只有正式团体才具备完成组织下达的任务和满足员工的心理需求两个功能。(　　)

10. 邮电企业业务活动的结果是实现货物位置的转移。(　　)

五、简答题(每小题 5 分，共 25 分)

1. 政府开展公关工作的作用是什么?

2. 如何看待公关社团在我国社会生活中的作用?

3. 一个健全的公关部应由哪些人员组成?

4. 影响公关计划实施的因素有哪些?

5. 建立良好的员工关系对树立组织整体形象有什么重要意义?

六、实训题(10 分)

请为自己所在的学校写一份在网上发布的宣传稿。

七、案例分析题(15 分)

"三高"为中国申奥放歌

2001 年 6 月 23 日晚,昔日皇家禁苑中乐声翩翩,弦歌阵阵。世界著名三大男高音歌唱家在紫禁城午门广场联袂演出,在"6·23 国际奥林匹克日"掀起北京申奥活动的高潮。国务院副总理李岚清和数万热情的中外观众一同观看了这场精彩的演出。

当晚三位"歌剧之王"身着黑色燕尾服,站在了紫禁城的古老红墙之间的舞台上,神采奕奕,他们演唱了近 30 首脍炙人口的歌剧选段或歌曲。从卡雷拉斯的《我知道这个花园》,到多明戈的《星光灿烂》,到帕瓦罗蒂的《今夜无人入睡》。洪亮且有穿透力的歌声,赢得了在场 3 万名观众的热烈掌声。古老的紫禁城在一个充满激情的夜晚被唤醒,改革开放的中国以一场东西文化交融的音乐盛会向世界展示他们积极走向世界的宽阔胸怀。紫禁城午门广场,"歌剧之王"帕瓦罗蒂、多明戈和卡雷拉斯激情演绎音乐盛典,取得了空前的成功,音乐会电视直接可覆盖全球 110 多个国家和地区的 33 亿名观众。

试运用公共关系学中的相关知识分析评点这一案例。

公关员职业资格考试模拟题(五)

一、名称解释题(每小题 3 分，共 15 分)

1. 内部公共关系
2. 公共关系社团
3. 宣传性公共关系
4. 公关谈判
5. 公关策划

二、单项选择题(在每小题的四个备选答案中选出一个正确答案，并将正确答案的号码写在题干后的括号内。每小题 1 分，共 13 分)

1.“传递层次过多造成信息失真”的现象属于沟通障碍中的(　　)。

A. 观念障碍　B. 组织障碍　C. 技术障碍　D. 方法障碍

2. 下列步骤属于公关策划准备阶段的是(　　)。

A. 预赛经费　B. 分析公众　C. 确定目标　D. 设计主题

3. 公关知识体系中的三个子系统中，属于核心层内容的是(　　)。

A. 公关的基本理论与实务知识　B. 与公关密切相关的学科知识

C. 有关组织的知识　D. 社交礼仪知识

4. 塑造良好的组织形象必须建立在(　　)。

A. 真实、透明、真诚的基础上　B. 有效宣传的基础上

C. 良好的外部环境上　D. 良好的经济效益基础上

5. 运用广泛、使用方便的传播媒介是(　　)。

A. 符号媒介　B. 实物媒介　C. 人体媒介　D. 大众媒介

6. 具有广泛的适用性和持久性的控制形式是(　　)。

A. 纪律限制　B. 经济控制　C. 心理调节　D. 舆论监督

7. 1903 年，(　　)在美国开办了一家正式的公关事务所，标志着现代公关的问世。

A. 巴拉姆　B. 艾维·李　C. 伯内斯　D. 杰夫金斯

8. 公共关系渊源于(　　)。

A. 人际交往　B. 人际沟通　C. 人际关系　D. 人际联系

9. 伯内斯在(　　)年担任福特汽车公司公关经理时首次提出企业要承担社会福利、承担社会责任。

A. 1903　B. 1913　C. 1923　D. 1906

10. 开创国有企业设立公关部先例的是(　　)。

A. 广州中国大酒店　B. 北京王府井百货大楼

C. 长城牌风雨衣公司　D. 广州白云山制药厂

11. 舆论以(　　)所不能代替的作用制约人们的行为。

A. 民法　B. 刑法

C. 诉讼法　D. 法律

12. 非正式团体以(　　)为聚合的纽带。

A. 意愿　　B. 心声　　C. 感情　　D. 地域

13. 公关工作的层次与组织公关人员的(　　)有关。

A. 工作方法　　B. 精神面貌　　C. 素质　　D. 工作能力

三、多项选择题(在每小题的五个备选答案中，选出所有正确的答案，并将正确答案的号码写在题干后的括号内；错选、多选、漏选均不得分。每小题 2 分，共 12 分)

1. 按公众对组织的重要程度，公众可划分为(　　)。

A. 首要公众　　B. 一般公众　　C. 注意公众

D. 次要公众　　E. 边缘公众

2. 公共关系部的内部分工包括(　　)。

A. 行政部门　　B. 审计部门　　C. 对内关系

D. 对外关系　　E. 专业技术制作

3. 公共关系传播媒介从其物质形式看，可分为(　　)。

A. 大众传播媒介　　B. 符号媒介　　C. 实物媒介

D. 人体媒介　　E. 人际传播媒介

4. 常见的公关纠纷包括(　　)。

A. 企业内部关系纠纷　　B. 企业与公众之间的纠纷

C. 法人关系纠纷　　D. 政策法规关系纠纷

E. 社区关系纠纷

5. 公关公司的工作方式包括(　　)。

A. 向委托人提供公关咨询　　B. 短期专项工作

C. 专业技术服务　　D. 职工培训服务　　E. 长期综合工作

6. 传播的类型分为(　　)。

A. 自身传播　　B. 公众传播　　C. 人际传播

D. 组织传播　　E. 大众传播

四、判断题(认为对的，在题干后的括号内打“√”，认为错的打“×”。每小题 1 分，共 10 分)

1. 在公关传播环境中，座位可随意设置。(　　)

2. 发展公关是我国建立社会主义市场经济的需要。(　　)

3. 公关与庸俗关系学既有联系又有区别。(　　)

4. 开创我国当代公关事业的先头兵是国内一批具有较高管理和经营水平的宾馆和饭店。(　　)

5. 一切公关工作的成败得失、有效程度和创造活动在很大程度上取决于公关人员的心理素质。(　　)

6. 公关计划实施的过程绝不是一个简单的照章办事的过程，而是一个由一系列不同层次的实施者发挥主观能动性的过程。(　　)

7. 公共关系同外界关系可以画等号。(　　)

8. 现代公关首先是开展各种与外界的有意义的活动，在社会公众中树立起美好形象，然后才是做好自身的工作。(　　)

9. 在选择传播媒介时无须考虑传播对象的特点、传播信息的内容以及企业的经济条件。（ ）

10. 公关评估的一个重要意义在于使组织的领导人看到开展公关工作的明显效果，从而使领导人能更加自觉地重视公关工作。（ ）

五、简答题(每小题 5 分，共 25 分)

1. 科学的公众分类的意义表现在哪些方面?

2. 公共关系部在组织内的职能角色是什么?

3. 如何运用新闻媒介反馈公关工作?

4. 公关人员的职业道德包括哪些内容?

5. 公关调查的内容包括哪些方面?

六、实训题(15 分)

某日，一位顾客来到某宾馆公关部售票台前。“早上好!”公关小姐很有礼貌地站起来招呼。“我要三张后天去上海的 91 次软卧铺。”客人不耐烦地说。见客人情绪不好，公关小姐立即将订票单取出，帮客人签订，当写到车次时，公关小姐习惯性地发问：“先生，万一这趟车订不到，311 次、305 次可以吗？它们的始发时间是……”没等公关小姐说完，客人连说：“不行，不行，我就要 91 次。”公关小姐又强调了“万一”，但这番好心反而把客人惹火了：“什么万一、万一，你们是为客人服务的，就不能这么说。”这时，公关小姐立即意识到自己的说话方法不妥，转换语气说：“我们一定尽最大努力设法给您买到。”这时客人脸上才露出了笑容。第二天客人来取票时，根据头天打交道的情况，公关小姐改变了公事公办的态度，笑眯眯地说：“先生，您的运气真好，车站售票处明天 91 次车票好紧张，只剩三张票，全给我拿来了，看来先生您要发财了。”客人闻听此言，立即转身跑去买了一大包糖请公关小姐吃，临走时高兴地说：“下次来一定还住这里。”

根据以上材料完成以下问题：

1. 在客人订票时，公关小姐的一番话可以说既礼貌又周到，可是，为什么仍然会惹怒客人?

2. 客人发火时的心态是什么样的?

3. 如果公关小姐没有订到 91 次车票，她在第二天应该怎么解释才能使顾客满意？请充分发挥你的智慧与想象力来解决问题。

七、案例分析题(10 分)

IBM 公司的“金环庆典”活动

美国 IBM 公司每年都要举行一次规模隆重的庆功会，对那些在一年中作出过突出贡献的销售人员进行表彰。这种活动常常是在风光旖旎的地方进行。对 3%作出了突出贡献的人进行表彰，被称作“金环庆典”。在庆典中，IBM 公司的最高层管理人员始终在场，并主持盛大、庄重的颁奖酒宴，然后放映由公司自己制作的表现那些作出了突出贡献的销售人员的工作情况、家庭生活，乃至业务爱好的影片。在被邀请参加庆典的人中，不仅有股东代表、工人代表、社会名流，还有那些作出了突出贡献的销售人员的家属和亲友。整个庆典活动自始至终都被录制成电视(或电影)片，然后被拿到 IBM 公司的每一个单位去放映。

IBM公司每年一度的“金环庆典”活动，一方面是为了表彰有功人员；另一方面也是同企业职工联络感情、增进友情的一种手段。在这种庆典活动中，公司的主管同那些常年忙碌、难得一见的销售人员聚集在一起，彼此毫无拘束地谈天说地，在交流中，无形地加深了心灵的沟通，尤其是公司主管那些表示关心的语言，常常能使那些在第一线工作的销售人员“受宠若惊”。正是在这个过程中，销售人员增强了对企业的亲密感和责任感。

IBM公司的庆功会在公司内部都有哪些重大意义？这种活动对其他公司有何借鉴？

公关员职业资格考试模拟题(六)

一、名称解释题(每小题 3 分，共 15 分)

1. 公关广告
2. 制造新闻
3. 公共关系调查
4. 传播
5. 组织实际社会形象

二、单项选择题(在每小题的四个备选答案中选出一个正确答案，并将正确答案的号码写在题干后的括号内。每小题 1 分，共 13 分)

1. CS 是以(　　)为出发点和战略重点的。

A. 企业中心论　　B. 顾客中心论　　C. 互利论　　D. 合作论

2. 不借助媒介而直接交往，具有灵活性、人情味、使公众感到情善和诚意，有利于相互信任，这类公关活动称为(　　)。

A. 服务型公关　　B. 征询型公关

C. 宣传型公关　　D. 交际型公关

3. 新闻发布会是一种(　　)传播。

A. 两级　　B. 三级　　C. 四级　　D. 五级

4. 传播力量最为具体而直接的系统是(　　)。

A. 视觉识别系统　　B. 知觉识别系统　　C. 理念识别系统　　D. 行为识别系统

5. (　　)是人的典型而稳定的性格特征。

A. 能力　　B. 气质　　C. 性格　　D. 情感

6. 防御性公关用于(　　)。

A. 组织环境发生激变、冲突已经产生时　　B. 组织的公关状态严重失调时

C. 组织出现潜在公关危机时　　D. 组织处于稳定发展时期

7. 把展览分为综合性和专题性的两种类型的标准是(　　)。

A. 内容　　B. 时间　　C. 地点　　D. 人员

8. 下列不属于组织外部关系协调内容的是(　　)。

A. 顾客关系　　B. 媒介关系　　C. 股东关系　　D. 政府关系

9. 1948 年，美国社会学家哈罗德提出(　　)。

A. 双向传播模式　　B. 两级传播模式

C. 线形传播模式　　D. 直线传播模式

10. 危机管理专家奥古斯丁认为，危机管理的最基本经验是(　　)。

A. 事先消除危机隐患　　B. 说真话、立刻说

C. 有效的危机处理能力　　D. 与新闻界的良好关系

11. 公共关系的设置应该讲求(　　)。

A. 规模　　B. 拥有决策权　　C. 精简、效能　　D. 人员充足

12. 公关礼仪最根本的原则就是(　　)。

A. 公平对等　　B. 尊重公众　　C. 身份差异　　D. 从简实效

13. 公关协会属于(　　)。

A. 协调型机构　　B. 权利型机构

C. 合作型机构　　D. 实业型机构

三、多项选择题(在每小题的五个备选答案中，选出所有正确的答案，并将正确答案的号码写在题干后的括号内；错选、多选、漏选均不得分。每小题 2 分，共 12 分)

1. 公共关系的基本职能是(　　)。

A. 收集和向外界传递信息　　B. 建立组织在社会公众中的信誉

C. 使组织有一个融洽协调的环境　　D. 为决策层提供决策咨询

E. 一切为了谋求本组织利益而活动

2. 协调关系是(　　)。

A. 组织的一种广结人缘的工作　　B. 为了争取公众对组织的谅解和支持

C. 为组织在公众中树立起一种“可亲”的形象

D. 要使公众对组织产生信任感，为组织树立起一种“可敬”的形象

E. 为组织创造一个“人和”的环境

3. 公众的基本特征是(　　)。

A. 共同性　　B. 变化性　　C. 多样性

D. 抵触性　　E. 人际传播媒介

4. 展览会的特点是(　　)。

A. 高效性　　B. 复合性　　C. 综合性

D. 新闻性　　E. 双向性

5. 社会组织内部设置公关部的优势是(　　)。

A. 充分发挥专业作用　　B. 服务及时　　C. 节约费用

D. 了解本组织状况　　E. 保持公关工作的连续性和稳定性

6. 在正式的庆典、会见、会议、谈判等场合，落座上很有讲究。落座的礼仪主要有(　　)。

A. 以右为上　　B. 对门为上　　C. 以前为上

D. 尊者优先　　E. 以左为尊

四、判断题(认为对的，在题干后的括号内打“√”，认为错的打“×”。每小题 1 分，共 10 分)

1. 公共关系仅仅是一种客观存在的社会关系。(　　)

2. CSI 是衡量顾客满意程度的量化指标。(　　)

3. 公关评估就是公共关系活动的总结。(　　)

4. 展览活动不可以一次展出许多行业的不同产品。(　　)

5. 危机公关就是组织危机的公共关系的处理。(　　)

6. 公共关系部的优势，往往就是公共关系公司的劣势。(　　)

7. 内部公共关系是塑造组织形象的起点。(　　)

8.“顾客总是正确的”这句话不正确。(　　)

9. 多血质的气质类型情绪不易兴奋。 （ ）

10. 在国际交往中，最常用的称呼是“先生、小姐、同志”。 （ ）

五、简答题(每小题 5 分，共 25 分)

1. 公共关系的信息传播与广告有什么联系和区别?
2. 公共关系策划的原则是什么?
3. 公共关系调查方法有哪些?
4. 如何理解新闻媒介关系是传播性质最强的一种关系?
5. 公共关系人员的职业能力包括哪些?

六、实训题(10 分)

地处居民区的一家儿童用品专卖店，在“六一”儿童节期间，推出了“买一送一”的活动，得到了众多家长和小朋友的欢迎，但事后人们发现，所买的物品虽然有随物奉送的一样小礼品，然而其物品价格普遍高于其他商店同类商品的价格。这事引起了居民的反感，买了物品的家长觉得自己被骗了。

问题：在这种情形下，如果你是该店公关部经理，你将做何处理?

七、案例分析题(15 分)

周恩来的精彩演讲

1945 年，国共谈判期间，周恩来曾应重庆西南实业协会的邀请，出席他们的一次星期五聚餐会，并准备演讲《当前经济形势》。在此聚餐会之前，周恩来认真阅读了当时重庆的经济材料，并且叫经济学家许涤新同志前去汇报重庆资本家存在的问题和思想动态，以及资本家对于国民党的经济政策和官僚资本的态度等。当时，他曾对许涤新说：“对人家讲话，必须了解对方的活思想，说出话来才不会文不对题。”“如果不抓住对方的活思想，那就很难取得应有的效果。”

星期五聚餐会上，周恩来进行了《当前经济形势》的演讲。周恩来先是指出了结束抗战以后的政治问题，然后又谈了发展民族资本和社会经济等问题，最后他详尽地阐明了我党新民主主义时期的经济纲领。听报告的人极其踊跃，不仅座无虚席，而且在讲堂的窗台和窗外，都站满了人，但会场秩序很好，只有周恩来同志的气壮山河的洪亮声音在震荡着。

试运用公共关系学中的相关知识分析评点这一案例。

公关员职业资格考试模拟题(七)

一、名称解释题(每小题 3 分，共 15 分)

1. 形象差距分析
2. 公关策划
3. 报刊宣传代理活动
4. 社区公众
5. 社会组织

二、单项选择题(在每小题的四个备选答案中选出一个正确答案，并将正确答案的号码写在题干后的括号内。每小题 1 分，共 13 分)

1. 公共关系也可称作(　　)。

A. 团体关系　　B. 人群关系顾客中心论

C. 人际关系互利论　　D. 公众关系

2. 在使用“公共关系”这一概念的时候，它表示一些不同层次的含义，在表示一种客观的实在，即(　　)。

A. 公共关系状态　　B. 公共关系活动

C. 公共关系观念　　D. 公共关系传播

3. 顾客感到需求满足的状态可以用 CSI 和(　　)来衡量。

A. CS　　B. CIS　　C. CSM　　D. MIS

4. (　　)论述了“双向对称”的公共关系模式，被誉为“公共关系的《圣经》”。

A. 哈洛　　B. 杰夫金斯　　C. 卡特利普和森特　　D. 艾维·李

5. (　　)是组织生存和发展的基础。

A. 组织内部关系　　B. 组织外部关系　　C. 人际关系　　D. 人群关系

6. 公共关系职业人士的前身是(　　)。

A. 报刊宣传员　　B. 企业推销员　　C. 广告从业员　　D. 公关小姐

7. 新闻媒介是公共关系传播的一种(　　)通道。

A. 唯一　　B. 重要　　C. 关键　　D. 服务

8. 在介绍两人相识时，总的规矩是(　　)。

A. 先卑后尊　　B. 先尊后卑

C. 先女后男　　D. 先主后宾

9. (　　)是组织参加某些社会公益活动，并以此来扩大自身的影响。

A. 交际型公共关系　　B. 社会型公共关系

C. 宣传型公共关系　　D. 维系型公共关系

10. 在公共关系公司的类型中，按业务内部划分，专门为客户提供某种公共关系技术服务的公司是(　　)。

A. 专门业务服务公司　　B. 专项业务服务公司

C. 综合服务咨询公司　　D. 独立型公共关系公司

11. 公共关系协会等公共专业性社团组织，是非官方、非营利的(　　)社团组织。

A. 集体　　B. 大众　　C. 自发　　D. 群众

12. 在倒金字塔结构的新闻稿中，(　　)是整篇新闻稿的灵魂。

A. 新闻背景部分　　B. 新闻事实部分

C. 新闻导语部分　　D. 人物描写部分

13. 所谓礼仪，是指礼节和(　　)两个方面。

A. 礼貌　　B. 修养　　C. 秩序　　D. 程序

三、多项选择题(在每小题的五个备选答案中，选出所有正确的答案，并将正确答案的号码写在题干后的括号内；错选、多选、漏选均不得分。每小题 2 分，共 12 分)

1. 传播的基本要素包括(　　)。

A. 信道　　B. 媒介　　C. 信息

D. 反馈　　E. 信源与信宿

2. 人际交往中存在着的不良心理因素包括(　　)。

A. 自满　　B. 自私　　C. 自卑

D. 嫉妒　　E. 猜疑

3. 公共关系的含义有多种指代，其中最常见的有(　　)。

A. 公关状态　　B. 公关理论　　C. 公关实务

D. 公关活动　　E. 公关学科

4. 公关部的主要职责为(　　)。

A. 收集处理信息　　B. 提供咨询建议　　C. 协调各方关系

D. 搞好内外宣传　　E. 做好社会调查

5. 公共关系计划的类型包括(　　)。

A. 长期战略规划　　B. 年度工作计划　　C. 项目活动计划

D. 近期计划　　E. 专题活动计划

6. 公关礼仪的基本要求包括(　　)。

A. 得体的服饰　　B. 优雅的举止　　C. 大度的气质

D. 礼貌的谈吐　　E. 潇洒的风度

四、判断题(认为对的，在题干后的括号内打“√”，认为错的打“×”。每小题 1 分，共 10 分)

1. 伯内斯被誉为公共关系之父。(　　)

2. 不受欢迎的公众是公关工作的唯一目标。(　　)

3. 内部公关工作的最终目标是引导和控制内部公众的行为。(　　)

4. 满足公众的物质需求可以联络组织与公众的感情。(　　)

5. 在交际中，遵守一定的民族风俗习惯不重要。(　　)

6. 点烟时，西方人较忌讳的数字是 4。(　　)

7. 公关案例分析是纸上公共关系到实地公共关系的“中介桥梁”。(　　)

8. 信息在传递过程中，中间环节越多，保真率越高。(　　)

9. 只有员工们个别的需求在组织内部得到满足，才能促使他们努力工作。(　　)

10. 学校公共关系的重要任务是争取特殊招生指标，开辟新的专业方向。(　　)

五、简答题(每小题 5 分，共 25 分)

1. 人际吸引的规律有哪些?
2. 如何激励内部公众的动机?
3. 公共关系部在组织内的职能角色是什么?
4. 如何理解公共关系状态?
5. 公关调查的主要内容是什么?

六、实训题(10 分)

某公司公开招聘公关人员，在招聘见面会上，招聘负责人向前来应聘者问了这样一个问题："如果您有幸成我们公司的一员，当您遇到我们公司利益与国家利益发生矛盾时，您会怎么做呢?"甲回答说："作为公司的一员，我会坚决维护公司利益。"乙回答说："国家利益至上，我会坚决维护国家利益。"丙回答说："我将尽我最大努力协调两者之间的关系，在国家利益和公司利益之间找到平衡点。"

问题：如果你是公司招聘负责人，你会选谁呢？为什么？

七、案例分析题(15 分)

假如我是广州市市长

前几年，广州市委、市政府先后举办过直接为市长做参谋的"假如我是广州市市长"征文活动(后定名为"市长参谋活动")。它具体落实在为政府职能部门出谋献策，如"房改方案千家谈""菜篮子工程千家谈"等的"千家谈系列活动"；还有讨论广州市风和广州人精神的"羊城新风传万家""羊城居委新形象"等大型公众活动等，运用了报纸、杂志、广播、电视等媒介，动员了成千上万的市民参政议政，各抒己见，都收到了良好的社会效果，极大地提高了政府对市民的凝聚力和向心力。

试运用公共关系学中的相关知识分析评点这一案例。

公关员职业资格考试模拟题(八)

一、名称解释题(每小题 3 分，共 15 分)

1. CS

2. 媒介关系

3. 组织传播

4. 公共关系人员

5. 组织自我期望形象

二、单项选择题(在每小题的四个备选答案中选出一个正确答案，并将正确答案的号码写在题干后的括号内。每小题 1 分，共 13 分)

1. 开业庆典赠送的礼品是(　　)。

A. 宣传性传播媒介　B. 纪念性传播媒介

C. 象征性传播媒介　D. 沟通性传播媒介

2. 组织内部协调的基础是(　　)。

A. 相互尊重　B. 谅解互助　C. 信息沟通　D. 有效配合

3. 双方签约后，为庆祝合作成功，可以举行(　　)。

A. 小型宴会　B. 鸡尾酒会　C. 舞会　D. 大型宴会

4. 一般来讲，在交际中，与异性目光对视的时间不可超过(　　)秒。

A. 1　B. 2　C. 3　D. 4

5. 公关调查常用的方法有：民意测验、(　　)、资料分析等。

A. 新闻发布会　B. 学术交流会

C. 公众代表座谈会　D. 人民代表大会

6. 公共关系学与市场营销学共同的活动对象是(　　)。

A. 公众　B. 顾客　C. 媒介　D. 政府

7. 开创国有企业设立公关部先例的是(　　)。

A. 广州中国大酒店　B. 北京王府井百货大楼

C. 长城牌风雨衣公司　D. 广州白云山制药厂

8.“揭丑运动”利用大众传播媒介提供的舞台，把焦点对准(　)。

A. 政府　B. 企业　C. 报刊　D. 公共关系公司

9. 在参加各种社交宴请宾客中，要注意从座椅的(　　)入座，动作应轻而缓，轻松自然。

A. 左侧　B. 右侧

C. 前侧　D. 随便哪侧都可以

10. 老主顾、常客、社区居民属于(　)。

A. 个体公众　B. 临时公众　C. 周期公众　D. 稳定公众

11. 某类企业的一种分散于外部的内部关系是指(　)。

A、员工关系　B. 顾客关系　C. 社区关系　D. 股东关系

12.“传递层次过多造成信息失真”的现象属于哪种沟通障碍(　　)。

A. 观念障碍　　B. 组织障碍　　C. 技术障碍　　D. 方法障碍

13. 策划具有新闻价值的事件又可称为(　　)。

A. 新闻发布会　　B. 制造新闻

C. 撰写新闻资料　　D. 撰写新闻稿

三、多项选择题(在每小题的五个备选答案中，选出所有正确的答案，并将正确答案的号码写在题干后的括号内；错选、多选、漏选均不得分。每小题 2 分，共 12 分)

1. 组织行为不当引起危机的类型有(　　)。

A. 严重的内部事件　　B. 工作失误　　C. 决策失误

D. 观念陈旧　　E. 纠纷事件

2. 视觉设计的基本要素包括(　　)。

A. 组织标准色　　B. 广告传播　　C. 组织标准字

D. 组织标志　　E. 组织名称

3. 对组织实际形象调查的方法有(　　)。

A. 公众网络分析　　B. 组织形象的地位测量

C. 组织形象要素的分析　　D. 形象差距的比较分析

E. 公众舆论分析

4. 常见的典礼、仪式有(　　)。

A. 法定节日庆典　　B. 某一组织的节日庆典　　C. 签字仪式

D. 受勋仪式　　E. 开业典礼

5. 态势语包括(　　)。

A. 手势语和目光语　　B. 身势语和面部语

C. 服饰语　　D. A 和 B　　E. B 和 C

6. 建立良好股东关系的方式有(　　)。

A. 适时向股东通报组织的信息　　B. 收集来自股东的信息

C. 促进股东关心组织的发展　　D. 定期召开股东大会

E. 经常性召开股东大会

四、判断题(认为对的，在题干后的括号内打“√”，认为错的打“×”。每小题 1 分，共 10 分)

1. 宣传是一种单向的心理诱导、行为影响和舆论控制方式。　　(　　)

2. 公共关系广告就是商业广告。　　(　　)

3. 公共关系最基本的、核心的概念是双向传播与沟通。　　(　　)

4. 一个组织形象蓝图首先来源于行政和技术业务管理阶层。　　(　　)

5. 美誉度是指一个组织被公众知晓、了解的程度，即组织对社会公众影响的广度和深度。　　(　　)

6. 对一个特定的社会组织而言，由于它在不同的工作时期其工作重点不同，也会因其工作的要求而使其面临不同的公众，所以说“公共关系”并不具有“公共”性。　　(　　)

7. 一个组织要在社会公众心目中树立良好形象，只有通过信息传播工作。　　(　　)

8. 从新闻学和公共关系学相结合的角度来分析，新闻价值的标准主要有新颖性、经

济性、重要性、接近性和需要性。 （ ）

9. 1923 年出版的《有效公共关系》一书，成为公共关系学的第一部经典性著作。

（ ）

10. 公众是指面临某一个问题与一些社会群体发生关系的人。 （ ）

五、简答题(每小题 5 分，共 25 分)

1. 简述公共关系产生与发展的条件。

2. 怎样理解“内求团结”是公共关系的起点？如何协调好内部员工的关系？

3. 应从几个方面把握公共关系的基本特征？

4. 为什么要建立良好的名流关系？

5. 试评价组织形象地位四象限图中组织实际形象的四种状态并提出相应的公共关系对策。

六、实训题(15 分)

请为自己所在学院写一份在网上发布的宣传稿。

七、案例分析题(10 分)

美国亨氏集团的母亲座谈会

美国亨氏集团与我国合资在广州建立婴幼儿食品厂，但是，生产什么样的食品来开拓广阔的中国市场呢？筹建食品厂的初期，亨氏集团做了大量调查工作，多次召开“母亲座谈会”，充分听取公众的意见，广泛了解消费者的需求，征求母亲对婴儿产品的建议，摸清各类食品在婴儿哺养中的利弊。

之后进行综合比较，分析研究，根据中国母亲们提出的意见，试制了些样品，免费提供给一些托幼单位试用；收集征求社会各界对产品的意见、要求，相应地调整原料配比，他们还针对中国儿童食物缺少微量元素，造成儿童营养不平衡，影响身体发育的现状，在食品中加进一定量的微量元素，如锌、钙、铁等，食品配方更趋合理，使产品具有极大的吸引力，普遍地受到中国母亲的青睐。于是，亨氏婴儿营养米粉等系列产品，迅速走进千千万万中国家庭。

请运用公共关系学的知识点，来分析评点该案例。

参 考 文 献

[1] 金正昆. 公关礼仪[M]. 北京：北京联合出版公司，2013.

[2] 张萍. 公共关系实务[M]. 2 版. 重庆：重庆大学出版社，2011.

[3] 廖为建. 公共关系学[M]. 北京：高等教育出版社，2002.

[4] 吴姗娜，韩文飞. 现代公共关系[M]. 上海：华东师范大学出版社，2013.

[5] 王培才. 公共关系理论与实务[M]. 2 版. 北京：电子工业出版社，2012.

[6] 朱崇娴，范恪劼，范昕伟. 公共关系原理与实务[M]. 2 版. 北京：高等教育出版社，2014.

[7] 奥蒂斯·巴斯金，克雷格·阿伦诺夫，丹·拉铁摩尔. 公共关系：职业与实践[M]. 4 版. 孔祥军等译. 北京：中国人民大学出版社，2008.

[8] 中国公共关系网编委会. 2014 年最具公众影响力公共关系案例集[M]. 北京：企业管理出版社，2015.

[9] 刘文. 传导枢纽与调节器：公共关系职业道德简述[J]. 贵州商业专科学校学报，1989(第 2,3 期合刊)：51～53.

[10] 梁启春. 公共关系职业道德的荣辱观[J]. 国际公关，2006(3)：38.

[11] 丽水职业技术学院. 公共关系精品课程[EB/OL]. http://gggx.lszjy.com/.

教师服务

感谢您选用清华大学出版社的教材！为了更好地服务教学，我们为授课教师提供本书的教学辅助资源，以及本学科重点教材信息。请您扫码获取。

教辅获取

本书教辅资源，授课教师扫码获取

样书赠送

市场营销类重点教材，教师扫码获取样书

清华大学出版社

E-mail: tupfuwu@163.com
电话：010-83470332 / 83470142
地址：北京市海淀区双清路学研大厦 B 座 509

网址：http://www.tup.com.cn/
传真：8610-83470107
邮编：100084